O passado e o futuro na teoria do delito de Aníbal Bruno

O passado e o futuro na teoria do delito de Aníbal Bruno

KAI AMBOS
PAULO DE SOUSA MENDES
Organizadores

FABIO ROBERTO D'AVILA | GUSTAVO BADARÓ
MARCO AURÉLIO FLORÊNCIO FILHO
PAULO CÉSAR BUSATO | PABLO RODRIGO ALFLEN

Marcial Pons
MADRI | BARCELONA | BUENOS AIRES | SÃO PAULO

CEDPAL
GEORG-AUGUST-UNIVERSITÄT GÖTTINGEN

Série CEDPAL – Centro de Estudos de Direito Penal e Processual Penal Latino--americano – vol. 4

O passado e o futuro na teoria do delito de Aníbal Bruno

Parte I – Fabio Roberto D'Avila | Gustavo Badaró | Marco Aurélio Florêncio Filho | Paulo César Busato | Pablo Rodrigo Alflen

Parte II – Everardo da Cunha Luna | Heleno Cláudio Fragoso | Luiz Vicente Cernicchiaro | Alcides Munhoz Netto | Paulo José da Costa Jr. | Jair Leonardo Lopes — Foi mantida a ortografia original de época.

Organizadores
Kai Ambos / Paulo de Sousa Mendes

Produção
Ida Gouveia / HBLYZ / Oficina das Letras®

CIP-Brasil. Catalogação na Publicação
Sindicato Nacional dos Editores de Livros, RJ

P312

O passado e o futuro na teoria do delito de Aníbal Bruno / Kai Ambos, Paulo de Sousa Mendes, orgs. - Fabio Roberto D'Avila *et alii* - 1. ed. - São Paulo: Marcial Pons; CEDPAL, 2017. vol. 4.

ISBN 9788566722536

1. Direito penal - Brasil. 2. Criminologia - Brasil. 3. Crime - Aspectos sociais. 4. Organização judiciária penal. I. Ambos, Kai. II. Mendes, Paulo de Sousa, III. D'Avila, Fabio Roberto.

Platz der Göttinger Sieben 5, 37073, Göttingen, Alemanha
☎ +49 551-39-7834 www.cedpal.uni-goettingen.de – cedpal@uni-goettingen.de

Av. Brig. Faria Lima, 1461, Torre Sul, 17/8 Jardim Paulistano CEP 01452-002 São Paulo-SP
☎ +55 (11) 3192.3733 www.marcialpons.com.br

Impresso no Brasil

PREFÁCIO

A presente obra integra dois conjuntos separados de contribuições. A Primeira Parte reúne um conjunto de contribuições atuais sobre o pensamento de Aníbal Bruno. A Segunda Parte resgata um conjunto de artigos anteriormente publicados sobre Aníbal Bruno, mas que agora ganham interesse e consistência redobrados através desta publicação coletiva.

No seu conjunto, a obra passa ao papel as ideias que resultaram do Seminário *A Teoria Penal de Aníbal Bruno*, realizado no mês de setembro de 2016, na Georg-August-Universität Göttingen, Alemanha, a instâncias do Centro de Estudos de Direito Penal Latino-americano (CEDPAL), dirigido por Kai Ambos (Diretor-Geral). Nessa ocasião, foram apresentadas diversas contribuições, que foram objeto de discussão entre todos os participantes e que agora são reunidas na Primeira Parte desta obra, enquanto versões revistas e aprofundadas. Foi também sugerido que seria do maior interesse e oportunidade juntar as pretéritas contribuições dispersas sobre o pensamento de Aníbal Bruno numa obra coletiva, o que agora se faz na Segunda Parte.

O CEDPAL patrocinou o Seminário dentro do seu plano de contribuir para analisar e criticar o pensamento dos maiores vultos latino-americanos do Direito Penal e Processual Penal, o que faz parte da sua missão científica, entre outros objetivos. A primeira escolha recaiu sobre o pensamento de Aníbal Bruno, considerando o seu perfil de investigador sério, dedicado e atualizado com o que de melhor se fazia do outro lado do Atlântico, não obstante as dificuldades coevas de obter a literatura estrangeira. Esse Seminário foi apenas o primeiro de uma série. O segundo Seminário foi dedicado ao pensamento do penalista chileno Eduardo Novoa Monreal e teve lugar em abril de 2017.

Refletir sobre o pensamento de Aníbal Bruno não é, todavia, uma mera homenagem devida. Não é este o modo de encarar a ciência jurídica que é protagonizado pelo CEDPAL. Pelo contrário, a reflexão que teve lugar no Seminário de Göttingen foi dinâmica e crítica, nunca deixando de destacar os aspectos do pensamento de Aníbal Bruno que não resistiram à erosão do tempo, nos planos da ciência, da dogmática jurídica e da política criminal democrática e liberal, inspirada pelos princípios do Estado de Direito.

Por isso, o título escolhido para esta coletânea é ambivalente, deixando antever que o balanço final das reflexões que Aníbal Bruno legou à posteridade é um misto de ideias que hoje só merecem referência a benefício de inventário e de outras que anteciparam linhas de investigação e propostas de solução de problemas jurídicos atualmente em franco desenvolvimento. Daí que esta obra se chame *O passado e o futuro na teoria do delito de Aníbal Bruno*. A Série do CEDPAL dedicada aos grandes penalistas latino-americanos adotará doravante a mesma fórmula para designação de todos os volumes.

Dos vários contributos ressaltam os aspectos em que o pensamento de Aníbal Bruno aparece como claramente datado e ultrapassado (por exemplo, a concepção das condicionantes atávicas para a prática criminosa e o discurso biologicista), mas também, aliás sobremaneira, os aspectos em que o pensamento de Aníbal Bruno se descobre como um contributo precoce para as discussões da teoria do delito (por exemplo, a distinção entre a autoria e a participação com base num conceito restritivo de autor iluminado pela importância do papel do autor como agente do fato principal). Em todos os casos, a revisitação do pensamento de Aníbal Bruno é instrutiva para os penalistas de hoje, e não só para os penalistas.

Cabe aqui agradecer às inúmeras pessoas que tornaram esta obra uma realidade:

– Aos participantes no Seminário que ofereceram os seus contributos ao debate coletivo e que desde o início concordaram com o modelo de revisão científica dos seus textos pelos organizadores e mostraram toda a disponibilidade para incorporar as sugestões e as críticas na versão final entregue para publicação;

– A Diego Reis como assistente de organização e a Anett Müller que, como sempre, controlou a organização prática e a logística;

– Aos familiares dos Autores, que autorizaram a transcrição dos textos que integram a Segunda Parte deste volume, Eleonora Luna (filha do Dr. Everardo da Cunha Luna), Fernando Fragoso (filho do Dr. Heleno Cláudio Fragoso), Maria Izabel Côrtes Munhoz Requião (filha de Alcides Munhoz Netto), Marcelo Leonardo (filho do Dr. Jair Leonardo Lopes), Fernando da Costa (filho do Dr. Paulo José da Costa Jr.) e Concita Ayres Cernicchiaro e Anna Maria Ayres Cernicchiaro (esposa e filha do Dr. Luiz Vicente Cernicchiaro);

– Aos revisores dos textos transcritos que integram a Segunda Parte deste volume, Marco Aurélio Florêncio Filho, Diego Reis, Mariana Marcon Cadorin, Lucas Minorelli, Pablo Rodrigo Alflen, Gustavo Badaró e Paulo Cesar Busato;

– À Marcial Pons e ao seu diretor executivo, Marcelo Porciuncula, a publicação nesta prestigiada editora internacional.

Kai Ambos
Paulo de Sousa Mendes
Organizadores

SUMÁRIO

Parte II

Parte I

1

NOTAS SOBRE O SISTEMA E O ILÍCITO PENAL EM ANÍBAL BRUNO

FABIO ROBERTO D'AVILA[1]

1. Aníbal Bruno

O jurista deve ser um erudito; o professor de direito, para além disso, um educador. Aníbal Bruno soube ser ambos. E não só. Seja por sua obra, seja pela sua vida, marcou o direito penal brasileiro como nenhum outro penalista o fez.

Dotado de uma personalidade cordata, tímida e generosa, Bruno é lembrado pela "brandura no trato social só (...) igualada pela seve-

1. A versão final do presente escrito conta com o valioso contributo dos professores Kai Ambos, Paulo de Sousa Mendes, Paulo Busato, Gustavo Badaró, Pablo Alflen e Marco Aurélio Florêncio Filho, por ocasião do *Seminário A Teoria Penal de Aníbal Bruno*, realizado no mês de setembro de 2016, na Universidade de Göttingen, a quem agradeço vivamente. Um agradecimento especial devo ainda ao mestrando em Ciências Criminais da PUCRS, Lucas Minorelli, pelo inestimável apoio na pesquisa e na elaboração do presente texto.

ridade na escolha das palavras e na construção dos conceitos".[2] Por sua modéstia – demasiada modéstia, diga-se – era "arredio às solenidades e manifestações públicas que o pusessem em destaque", razão pela qual, lamentavelmente, "poucos o conheceram pessoalmente".[3] Crítico, por vezes omitia o nome daqueles que criticava, invocando, todavia, sempre e com o devido cuidado, o nome daqueles cujo pensamento lhe era merecedor de elogio.[4] Humilde, ao não aquilatar corretamente o valor comercial de sua obra, acabaria por cometer, em um momento de dificuldades financeiras, o grande erro de vender os direitos autorais do seu tratado, pelo que viria sempre a lamentar.[5] Rigoroso, lamentaria também a impossibilidade de concluir o seu tratado. A precariedade econômica que lhe veio a assolar já ao fim da vida impediu-lhe de "adquirir as novas edições de autores estrangeiros, que não mais poderia continuar citando, ante o risco de haverem modificado suas originárias concepções".[6] Em verdade, para a sua subsistência, teve ele de contar com a bondade de amigos, dentre os quais Hungria e Fragoso, que sabedores da sua situação, obtiveram do governo do Estado de Pernambuco, em seu favor, uma modesta pensão.[7]

Esse foi Aníbal Bruno de Oliveira Firmo. Entre nós, simplesmente, Aníbal Bruno. Um homem que nunca pautou a sua vida por valores econômicos, pelo enriquecimento pessoal ou pela fama. Os valores que lhe serviam de norte, que iluminaram a sua vida e hoje, passadas quatro décadas, iluminam a sua história, sempre foram outros.

2. Luna: *Aníbal Bruno*, 9.

3. Fragoso: *Reflexões sobre o sistema penal*, 35. Sobre o polimento e a timidez de Aníbal Bruno, Fragoso registra ainda que, ao presidir a comissão revisora do anteprojeto de Código Penal, de autoria de Nelson Hungria, e do qual também ele fazia parte, Aníbal Bruno sentia-se constrangido pelo fato de ter de analisar propostas de solução legislativa apresentadas por Hungria na própria presença dele, o que o levava a se retrair "sempre que se punham em debate problemas nos quais havia discrepância de opiniões". *Reflexões sobre o sistema penal*, 38.

4. Fragoso: *Reflexões sobre o sistema penal*, 38. Ver, *v.g.*, Bruno: *Direito penal*, I, 309.

5. Fragoso: *Reflexões sobre o sistema penal*, 38.

6. Munhoz Netto: *Direito UFPR* 18, 1976, 23. Também, Fragoso: *Reflexões sobre o sistema penal*, 40.

7. Fragoso: *Reflexões sobre o sistema penal*, 39.

Desde jovem, demonstrou incomum inclinação à ciência. Fez da produção do saber e da sua transmissão, verdadeiramente, a sua vida. Foi Professor Catedrático de Direito Penal da Universidade Federal de Pernambuco, mas também Professor Catedrático de Língua Portuguesa, Docente Livre da Faculdade de Medicina, Professor de Filosofia e Ciências Sociais, Diretor do Departamento de Educação de Pernambuco, Diretor do Instituto de Educação de Pernambuco, Fundador e Diretor da Universidade Popular do Recife, dentre tantas outras funções e posições por ele assumidas.[8]

Nele convergiram os frutos do rigoroso estudo da língua portuguesa, da filosofia, das artes, da pedagogia, do direito e da medicina. Em todas essas áreas foi um investigador apaixonado. O resultado não poderia ser outro, senão uma incomum lucidez de pensamento que, associada à sua grandeza de espírito, fez dele um homem único, verdadeiramente emblemático na história do direito penal brasileiro, o qual, por destino, dentre tantos saberes, ganhou a sua predileção.

A Aníbal Bruno devemos a mais fina e precisa sistematização que o direito penal brasileiro já pôde contar.[9] A ele credita-se, inclusive, uma alteração na forma de ensino da disciplina, não mais pela glosa, mas pelo método técnico-jurídico.[10] O seu contributo, contudo, vai muito além da sistematização. O seu tratado de direito penal – obra cuja publicação foi, por duas vezes, ironicamente recusada, tendo sido aceita apenas em 1956 por uma pequena editora, a Editora Nacional de Direito[11] – é, sem dúvida alguma, nas palavras de Fragoso, "uma das obras mais importantes de nossa literatura jurídico-penal em todos os tempos".[12]

Ao rigor e à profundidade da sistematização por ele proposta, achegou-se a didática do exímio pedagogo e professor e, também, a limpidez e precisão do linguista. À generosidade de espírito, acomodou-se a sensibilidade da arte e da filosofia, a conferir-lhe o

8. Ver Batista: *Aníbal Bruno*, 29-30; Luna: *Aníbal Bruno*, 8 s.

9. Batista: *Aníbal Bruno*, 7; Jiménez de Asúa: *Tratado*, I, 1358; Fragoso: *Reflexões sobre o sistema penal*, 37; Luna: *Aníbal Bruno*, 24; Munhoz Netto: *Direito UFPR* 18, 1976, 23; Tavares: *Teorias do delito*, 106.

10. Embora advertindo, ressalta Batista, "contra o poder absorvente da lógica formal". Batista: *Aníbal Bruno*, 18-19.

11. Fragoso: *Reflexões sobre o sistema penal*, 37.

12. Fragoso: *Reflexões sobre o sistema penal*, 37.

necessário equilíbrio, mas também, e acima de tudo, a marca profunda do humanista. Aníbal Bruno foi um virtuoso; a sua obra não seria diferente.

2. O contexto e o sistema

A "mais acabada construção" sob o enfoque neokantista. Assim definiu Nilo Batista a obra de Aníbal Bruno a partir de 1956, conquanto reconhecesse Batista o que chamou de "sobrevivências pontuais do tecnicismo jurídico e do naturalismo".[13]

É bem verdade que o contexto do Código Penal de 1940 e o tempo que lhe sucedeu é, no Brasil, fortemente marcado por contributos advindos do tecnicismo jurídico italiano, do neokantismo e do finalismo.[14] É também inegável a marcante influência do neokantismo no pensamento de Aníbal Bruno, para quem, aliás, Edmund Mezger representava "talvez o mais completo" dos então "atuais criminalistas alemães".[15] Contudo, designar a sua obra como neokantista, parece-me um exagero.

Bruno era um homem do seu tempo, e a sua obra, como não poderia deixar de ser, reflete os influxos doutrinários da época. Nela, todavia, não se encontra a simples recepção ou sequer o domínio de uma determinada corrente. Muito pelo contrário. Se, por um lado, Bruno não foi o gestor de uma construção a que se poderia designar de original, por outro, teve o grande mérito de equilibrar e sistematizar o que então havia de melhor, principalmente, na literatura penal de raiz alemã e italiana,[16] responsáveis, em seu entender, pela "mais notável produção" jurídico-penal do período.[17] Daí lhe fazer mais justiça o reconhecimento de uma construção de conformação eclética, do que a busca por uma eventual preponderância que, ao fim e ao cabo, não representa adequadamente o seu modo de ver e pensar o direito penal.

13. Batista: *Ciências penais* 1, 2004, 126.
14. Batista: *Ciências penais* 1, 2004, 122-123.
15. Bruno: *Direito penal*, I, 164-165.
16. O que não significa, de modo algum, descaso ou desinteresse para com penalistas de outros espaços, do que é prova o amplo espectro da literatura por ele citada. Sobre a literatura brasileira, em particular, ver Bruno: *Direito penal*, I, 169 s.
17. Bruno: *Direito penal*, I, 164.

Esse ecletismo, porém, não se confunde com a simples aproximação, às vezes arbitrária e até contraditória, de contributos penais de origens diversas. Não é disso que se está aqui a tratar, mas sim de uma autêntica sistematização, marcada pelo equilíbrio, pela racionalidade e pelo posicionamento crítico. Não significa, igualmente, é bom que se diga, uma construção desprovida de qualquer feição. Bruno teve o mérito de conferir à sua construção uma efetiva identidade, a qual, se bem vejo, pode ser percebida no local de encontro entre as noções de *segurança* e *realismo*. Resguardadas as devidas particularidades e o então contexto histórico, Aníbal Bruno acabou por conceber uma verdadeira *concepção realística de crime*, dotada de nuances próprias.

Equivoca-se igualmente quem, de outra ponta, na companhia de Munhoz Netto, veja em Bruno as bases de uma nova relação entre direito penal e política criminal, a qual, posteriormente, viria a ganhar grande expressão no funcionalismo de Roxin, a partir do seu *Kriminalpolitik und Strafrechtssystem.*[18]

A política criminal em Aníbal Bruno não exerce, de modo algum, a função solar e conformadora que lhe é emprestada por Roxin no modelo funcionalista. Do mesmo modo, também o pensamento da cariz utilitário, que lhe é próprio, longe está de encontrar a mesma ressonância.[19] A questão, aliás, parece retomar, mais uma vez, a ideia de *realismo* aspirada por Bruno, e já acima assinalada. Explica-se.

A teoria geral de Bruno é perpassada por dois centros de constante preocupação:

Primeiro, a perigosa margem de *manipulação do direito penal* pelo magistrado, a retirar-lhe não apenas o caráter científico, mas a própria racionalidade.

18. Ver ROXIN: *Kriminalpolitik und Strafrechtssystem*, 1970.

19. A própria compreensão pedagógica de Bruno, fundada em uma educação integral do homem, era já incompatível com o pensamento de acento utilitário. Em eloquente passagem, observa Cunha Luna, a necessidade de a educação considerar o homem não apenas "como indivíduo útil à sociedade e a si próprio, como também em sua mais extensa e profunda realidade pessoal", salientando que "os valores de utilidade não esgotam os valores humanos". Nota, por fim, que o "mal do especialismo e do tecnicismo de nossa época pode ser investigado, de uma parte na hipervalorização do utilitarismo social e individual, e de outra, no esquecimento ou desprezo do homem como homem". LUNA: *Aníbal Bruno*, 10.

Esse ponto, em particular, impulsiona a construção no sentido de aumentar a clareza e objetividade do sistema, elevando, assim, os níveis de segurança jurídica. E, por esse preciso viés, a construção de Bruno manteve vivas muitas das proposições do sistema causal-naturalista, nomeadamente no que tange aos conceitos de ação e tipo. A propósito deste último, Bruno chega a advertir, a certa altura, acerca da existência de uma "inclinação moderna a maior liberdade de ação dos juízes", de modo a "criar um Direito mais capaz de ajustar-se às condições político-sociais do momento". E acrescenta, no que tange à analogia, reivindicada em prol do que chamou de "princípios incertos como o são sentimento do povo ou o interesse comum", tratar-se da "forma mais espúria de contrariedade ao tipo que infestou o Direito Penal moderno".[1]

Segundo, tem-se a preocupação com os riscos do exacerbado formalismo e eticização do direito penal, presentes tanto no tecnicismo jurídico italiano, quanto no direito penal da violação de dever, de exuberante expressão na Escola de Kiel, ou, ainda, na ideia de um *Willensstrafrecht*, a alcançar, inclusive, proposições do finalismo.[2] Preocupação essa que lhe coloca à necessidade de uma espécie de "ancoragem" do sistema, obtida por ele a partir de três formas: *(i)* por meio de realidades do mundo do ser, a resgatar, mais uma vez, pressupostos causal-naturalistas, *(ii)* por meio de categorias transsistemáticas, próprias do neokantismo, e *(iii)* por meio de uma importante aproximação com outras ciências, fundamentais para a compreensão e regulação do crime, dentre as quais a política criminal.

Tomemos, por ora, este último aspecto.[3]

1. BRUNO: *Sôbre o tipo em direito penal*, 62.

2. A respeito do finalismo, afirmava BRUNO: "Não é em vão que a concepção finalista da ação se inclui na linha de desenvolvimento do direito penal da vontade (*Willensstrafrecht*), que concluía por um conceito unitário do crime". Acrescentando que "sob esse aspecto, a teoria de Welzel representa um retrocesso à posição que precedeu a diferenciação metódica dos elementos conceituais do fato punível, tão precisamente elaborada desde os trabalhos de von Liszt e Beling (BRUNO: *Direito penal*, I, 307). Também, BRUNO: *Sôbre o tipo em direito penal*, 52.

3. Os dois primeiros aspectos serão tratados no terceiro tópico do presente trabalho.

Aníbal Bruno recepcionava a expressão ciência do direito penal em dois sentidos.[4] Um amplo, a compreender a Filosofia do Direito Penal e a História do Direito penal, e um estrito, atinente à dogmática do direito penal. Essa, por sua vez, era também concebida de forma complexa, abrindo-se a três diferentes momentos: a *exegese*, a *dogmática propriamente dita* e a *crítica*.[5]

A ideia de uma dogmática penal como "pura indagação lógico-formal, elaboração fria e abstrata de esquemas jurídicos"[6] significava, para Bruno, abrir mão dos dois pilares de sustentação do direito penal, a "significação social do crime e o conteúdo humano" advindo da "personalidade do criminoso". Era-lhe, por isso, absolutamente inaceitável. Conquanto ciência "essencialmente jurídica", o direito penal – sustentava ele – "se alimenta da substância das coisas: da realidade social e dos aspectos fenomênicos do crime".[7] E dar conta dessa necessária abertura era, pois, justamente, o papel que competia à *crítica* em seu conceito estrito de ciência penal. Competia a ela – à crítica – a primeira "ancoragem", por assim dizer, do sistema penal como um todo.

Em clara oposição à feição que lhe emprestava o tecnicismo jurídico italiano,[8] a crítica em Aníbal Bruno era informada não só por princípios próprios da dogmática penal, mas pela política criminal e até pelas "ciências causal-explicativas do crime".[9] A própria política

4. BRUNO: *Direito penal*, I, 40. Nesse particular, não há como não buscar algum paralelo entre a proposição de Aníbal Bruno e a célebre elaboração de von Liszt, a *gesamte Strafrechtswissenschaft* (ver von LISZT: *Strafrechtliche Aufsätze und Vorträge*, 77 s.) Esta não é, todavia, mencionada por Bruno e, conquanto possa haver influência, não há, de fato, identidade entre elas, exceto a traços grossos, como a necessidade de pensamento científico compreensivo e multidisciplinar a tratar do fenômeno criminal, bem como no limitado espaço de articulação entre a dogmática penal e as outras ciências.

5. BRUNO: *Direito penal*, I, 41.

6. BRUNO: *idem*, I, 40.

7. BRUNO: *idem*, I, 41.

8. Para Rocco, a crítica era conformada de modo estritamente jurídico, sem que dela participasse a política criminal ou mesmo a filosofia do direito. Ver BRUNO: *Direito penal*, I, 41, nota de rodapé 18. Hungria: *O tecnicismo jurídico-penal*, 57 s.

9. BRUNO: *Direito penal*, I, 41. Conquanto reconheça que a política criminal penetre no direito penal por meio da crítica, importa destacar que Bruno parte de uma concepção de política criminal como ciência voltada à luta contra o

criminal é por ele entendida como ciência normativa e prática,[10] inspirada tanto pela filosofia e pela história, quanto pelas ciências criminológicas.[11] E, não bastasse isso, irá também ele reconhecer o direito como sistema assentado em bases filosóficas, em cuja construção legislativa e exposição doutrinária está "atuante" "uma filosofia",[12] ao mesmo tempo em que atribui às ciências criminológicas o importante papel de fonte de renovação do direito penal, a impedir a sua estagnação "em uma posição distante da vida e, portanto, dos fins práticos a que tem de dirigir-se".[13] Enfim, tudo a concorrer no sentido de uma dogmática penal ricamente informada pela articulação de múltiplos ramos do saber, a atuar duplamente, como referente constante de interpretação e elemento propulsor da reforma legislativa.[14]

Não se percebe, pois, nessa articulação, preponderância de qualquer ordem, mas sim o atendimento de papéis diversos pelos diversos ramos da ciência. Tudo a denotar uma meritória preocupação com a historicidade do direito penal, em uma perspectiva muito diversa daquela em que hoje se projeta as variadas vertentes do funcionalismo penal.[15]

crime, na linha de von Liszt (von Liszt: *Strafrechtliche Aufsätze und Vorträge*, 78), e apresenta-se como defensor da autonomia da política criminal em relação ao direito penal. Por essa razão, manifesta, de forma expressa, a sua oposição às ideias de Florian, para quem a política criminal faria parte do direito penal, e de Jiménez de Asúa, crítico da autonomia da política criminal e adepto de uma política criminal com "caráter de arte ou método de trabalho" (Bruno: *Direito penal*, I, 48 e nota 25).

10. Bruno: *Direito penal*, I, 47.

11. Bruno: *idem*, I, 47.

12. Bruno: *idem*, I, 45.

13. Bruno: *idem*, I, 57. Esse específico papel a ser exercido pelas ciências criminológicas consistia, para Bruno, naquela altura, uma verdade que a todos se impunha, mesmo "a representantes dos pontos de vista tradicionais". Refere-se, de forma ilustrativa, à obra de Mezger para quem o direito penal estaria "incluído num compromisso entre os dados das ciências empíricas sociológico-naturalistas e exigências de uma ciência de valores, dando por superada a prevenção de alguns juristas para com os trabalhos da Criminologia" (Bruno: *Direito penal*, I, 57).

14. Bruno: *Direito penal*, I, 42.

15. Sobre o conceito de funcionalismo, ver Greco: *Funcionalismo penal*, 368-371. Para uma apreciação crítica acerca do pensamento funcional, ver D'Avila: *ZIS* 10, 2008, 485-495.

3. As linhas estruturantes do ilícito penal em Aníbal Bruno

Nesse preciso horizonte de coisas, Aníbal Bruno irá desenvolver as suas reflexões sobre o conceito de crime, e fá-lo admitindo dois caminhos possíveis, alternativos à insipidez e insuficiência de um conceito estritamente formal: o caminho do conceito técnico-analítico e o do conceito material ou substancial de crime.[16]

Uma "aventura que ultrapassa os limites do estritamente jurídico", na busca da "essência do crime na sua realidade fenomênica", "universalmente válida".[17] Assim definiu Bruno o esforço de construção de um conceito material de crime, o qual, em seu entender, viria encontrar expressão na ideia de "ato que ofende ou ameaça um bem jurídico tutelado pela lei penal".[18]

Bruno tinha claro a importância do conceito substancial para fazer frente ao "puro domínio silógico-formal", permitindo à noção de crime, por meio do bem jurídico, encontrar a "realidade da vida social".[19] Apresentava-se, pois, como mais uma preciosa forma de ancoragem do sistema jurídico ao mundo real, a permitir a afirmação definitiva de uma concepção realística de crime.

Em passagem particularmente ilustrativa, sustentava Bruno que "uma concepção do Direito Penal em concordância com a realidade faz dele um sistema de garantia e proteção de bens da vida do indivíduo ou da sociedade". Acrescentando ao fim que, "fora dessa concepção realista, o Direito Penal teria que recair nas antigas divagações de fins estranhos propriamente ao Direito, de natureza ética, ou de interesses políticos (...) ou então ficaria reduzido ao puramente formal".[20]

Trata-se, vale notar, de modelo construído em expressa e frontal oposição ao direito penal da vontade, ao *Willensstrafrecht* do período nacional-socialista, representado, principalmente, pela Escola de Kiel,

16. Bruno: *Direito penal*, I, 281 s.
17. Bruno: *idem*, I, 282.
18. Bruno: *idem*, I, 285.
19. Bruno: *idem*, I, 285.
20. Bruno: *idem*, I, 285.

por meio das obras de Schaffstein e Dahm.[21] A concepção material de crime, como ofensa ou ameaça a um bem jurídico,[22] é, aqui, neste contexto, apresentada como alternativa ao modelo de ilícito estabelecido na "violação do dever de fidelidade para com o Estado",[23] própria daquela vertente, a denotar perfeita correspondência com estudos que lhe sucederiam e com o pensamento contemporâneo sobre o tema.[24]

Em contrapartida, aos olhos de hoje, as repercussões dogmáticas de uma tal compreensão acabariam por se mostrar relativamente tímidas. Conquanto o destacado relevo do conceito material em sua obra, Bruno toma-o como mero elemento de orientação do legislador no processo de "definição de fatos puníveis" e de interpretação da lei em "casos duvidosos".[25] Crime, afirmaria ele, "é o que a lei define como tal".[26]

Essa aparente concessão ao formalismo, contudo, deve ser tida com algum cuidado. Diferente do que uma leitura apressada poderia denotar, a afirmação do formal em detrimento do material deve-se menos à falta de convicção na capacidade heurística do conceito de bem jurídico, do que à necessidade de afirmar limites formais ao reconhecimento de uma ilicitude material autossuficiente, *i.e.*, de uma ilicitude material independente da intervenção formal do legislador e, portanto, do processo de tipificação, o que nos leva à primeira preo-

21. Bruno: *Direito penal*, I, 286, nota de rodapé 4. Sobre o direito penal nacional-socialista, ver, por todos, Vormbaum: *Einführung in die moderne Strafrechtsgeschichte*, 176 s.

22. Vale salientar que um dos grandes contributos ao desenvolvimento do conceito material de crime deve-se, no entender de Bruno, a von Ihering, ao definir o crime como "o ato que põe em perigo as condições de vida da sociedade, constatado pela legislação e só evitável mediante uma pena". Proposição que encontraria correspondência também em Jellinek, ao centrar o núcleo do conceito material na ameaça ou violação de condições existenciais da sociedade (Bruno: *Direito penal*, I, 284).

23. Bruno: *Direito penal*, I, 286, nota de rodapé 4.

24. Para tanto, na literatura contemporânea, basta considerar a obra de Marinucci e Dolcini, a qual busca, por meio do modelo de crime como ofensa ao bem jurídico, a proposição de um conceito crítico de base material, em manifesta oposição à concepção de crime como violação ao dever: Marinucci; Dolcini: *Diritto penale*, I, 348 s. Ver, também, D'Avila: *Ofensividade em direito penal*, 57 s; D'Avila: *Ofensividade e crimes omissivos próprios*, 39 s.

25. Bruno: *Direito penal*, I, 283.

26. Bruno: *idem*, I, 283.

cupação de Bruno, já acima assinalada: segurança jurídica.[27] É, pois, um formalismo que se afirma, fundamentalmente, como instrumento de garantia.

O conceito analítico, por seu turno, concebido como ação típica, antijurídica e culpável,[28] em adesão aos desenvolvimentos propostos pela literatura alemã, é desdobrado, especificamente, do conceito formal,[29] o que, por si só, também coloca, já à partida, algumas implicações. Por um lado, e mais uma vez, algumas limitações à ressonância do conceito material na concepção dos elementos dogmáticos estruturantes do crime, e, por outro, um maior comprometimento desses mesmos elementos com o ideal de objetividade e segurança jurídica.

A *ação* corporifica o "núcleo do conceito"[30] de fato punível. Tomada como o "substantivo", como o dado de realidade sobre o qual assentam os atributos da tipicidade, da antijuridicidade e da culpabilidade,[31] a ação é definida por Bruno como "comportamento humano voluntário que produz uma modificação no mundo exterior".[32]

Trata-se, como se pode notar, de nítido legado naturalista. Foi por ele concebido na lógica de um "conceito puro da ação", de um conceito desprovido de qualquer juízo valorativo, cujo contato com o "mundo dos valores" estaria inteiramente relegado à antijuridicidade e à tipicidade.[33] Algum cuidado, contudo, é preciso ter no que tange aos créditos atribuídos por Bruno a von Liszt e Beling.[34]

Como se sabe, sempre houve importantes diferenças entre as concepções de Beling e von Liszt e, dentre elas, está justamente o

27. É preciso ter em conta que "o Direito Penal do nacional-socialismo" – em oposição ao qual Bruno buscou construir a sua compreensão de crime – "enfraqueceu a função do tipo", a ponto de Mezger vir a considerá-lo, por um período, "apenas como um meio auxiliar técnico de que se serve o Direito Penal" para a delimitação da antijuridicidade (BRUNO: *Direito penal*, I, 289, nota de rodapé 6).

28. BRUNO: *Direito penal*, I, 288 s.

29. BRUNO: *idem*, I, 287.

30. BRUNO: *idem*, I, 290.

31. BRUNO: *idem*, I, 288 e 295.

32. BRUNO: *idem*, I, 296.

33. BRUNO: *idem*, I, 296 s. (nota de rodapé 2).

34. BRUNO: *idem*, I, 297 (nota de rodapé 2).

conceito de ação. Diferentemente do proposto por Bruno, Beling defendia um conceito bem mais enxuto, restrito aos elementos *comportamento humano* e *voluntariedade*.[35] Em seu entender, não seria adequado, ao conceito de ação, contemplar elementos próprios do fato criminoso, como o resultado, o objeto da ação e a causalidade, uma vez que a sua ausência em nada afetaria a existência da ação em si.[36] Aliás, é essa limitada conformação, denominada por ele próprio de fantasma exangue,[37] que acabaria por conduzi-lo a um novo olhar sobre o *Tatbestand* e, inclusive, a propor o tipo, e não a ação, como conceito de base e pedra angular da teoria do crime.[38]

Conquanto reconheça razão a Beling,[39] Bruno não chega a esse ponto. Como elemento estrutural do sistema, insiste em manter o conceito de ação e adota, como já visto, uma conformação bem mais abrangente, a aproximar-se, assim, não de Beling, mas das elaborações desenvolvidas por von Liszt. Na terceira edição do *Lehrbuch des deutschen Strafrechts* de von Liszt (1888), por exemplo, já é possível surpreender um conceito de ação de grande semelhança, senão quase identidade, estabelecido na "causação de uma modificação no mundo exterior realizada por meio de um movimento corporal humano voluntário".[40]

Trata-se, pois, de uma formulação que, por sua notável abrangência, acaba por coincidir, de forma intencional, com o substrato

35. Beling: *Die Lehre vom Verbrechen*, 9.

36. Beling: *idem*, 14.

37. Beling: *idem*, 17.

38. Beling: *idem*, v (*Vorwort*). Aspecto, em particular, que foi devidamente registrado por Bruno (Bruno: *Direito penal*, I, 297, nota de rodapé 2). Não se desconhece, por certo, que o pensamento de Beling apresentou importante desenvolvimento até vir a conformar, em 1930, a sua teoria do tipo (*Die Lehre vom Tatbestand*), na qual o crime é definido como "ação tipicamente antijurídica e tipicamente culpável, desde que não exista uma causa legal (objetiva) de exclusão da pena" (Beling: *Die Lehre vom Tatbestand*, 19). Ao longo dessa evolução, contudo, e como não poderia ser diferente, o conceito de ação mantém-se distante do protagonismo exercido em outros modelos, nos quais se assume como verdadeiro *Oberbegriff* da estrutura teórica do crime (para maiores detalhes, ver D'Avila: *REC*, 135 s.).

39. Bruno: *Sôbre o tipo em direito penal*, 47.

40. von Liszt: *Lehrbuch des deutschen Strafrechts*, 116.

material do fato punível[41] em sua integralidade.[42] Conceito esse que, por essa precisa razão, e dada a sua posição nuclear no sistema, bem servia aos propósitos de segurança e realismo buscados por Bruno.

Por outro lado, via Bruno uma profunda relação entre a ação punível e a ilicitude, a revelar importantes traços neokantistas. "A ação punível", afirmava ele, "é antes de tudo um ilícito"; "a nota fundamental da ação punível é a sua antijuridicidade".[43] De forma semelhante, ao tratar da tipicidade, defende ser o tipo "o meio pelo qual se manifesta o ilícito penalmente sancionado", "forma necessária de expressão do ilícito penal".[44]

Essa nítida influência, porém, embora inegável na concepção de ilícito proposta, restou bastante mitigada em prol de conceitos mais objetivos, manifestamente comprometidos em reduzir os espaços de manipulação do sistema. O conceito de *Tatbestand* é disso exemplo exuberante.

Insatisfeito com a multiplicidade de acepções assumidas pelo tipo em direito penal,[45] Bruno posiciona-se no sentido de um conceito estrito, no seguimento do *tipo legal* de Beling (*gesetzlicher Tatbestand*), *i.e.*, do tipo como "imagem reguladora (*Leitbild*)", compreen-

41. "Na realidade, a ação é um conceito naturalista, tomado o termo no sentido que conhecemos, é apenas o suporte objetivo dos atributos que fundamentam os juízos de valor sobre o agente [...]" (BRUNO: *Direito penal*, I, 306).

42. A proposta, vale reiterar, fazia com que a ação compreendesse, para além da causalidade, o próprio resultado: "o resultado não pertence ao tipo, pertence ao fato e faz parte da ação". BRUNO: *Direito penal*, I, 300, nota de rodapé 3.

43. BRUNO: *Direito penal*, I, 291.

44. BRUNO: *idem*, I, 349.

45. BRUNO: *Sôbre o tipo em direito penal*, 53. Bruno refere-se aqui aos estudos de Mezger e Lang-Hinrichsen, mas, fundamentalmente, à investigação de Engisch, na qual este autor, levando em consideração o contributo dos dois primeiros, distingue cinco diferentes concepções de tipo: tipo no sentido da teoria do direito, tipo de crime (*Verbrechenstatbestand*), tipo de garantia (*Garantietatbestand*), tipo de ilícito (*Unrechtstatbestand*), e tipo legal (*gesetzlicher Tatbestand*). Ver Engisch: *Die normativen Tatbestandselemente im Strafrecht*, 130 s.; ver, também, sobre o tema, D'Avila: *RBCCrim* 121, 2016, 99 s. No entender de Bruno, "com essa multiplicação de tipos perdia-se a condição do conceito e chegava-se a uma conclusão finamente elaborada, mas praticamente pouco eficaz" (BRUNO: *Sôbre o tipo em direito penal*, 53).

dido como o "conjunto dos elementos do fato punível descritos na lei penal".[46] Mostra-se, acima de tudo, um árduo defensor de um conceito de tipo forte, autônomo e o mais objetivo possível, tendo em conta, principalmente, os riscos da relativização do conceito no período nacional-socialista e em algumas elaborações neokantistas.[47] Riscos semelhantes são também por ele percebidos em formulações subjetivistas, como a de Germann,[48] segundo a qual a realização típica não só careceria de uma dimensão subjetiva, como viria a sobrepor-se à objetiva, tornando-a, na tentativa, até mesmo dispensável.[49] Elaborações como essa – afirmava Bruno –, "à maneira do *Willensstrafrecht* dos autores alemães, atenuando a objetividade do tipo, enfraquecia o regime de segurança do Direito Penal".[50] Não poderiam, em hipótese alguma, ser aceitas.

Nesse horizonte de coisas, não é de admirar a atenção atribuída aos elementos normativos do tipo, ponto de particular sensibilidade nesse âmbito. Embora os reconhecesse, e não poderia ser diferente naquela altura, sustentava Bruno um tipo formado por elementos "essencialmente descritivos e objetivos", embora não exclusivamente.[51] O aumento dos elementos normativos na legislação moderna,

46. Bruno: *Direito penal*, I, 341. Bruno adota, de forma expressa, a ideia de tipo legal como *Leitbild* proposto por Beling em 1930 (Beling: *Die Lehre vom Tatbestand, passim*): "Preferimos o conceito, talvez demasiadamente simplificado, mas bem delimitado e preciso, que Beling formulou em *Die Lehre vom Tatbestand*, o que Mezger chama de tipo em sentido estrito (*Studienbuch*, p. 83), isto é, o tipo legal, abstrato, a fórmula que define sinteticamente as condições elementares de cada espécie penal, o molde a que se tem de ajustar o fato para constituir o crime" (Bruno: *Direito penal*, I, 343, nota 2). Como bem se sabe, em sua teoria do tipo, Beling empenha-se em distinguir o conceito de tipo legal (*gesetzlicher Tatbestand*) do conceito de tipo de delito (*Deliktstypus*), este último formado pelo tipo de ilícito (*Unrechtstypus*) e pelo tipo de culpa (*Schuldtypus*) (Beling: *Die Lehre vom Tatbestand*, 4 s.). Bruno, todavia, não confere maior destaque a essa diferenciação ou às suas decorrências dogmáticas.

47. Bruno: *Direito penal*, I, 340, 348 s., nota de rodapé 11. Também, Bruno: *Sôbre o tipo em direito penal*, 48 e 60 s.

48. Bruno refere-se à obra de Germann: *Das Verbrechen im neuen Strafrecht* de 1942, 29-30.

49. Bruno: *Direito penal*, I, 344.

50. Bruno: *idem*, I, 344.

51. Bruno: *idem*, I, 343.

devidamente diagnosticado por Schönke,[52] significava, também aqui, o alargamento da função do juiz, em detrimento da "segurança que o regime dos tipos visa a estabelecer".[53] Fato particularmente preocupante no momento histórico vivido por Bruno, em razão daquilo que foi por ele chamado de "inclinação moderna a maior liberdade de ação dos juízes".[54] Mas que, ao fim e ao cabo, acabou por revelar-se não tanto uma tendência daquele preciso momento e, portanto, transitória, mas sim uma característica do direito penal brasileiro – conquanto não só –, demasiadamente dúctil, suscetível à vontade política, à resposta de conveniência e ao populismo penal. Tudo a conferir, mais do que nunca, nos dias sombrios que marcam o nosso tempo, plena atualidade ao pensamento de Aníbal Bruno.

Esse destacado cuidado para com a estabilidade e a racionalidade do sistema não o impediu, todavia, como bem vimos, que fizesse as devidas concessões ao pensamento neokantista. Se mais comedidas na conformação positiva do ilícito-típico, dada a afirmação de parâmetros de garantia de natureza formal ou de raiz naturalista, encontraram, em contrapartida, maior liberdade nas causas de exclusão da ilicitude, permitindo-lhe uma ampla abertura do sistema a hipóteses não previstas em lei, e na dimensão da culpabilidade, espaço onde viria obter a sua mais intensa expressão.[55]

4. A título de conclusão

Chegado até aqui, não posso senão voltar às palavras que abriram este estudo. Aníbal Bruno foi, sem dúvida alguma, um virtuoso; a sua obra não seria diferente.

Virtude que se faz surpreender no equilíbrio, no cuidado, na precisão, mas também, pelo toque de brasilidade que marca o seu

52. Bruno refere-se à 4ª edição (1949) do *Strafgesetzbuch Kommentar* de Schönke, 14.

53. Bruno: *Direito penal*, I, 346 nota de rodapé 8. Também, Bruno: *Sôbre o tipo em direito penal*, 50: "a principal conseqüência da admissão de elementos normativos no tipo é o reflexo que podem ter sôbre o princípio de garantia. Já se tem afirmado que o alargamento do emprêgo dêsses elementos é incompatível com aquêle princípio".

54. Bruno: *Sôbre o tipo em direito penal*, 62.

55. Ver Bruno: *Direito penal*, II, 23 s.; Reale Júnior: *Instituições*, I, 182 s.; Batista, *Passagens* 1, 2009, 9-10.

sistema. Atento à nossa prática, buscou oferecer ao jurista brasileiro, o que, então, havia de melhor. Resguardou, porém, nos limites possíveis à dogmática, nos limites que lhe eram então possíveis, o máximo de garantia e racionalidade, conjugando, de forma saudável, em um sistema eclético, elementos de segurança e realismo.

Três pontos, todavia, merecem ser aqui retomados, em razão do seu alcance e da sua inequívoca atualidade.

Primeiro: os dois centros de constante preocupação que informam a sua obra – a perigosa margem de manipulação da dogmática penal pelo judiciário, por um lado, e os riscos de um excessivo formalismo, por outro – mostram-se ainda hoje, senão hoje ainda mais, alguns dos grandes desafios para a manutenção da racionalidade e do caráter científico do direito penal brasileiro.

Segundo: o caminho antevisto por Bruno para o enfrentamento de tais desafios, no qual se busca o equilíbrio dos elementos segurança e realismo, mostra-se também hoje reforçado e renovado por importantes impulsos oriundos da teoria do crime como ofensa a bens jurídicos em sua conformação atual. Orientação teórica cujo desenvolvimento continua a encontrar na dogmática penal alemã e italiana contributos inestimáveis.

Terceiro: a sua concepção de ciência do direito penal, indispensável para o desenvolvimento da dogmática penal nos termos em que pretendia, revela ter guardado, por todos esses anos, a juventude das suas razões e fundamentos. Ao propor uma política criminal que busca inspiração também na história e na filosofia e uma dogmática penal que se mantém aberta por meio da crítica, a elaboração de Bruno apresenta-se dotada de incomum equilíbrio e racionalidade, digna de ser desenvolvida e apta a dialogar, não sem inúmeras vantagens, com teorias amplamente difundidas na contemporaneidade, como o próprio funcionalismo penal em suas múltiplas vertentes.

Referências bibliográficas

BELING, Ernst von: *Die Lehre vom Tatbestand*, Tübingen: J. C. B. Mohr (Paul Siebeck), 1930.

———. *Die Lehre vom Verbrechen*, Tübingen: J. C. B. Mohr (Paul Siebeck), 1906.

BATISTA, Nilo: *Aníbal Bruno (penalista)*, Rio de Janeiro: Liber Juris, 1977.

———. "Cem anos de reprovação", em *Passagens – Revista Internacional de História Política e Cultura Jurídica*, Niterói, n. 1, Niterói, 2009, p. 6-28 <http://dx.doi.org/10.5533/1984-2503-20091101> (15.07.2016).

———. "Notas históricas sobre a teoria do delito no Brasil", em *Ciências Penais*, n. 1, São Paulo, 2004, 113-133.

BRUNO, Aníbal: *Crimes contra a pessoa*, 4. ed., Rio de Janeiro: Editora Rio, 1976.

———. *Direito penal*, 3. ed., Rio de Janeiro: Forense, 1967. t. I.

———. *Direito penal*, 3. ed., Rio de Janeiro: Forense, 1967. t. II.

———. "Sôbre o tipo no direito penal", em Luis Jiménez de Asúa *et alii*, *Estudos de direito e processo penal em homenagem a Nélson Hungria*, Rio de Janeiro: Forense, 1962, 47-62.

D'AVILA, Fabio Roberto: *Ofensividade e crimes omissivos próprios*. Contributo à compreensão do crime como ofensa a bens jurídicos, Coimbra: Coimbra Editora, 2005.

———. *Ofensividade em direito penal*, Porto Alegre: Livraria do Advogado, 2009.

———. "Os limites normativos da política criminal no âmbito da 'ciência conjunta do direito penal' (Algumas considerações críticas ao pensamento funcional de Claus Roxin)", em *Zeitschrift für Internationale Strafrechtsdogmatik*, n. 10, 2008, 485-495, ‹http://www.zis-online.com/dat/artikel/2008_10_273.pdf› (19.06.2016).

———. "Tipo, ilícito e valor. Notas conceituais e sistemáticas", em *Revista Brasileira de Ciências Criminais*, n. 121, São Paulo, 2016, 99-126.

———. "A realização do tipo como pedra angular da teoria do crime. Elementos para o abandono do conceito pré-típico de ação e de suas funções", em *Revista de Estudos Criminais*, n. 54, Porto Alegre, 2014, p. 135.

ENGISCH, Karl: "Die normativen Tatbestandselemente im Strafrecht", em Karl Engisch – Reinhart Maurach (org.), *Festschrift für Edmund Mezger zum 70. Geburtstag*, München: C.H. Beck, 1954, 127-163.

Greco, Luís. "Funcionalismo penal", em Vicente de Paulo Barretto (org.), *Dicionário de filosofia do direito*, São Leopoldo/Rio de Janeiro: Unisinos/Renovar, 2006, 368-371.

Fragoso, Heleno Cláudio: "Reflexões sobre o sistema penal", em Luna *et alii* (org.), *Homenagem a Aníbal Bruno*, 2. ed., Belo Horizonte: Editora Lemi/FDUFMG, 1978, 35-42.

Günther, Klaus: "Von der Rechts- zur Pflichtverletzung. Ein *Paradigmawechsel* im Strafrecht?", em Institut für Kriminalwissenschaften Frankfurt am Main (org.), *Vom unmöglichen Zustand des Strafrechts*, Frankfurt am Main: Peter Lang, 1995, 445-460.

Hungria, Nelson: "O tecnicismo jurídico-penal", em Hungria, Nelson. *Questões jurídico-penais*, Rio de Janeiro: Livraria Jacintho, 1940, 57-64.

Jiménez de Asúa, Luis: *Tratado de derecho penal*, Buenos Aires: Losada, 1964. vol. I.

V. Liszt, Franz: *Lehrbuch des deutschen Strafrechts*, 3. ed., Berlin/Leipzig: Guttentag, 1888.

———. *Strafrechtliche Aufsätze und Vorträge*, Berlin: Walter de Gruyter, 1970 (1893). vol. II.

Luna, Everardo da Cunha: "Aníbal Bruno, o homem e a obra", em Luna *et alii* (org.), *Homenagem a Aníbal Bruno*, 2. ed., Belo Horizonte: Editora Lemi/FDUFMG, 1978, 07-34.

Marinucci, Giorgio; Dolcini, Emilio: *Corso di diritto penale*, 3. ed., Milano: Giuffrè, 2001. vol. I.

Munhoz Netto, Alcides: "Aníbal Bruno e a reforma penal", em *Revista da Faculdade de Direito UFPR*, n. 18, Curitiba, 1976, 23-41, <http://dx.doi.org/10.5380/rfdufpr.v18i0.8795> (19.06.2016).

Reale Júnior, Miguel: *Instituições de direito penal*, 3. ed., Rio de Janeiro: Forense, 2009. vol. I.

Roxin, Claus: *Kriminalpolitik und Strafrechtssystem*, Berlin: Walter de Gruyter, 1970.

Tavares, Juarez: *Teorias do delito*, São Paulo: Revista dos Tribunais, 1980.

Vormbaum, Thomas: *Einführung in die moderne Strafrechtsgeschichte*, 3. ed., Berlin/Heidelberg: Springer, 2016.

2

CAUSALIDADE NO PENSAMENTO DE ANÍBAL BRUNO[1]

GUSTAVO BADARÓ

1. Introdução

O objeto do presente estudo é analisar como o tema da causalidade foi tratado por Aníbal Bruno. Além da questão central do nexo causal em si, pretende-se verificar em maior profundidade um dos seus aspectos mais tormentosos e objeto de divergências: causalidade nos crimes omissivos.

Para uma melhor compreensão da obra e como ela se relaciona com a legislação de seu tempo, também será analisado o direito posto brasileiro que antecedeu ao Código Penal de 1940, vigente à época em que escreveu o homenageado. Além de um olhar retrospectivo,

1. Trabalho elaborado para participação do Seminário "A teoria penal de Aníbal Bruno", promovido pelo CEDPAL – Centro de Estudos de Direito Penal e Processual Penal Latino-americano da Georg-August-Universität Göttingen, nos dias 8 e 9 de setembro de 2016.

também se buscam os reflexos do pensamento de Aníbal Bruno na evolução legislativa sobre o tema, mais especificamente, a mudança da Parte Geral do Código Penal que, com a reforma de 1984, passou a conter disciplina expressa sobre o tema da relevância penal da omissão, com o acréscimo do § 2.º do art. 13.

Além disso, pretende-se verificar, ainda que pontualmente, se o estágio atual da doutrina ainda reflete o posicionamento de Aníbal Bruno e se detectamos algo vivo de seu pensamento na doutrina penal.

Advirta-se, por fim, que o estudo focará especificamente a legislação e a doutrina brasileira sobre o tema. Uma breve comparação com o direito estrangeiro será feita apenas pontualmente, e quando imprescindível, devido aos limites do trabalho.

2. A causalidade como modelo de conhecimento

A ideia de causa, explica Laudisa, participa das mais basilares operações mentais cotidianas e também das mais complexas indagações de um conceito filosófico bimilenar.[2]

A razão moderna, superando a concepção medieval, em que a verdade deveria ser encontrada na divindade, passa a compreender o mundo como um mecanismo em que tudo tem o seu lugar e pode ser compreendido e explicado a partir de leis da física e da matemática.[3]

Do ponto de vista das ciências naturais, no início do século passado, descobertas científicas, no campo da física e da matemática, colocaram por terra o ideal de um modelo de conhecimento fundado na causalidade.

A fórmula medieval *scientia est cognitio per causas* perde sua força. A possibilidade de se atingir as verdades absolutas e imutáveis já havia sido contestada. Na dinâmica clássica e na física quântica "as *leis fundamentais exprimem agora possibilidades e não mais certezas*. Temos não só leis, mas também eventos que não são dedutíveis das leis, mas atualizam as suas possibilidades".[4] A mecânica quântica, como a teoria dualística ondulatória-corpuscular da luz, sepultou a

2. Laudisa: *Causalità*,13.
3. D'Avila: *Ofensividade e crimes omissivos próprios*, 25.
4. Prigogine: *O fim das certezas*, 13.

objetividade.[5] Também podem ser citados o princípio da indeterminação, formulado por Heisenberg[6] e, no âmbito matemático, a prova de Gödel.[7] Por fim, a própria noção de espaço e tempo são postas em xeque, diante da teoria da relatividade de Einstein.[8] Assim, o paradigma da certeza científica, que vigorou por séculos, entrou em crise, sendo assumido pela epistemologia contemporânea que a ciência também está privada da certeza.[9] Logo, não seria exagero afirmar que, na investigação científica tudo é apenas meramente provável.[10]

Todavia, Aníbal Bruno e a doutrina penal nacional ainda não haviam a incorporado tais mudanças, e seguiam trabalhando com uma noção de causalidade segundo leis imutáveis, em que era válido o princípio de causalidade, segundo o qual, na proposição "é causa toda condição que não pode ser excluída da mente, sem que o evento deixe de ocorrer" está ínsita a ideia de que existem circunstâncias que podem sempre e necessariamente determinar um evento.

Hoje, portanto, o dogma causal não tem as mesmas bases de quando escreveu Aníbal Bruno. A relação entre causa e efeito não é mais uma certa, mas meramente provável.[11] Todavia, mesmo que trabalhemos com uma teoria probabilística da causalidade, fundada numa representação do mundo que contemple processos físicos intrinsecamente aleatórios, o problema do nexo de causalidade não desaparecerá da dogmática penal. O operador do direito pode continuar trabalhando com o conceito tradicional de causalidade, pois podemos em nossa vida cotidiana confiar em leis causais "com

5. Como explica Bunge (*Causalidad*, 26), "la representación habitual de la teoría de los quanta, tal como la han propuesto Bohr e Heisenberg, elimina a causalidad e lo que se refiere a los resultados de la observación, en el sentido de que una 'misma' situación física puede ser sucedida en forma impredecible por un gran número (usualmente infinito) de estados diferentes". Nesse sentido, na doutrina jurídica: Iacoviello: *La motivazione della sentenza penale*, 34.

6. Segundo o princípio da indeterminação, não é possível determinar, ao mesmo tempo e com precisão, a posição e a velocidade de uma partícula atômica. Para uma explicação, cf.: Rocha: *A relação de causalidade no direito penal*, 34-36.

7. Ubertis: *La prova penale*, 5.

8. Sobre os reflexos da teoria da relatividade no direito penal: Maiwald: *Causalità e diritto penale*, 91-96.

9. Cataldo Neuburger, *Gli sviluppi della psicologia giuridica*, 503.

10. Tavares: *As controvérsias em torno dos crimes omissivos*, 16.

11. D'Avila: *Crime culposo e teoria da imputação objetiva*, 36.

certeza praticamente absoluta".[12] Isso porque a vigência de leis apenas probabilísticas, no campo subatômico, de um lado; e a teoria da relatividade, que torna inaplicável as tradicionais noções causais em dimensões cósmicas, de outro, não impedem que os fenômenos do dia-a-dia sejam compreendidos pelo homem, a partir dos conceitos tradicionais, baseados numa concepção newtoniana do universo, com leis aptas a explicá-lo segundo padrões que se repetem de forma praticamente imutável.[13] O tema, portanto, está longe de ter perdido o interesse para o direito penal.

As atenções se voltarão, então, para o critério explicativo em virtude do qual o fato subsequente está ligado ao fato antecedente. Esse critério deverá ser ainda hoje oferecido por leis científicas,[14] que não sendo absolutas ou indefectíveis, serão consideradas leis "universais", isto é, que tenham um fator de regularidade próximo a 100%, sem com isso negar seu inevitável caráter probabilístico na explicação causal do evento.[15]

Além disso, a mudança de enfoque não será somente quantitativa, mas também qualitativa. Como explica Stella, "quando se enfrenta o problema do fundamento do juízo contrafactual realizado pelo juiz, a contraposição entre explicações causais (dedutivas) e explicações estatísticas deve ser abandonada".[16] Além disso, prossegue Stella, o juiz penal, por meio de um juízo contrafactual "deve estabelecer se a conduta é uma condição contingentemente necessária; o resul-

12. Nesse sentido: MAIWALD: *Causalità e diritto penale*, 93 s.; ROXIN: *Derecho Penal*, I, 346-347. Na doutrina nacional: ROCHA, *A relação de causalidade no direito penal*, 38.

13. Nesse sentido: Aires de SOUSA (*A responsabilidade criminal pelo produto*, 316) afirma que "no que diz respeito à teoria da relatividade, a vida quotidiana pauta-se pela concepção de tempo e espaço da mecânica de Newton, cujas imprecisões postas a nu pelo avanço científico do século XX, são de parca relevância nos resultados de interesse cotidiano". No mesmo sentido, entre nós, Fábio D'AVILA (*Crime culposo e teoria da imputação objetiva*, 36-37) observa que "a relação causa-efeito alcança profunda fragilização quando trabalhada em padrões atômicos ou cósmicos, mas não quando o objeto é a vida cotidiana, cujas relações formam a esfera de atuação do Direito Penal".

14. Nesse sentido: STELLA: *Leggi scientifiche e spiegazione causale nel diritto penale*, 88; Bartole: *Il problema della causalità penale*, 13.

15. Nesse sentido: STELLA: Causalità e probabilità, *RIDPP*, 119 s.; BARTOLE: *Il problema della causalità penale*, 12.

16. STELLA: La nozione penalmente rilevante di causa, *RIDPP*, 1243.

tado ao qual chegará não será mais dedutivamente certo, posto que a incompletude das premissas explicativas (a incompletude das leis e das condições empíricas enunciadas) e o uso de leis estatísticas na explicação caracterizarão sua explicação sempre como probabilística, ou seja, racionalmente crível".[17]

3. Causalidade: o antes e o depois da obra de Aníbal Bruno

A noção de causa e nexo causal é "um patrimônio da ciência moderna".[18] Mais especificamente, até o início do século XIX não se tinha feito da causalidade um princípio geral da teoria do delito.[19] Não é preciso, portanto, retroceder muito no tempo.

Ao tempo do Código Criminal de 1830, o tema da causalidade já merecia destaque na doutrina brasileira, sendo objeto de estudo específico de Tobias Barreto: "Objetivamente apreciado, o crime é um efeito que se prende a uma causa, como qualquer outro fenômeno da natureza. Mas essa causalidade filosófica não é a mesma causalidade jurídica. Para o direito, não basta causar um fenômeno criminoso; é preciso que provenha da vontade de um agente livre; razão porque o nexo causal que existe entre o delito e o delinquente toma o nome particular de responsabilidade".[20]

O Código Penal da República, de 1890, não trazia uma disciplina geral sobre o nexo de causalidade. Por sua vez, a doutrina pouco se detinha sobre o tema.[21] Na parte especial, em relação ao crime de homicídio,[22] eram previstas diversas concausas, que reduziam sensi-

17. Stella: La nozione penalmente rilevante di causa, *RIDPP*, 1243.

18. Nesse sentido: Asúa: *Tratado*, III, 501; Sousa Mendes: *O torto intrinsecamente culposo como condição necessária da imputação do resultado*, 318.

19. Bruno: *Direito Penal*, I, 313.

20. Barreto: *Comentário Teórico e Crítico do Direito Criminal*, 205-206.

21. Por exemplo, Siqueira (*Direito Penal*, 151) limitava-se à seguinte consideração: "a imputabilidade pode ser física, quanto se tem em vista a relação de causalidade física da ação e o homem; é moral quando a ação é encarada como produzida pela vontade livre do homem".

22. O art. 295 previa que: "Para que se repute mortal, no sentido legal, uma lesão corporal, é indispensável que seja *causa efficiente* da morte por sua natureza e sede, ou por ter sido praticada sobre pessoa cuja constituição ou estado mórbido anterior concorram para torná-la irremediavelmente mortal".

velmente a pena da figura básica,[23] em razão de condições personalíssimas do ofendido (art. 295, § 1.º)[24] *e até mesmo pela inobservância por parte do ofendido, do normal cuidado médico-higiênico* (art. 295, § 2.º).[25]

Na doutrina, Costa e Silva explicava que: "Causa, em sentido filosófico, é o conjunto de todas as condições do resultado. Adoptando semelhante conceito, a determinação de causa exige um *regressus in infinitum*. (...). Mas a jurisprudência é uma ciência prática. Por isso ela se contenta em descobrir a causa próxima do resultado (evento), abstendo-se de levar a perquisição além de certo ponto. Todas as condições que formam a causa possuem o mesmo valor, são igualmente necessárias. Não há como destacar uma delas e investi-la de atributo de *causa efficiens*. (...). Ela não deixa de ser causa pela circunstância de não ser única. Também a concausa é causa, no sentido jurídico".[26]

O Projeto de Código Penal de Galdino Siqueira trazia regra expressa sobre a relação de causalidade. O parágrafo único do art. 5.º dispunha: "Se na qualificação do crime se incluir a realização de determinado resultado, este *só poderá ser considerado efeito do ato do agente, quando sem esse ato* ou sem as circunstâncias especiais ou outras ações humanas que com ele cooperaram, *não se verificaria*".

Ao tempo em que Aníbal Bruno escreveu a primeira edição de sua obra *Direito Penal*, a regra vigente sobre a causalidade, na Parte

23. Garcia (*Instituições*, I, 222) fez severas críticas a tal disciplina legal, afirmando que geravam "soluções disparatas e incongruentes". E explicava: concausas "são, no homicídio, certas condições que concorrem para o resultado legal. (...). Havia as concausas preexistentes e supervenientes. Uma condição personalíssima do ofendido, por exemplo, representava concausa preexistente. A vítima viera a falecer – suponha-se – não tanto por efeito do ferimento cortante, mas por ser um diabético, de fraca resistência a golpes de tal natureza. As concausas decorriam da inobservância por parte do ofendido, ao regime médico e higiênico indispensável ao seu estado".

24. "Art. 295, § 1.º. Se a morte resultar, não da natureza e sede da lesão, e sim de condições personalíssimas do ofendido. Pena – de prisão celular por quatro a 12 anos."

25. "Art. 295, § 2.º. Se a morte resultar, não porque o mal fosse mortal, e sim por ter o ofendido deixado de observar o regime médico higiênico reclamado pelo seu estado. Pena – de prisão celular de dois a oito anos."

26. Costa e Silva: *Código Penal*, I, 6-7.

Geral do Código Penal de 1940, dispunha: "Art. 11. O resultado, de que depende a existência do crime, somente é imputável a quem lhe deu causa. *Considera-se causa a ação ou omissão sem a qual o resultado não teria ocorrido*".[27] A clareza do dispositivo evitava qualquer contestação quanto à adoção da teoria da equivalência dos antecedentes causais ou da *conditio sine qua non.*[28]

Rejeitando o sistema do ab-rogado Código de 1890, o Código Penal de 1940 abandonou a distinção entre causa e condição, causa e ocasião, causa e concausa. Equiparando-as, considerou que tudo o que concorre para o resultado é causa. Havendo forças concorrentes para o evento, todas se equivalem na causalidade, sendo igualmente *necessárias* para sua ocorrência, ainda que qualquer uma delas, isola-

27. Embora o Código Penal brasileiro de 1940 tenha sido profundamente influenciado pelo Código Penal italiano de 1930, nesse ponto, não seguiu exatamente o diploma peninsular, que no art. 40, tratando do *rapporto di causalità*, dispõe: "Nessuno può essere punito per un fatto preveduto dalla legge come reato, se l'evento dannoso o pericoloso, da cui dipende l'esistenza del reato, non è conseguenza della sua azione od omissione. Non impedire un evento, che si ha l'obbligo giuridico di impedire, equivale a cagionarlo". De qualquer forma, isso não impediu a doutrina italiana de considerar que fora adotada a teoria da *condito sine qua non.* No direito estrangeiro, apenas à título de exemplo, em sentido diverso posicionou-se o legislador português, que no Código Penal de 1982, adotou a teoria da causalidade adequada, no art. 10: "1 – Quando um tipo legal de crime compreender um certo resultado, o facto abrange não só a ação adequada para produzi-lo como a omissão adequada para evitá-lo, salvo se for outra a intenção da lei". Para uma análise profunda do sistema português, cf. SOUSA: *A responsabilidade criminal...*, 454.

28. Nesse sentido: HUNGRIA: *Comentários*, v. I, t. II, 63; MAGALHÃES NORONHA: *Direito Penal*, I, 119; FRAGOSO: *Conduta punível*, 195; FREDERICO MARQUES: *Tratado*, II, 82. No mesmo sentido, em relação ao *caput* do art. 13 do CP, com a reforma de 1984: PRADO: *Tratado*, II, 135; BRANDÃO: *Teoria Jurídica do Crime*, 45. Em sentido contrário, merece destaque o posicionamento de COSTA JÚNIOR (*Do nexo causal*, 1964, 102): "O código vigente acolheu, com limites, a teoria da equivalência causal. Mas, a fim de que a condição possa ser considerada causa, exige um *quid* a mais: a adequação da condição. Em resumo: condição (positiva) + adequação = causa (positiva). Logo, causa é condição adequada, vale dizer, idônea, possível, não excepcional. Se se pretendesse dar uma rotulagem à teoria abraçada pelo direito positivo, poder-se-ia dizer 'condicionalidade adequada'". O mesmo posicionamento foi mantido, após a Reforma de 1984, conforme consta na 4ª edição da mesma obra, revista e atualizada, do ano de 2007, a 115.

damente e sem o auxílio do conjunto das demais, não *fosse suficiente* para ocorrência do resultado.

A reforma da Parte Geral do Código de Penal, de 1984, manteve inalterada a redação do *caput*, apenas renumerando o dispositivo para o art. 13.[29]

4. A posição de Aníbal Bruno: a causalidade em geral no direito penal

A causalidade, para Aníbal Bruno, "é um problema geral, não específico de determinada categoria do crime".[30] Todavia, no Direito Penal, o tema da causalidade não apresenta a mesma "largueza de limites que oferece na lógica ou na filosofia".[31]

De qualquer forma, entendia que "não há uma causalidade própria do domínio jurídico. Causalidade é um conceito lógico-naturalista que se aplica a toda sorte de fenômenos e, assim, também aos

29. Destaque-se que o Projeto de Código Penal, que foi submetido ao Poder Legislativo, trazia redação diversa, sem adotar, expressamente, uma específica teoria sobre a causalidade. Dispunha o Projeto: "O resultado, de que depende a existência do crime, somente é imputável a quem, por ação o tenha causado ou, por omissão não o tenha impedido". E a Exposição de Motivos, em seu item 12, trazia a seguinte explicação: "Pareceu-nos inconveniente manter a definição de causa no dispositivo pertinente à relação de causalidade, quando ainda discrepantes as teorias e consequentemente imprecisa a doutrina sobre a exatidão do conceito". Acrescente-se que o Projeto de Lei 236/2012, que pretende instituir o novo Código Penal, segue o mesmo posicionamento, sendo previsto em seu art. 15 que: "Considera-se causa a conduta sem a qual o resultado não teria ocorrido". Além disso, o projeto optou por suprimir a referência a omissão como causa do resultado. Ressalte-se, por fim, que na tramitação legislativa, foi apresentado Projeto Substitutivo (Emenda n. 1 da CTRCP) que propõe a supressão da disciplina legal da causalidade, tanto no que diz respeito à definição de causa, quanto no regramento da concausa superveniente relativamente independente. Com essas alterações, o art. 14 proposto passará a prever: "Art. 14. A realização do fato criminoso exige ação ou omissão dolosa ou culposa, que produza lesão ou risco de lesão a determinado bem jurídico". E o parágrafo único disporá: "Parágrafo único. O resultado exigido somente é imputável a quem lhe der causa e se decorrer da criação ou aumento do risco juridicamente relevante".

30. Bruno: *Direito Penal*, I, 312.

31. Bruno: *idem*, I, 313.

fatos puníveis".[32] Além disso, a causalidade é uma categoria prévia ou pré-jurídica, pois a "consideração do nexo causal precede os juízos de valor próprios da apreciação jurídica".[33]

A causalidade se situa na figura central da ação.[34] Para o Autor homenageado, "dentro da ação, a relação causal estabelece o vínculo entre o comportamento em sentido estrito e o resultado".[35]

Aníbal Bruno centra o problema da causalidade no direito penal tendo por ponto inicial um agir humano. É a partir do conceito de ação que se pode "concluir se o fazer ou não fazer do agente foi ou não o que ocasionou a ocorrência típica, e este é o problema inicial de toda investigação que tenha por fim incluir o agente no acontecer punível e fixar a sua responsabilidade penal".[36] E, acrescenta: "as causas distantes, aquela linha causal infinita que relaciona o fato com as suas raízes, escapam à consideração do penalista. O ponto inicial da corrente causa-efeito para nós é a manifestação de vontade do

32. Bruno: *Direito Penal*, I, 314, nota 3. Nesse ponto, seu pensamento se alinha com Welzel (*Derecho Penal Aleman*, 61), para quem o conceito de causalidade "não é um conceito jurídico, mas uma categoria do ser", e "o direito tem que partir também desse conceito causal 'ontológico'", pois "não há uma causalidade jurídica especial".

33. Bruno: *Direito Penal*, I, 314, nota 3.

34. Sobre o conceito de ação, afirmava Bruno (*Direito Penal*, I, 287) que "a ação é que dá corpo ao fato punível constituindo o elemento central do seu conceito, o suporte material, por assim dizer, sobre o que assentam os outros elementos da tipicidade, antijuridicidade e culpabilidade". Além disso, sustentava um conceito puro de ação, isento de qualquer juízo de valor: "A ação pode definir-se com um comportamento humano voluntário que produz uma modificação no mundo exterior. Tem por componentes necessários: um processo interno de vontade; a atuação dessa vontade no mundo exterior por meio de um fazer ou não fazer do agente, o resultado dessa atuação" (*op. cit.*, 283). É nítido em tal posicionamento a influência de von Liszt (*Tratado*, I, 193): "Ação é pois o fato que repousa sobre a vontade humana, a mudança no mundo exterior referível à vontade do homem. Sem ato de vontade não há ação, não há injusto, não há crime: *cogitationis poenam nemo patitur*. Mas também não há ação, não há injusto, não há crime sem uma mudança operada no mundo exterior, sem um resultado. Destarte são dados os dois elementos, de que se compõe a ideia de ação e, portanto, a de crime: ato de vontade e resultado. A esses dois elementos deve acrescer a relação necessária, para que eles formem um todo, a referencia do resultado ao ato.

35. Bruno: *Direito Penal*, I, 287.

36. Bruno: *idem*, I, 311.

homem. Estabelecer se entre esta e o resultado a cadeia causal se manifesta e se mantém é o que faz objeto das várias teorias que têm sido sugeridas".[37]

A relação de causa e efeito referia-se apenas à imputação de fato, que seria posteriormente limitada, no âmbito jurídico, pelos pressupostos da responsabilidade penal, em especial a culpabilidade, entendida como imputação de direito.[38]

Duas premissas merecem destaque no pensamento de Aníbal Bruno: (i) a causalidade penal dever ser resolvida no plano fenomênico e não no plano da norma; (ii) a causalidade foi tratada, de uma forma global, a partir do conceito amplo de ação, incluindo as espécies comissivas e omissivas de agir humano.

A partir do conceito da cabeça do art. 11 do Código Penal de 1940, Aníbal Bruno, seguindo o pensamento comum da doutrina pátria, adere à teoria da *conditio sine qua non*, podendo essa ser considerada a terceira premissa fundamental de seu posicionamento quanto a causalidade.

Especificamente quanto a esse tema, afirmava que as tentativas de limitar o alcance da teoria da equivalência não podem ser feitas fugindo do problema da causalidade em si, para buscar solução no plano normativo. Com isso, confundem-se dois planos distintos, embora interligados em análises sucessivas. A relação de causa-

37. Bruno: *Direito Penal*, I, 313-314. Como bem explica Sousa Mendes (*O Torto intrinsecamente culposo*, 327): "Num caso simplicíssimo de homicídio, o golpe desferido com uma navalha – por exemplo – não está instantaneamente ligado com a morte da vítima, mas é intermediado pela ferida e pelo sucessivo sangramento e agonia da vítima. Não pode, portanto, dizer-se que um golpe causou naturalmente a morte da vítima – *natura non facit saltus* – e podemos asseverar que nenhum relatório de perícia médico-legal mencionaria a agressão mecânica como a causa da morte da vítima (modificação no mundo externo penalmente relevante) em conformidade com a velha máxima segundo a qual também a *causa da causa é causa causante* (*causa causae est causa causati*). O princípio lógico da causalidade é assim uma estrutura de ordenação dos dados relevantes e não contém informação acerca de quaisquer leis empíricas da causalidade, cabendo ao jurista-julgador o ónus de esquematizar a conexão das ações com os seus efeitos (é claro, segundo o seu conhecimento vulgar das leis empíricas, eventualmente amparado em conclusões de perícia médico-legal ou outras).

38. Bruno: *Direito Penal*, I, 312.

lidade, que se coloca no plano ôntico, de um lado; e a imputação do resultado, um juízo ulterior e autônomo, de natureza axiológica, em que se verifica o significado da relação de causalidade perante a ordem jurídica.[39] Essas noções são muito claras para Aníbal Bruno, que afirma que "é preciso distinguir o problema do nexo causal do da culpabilidade. Uma coisa é determinar se o fato surge como resultado da manifestação da vontade do agente, isto é, se entre o seu atuar e o resultado típico existe a necessária relação de causa e efeito (imputação do fato); outra, se, verificada essa relação, com ela concorrem os pressupostos necessários da responsabilidade penal (imputação de Direito)".[40]

5. Idem: a causalidade da omissão[41]

Antes de analisar a posição de Aníbal Bruno sobre a causalidade na omissão, é digno de registro que o tema remonta a longeva tradição dos penalistas da Faculdade de Direito do Recife, havendo importante estudo de Tobias Barreto sobre a questão,[42] que já no século XIX afirmava: "um dos mais graves problemas do direito criminal é sem

39. Esta distinção já havia sido feita, com muita clareza, por Richard Honig (*Kausalität und objektive Zurechnung*, 1930, consultado na versão espanhola: *Causalidad e imputación objetiva*, 110): "a questão da causalidade é resolvida se se comprova que a ação – quaisquer que sejam as outras condições – foi o pressuposto necessário da produção do resultado. Porém, com esse juízo sobre a relação fática entre ação e resultado não se resolve ainda a questão de se esta relação também é significativa para o ordenamento jurídico, se satisfaz às exigências do ordenamento jurídico". E complementa: "ao juízo causal, como juízo ulterior autônomo, se lhe agrega o juízo da imputação objetiva, que tem que revisar a questão axiológica, a saber, a significação da relação causal para o ordenamento jurídico, medida segundo parâmetros que são dados pelo próprio ordenamento jurídico".

40. Bruno: *Direito Penal*, I, 316.

41. Valemo-nos aqui da posição de Greco (Problemas da causalidade e imputação nos crimes omissivos próprios, inédito, 4) no sentido de que se pode utilizar, sem problema, a expressão mais curta e elegante "causalidade da omissão", que a complicada locução "quase-causalidade" ou "causalidade hipotética".

42. Aliás, observa Asúa em seu magnífico *Tratado* (III, 415, nota 33) ao expor as doutrinas sobre o fundamento dos delitos comissivos por omissão, que "hace muchos años que Tobías Barreto, en el Brasil, se hizo cargo de algunas de ellas".

dúvida a indagação de como alguém, em virtude da sua inação, pode tornar-se causa de um sucesso positivo e determinado".[43]

Aníbal Bruno defendia, de modo assertivo, a possibilidade de uma causalidade na omissão: "a omissão é causal em relação ao resultado quando, se o omitente tivesse praticado a ação omitida, o resultado não teria ocorrido, isto é, dentro do raciocínio fundamental da *conditio sine qua non*, quando não se possa conceber como realizada a ação omitida sem que desde logo desapareça o resultado".[44]

Em nota de pé de página, posicionava-se contrariamente à corrente doutrinária que, a partir do conceito de que "do nada nada pode provir", recusava a admitir um nexo causal na omissão idêntico ao existe entre a ação e o resultado.[45] Segundo Aníbal Bruno, a proposição de Lucrécio *ex nihilo nihil* somente seria verdadeira quando se concebesse o conceito de causalidade "não como um conceito de relação, mas, de maneira inexata, como conceito físico de força".[46] E

43. *Delitos por omissão,* publicado, parcialmente, originariamente no *Correio da Noite*, no Recife, em 1879, consultado em sua versão integral em Tobias Barreto: *Estudos de Direito*, 205-206. Tal trabalho, aliás, expressamente indicado por Bruno: *Direito Penal*, I, 300, nota 9.

44. Bruno: *Direito Penal*, I, 314. No mesmo sentido posiciona-se Hungria (*Comentários*, v. I, t. II, 69) que, negando que a omissão possa ser "mecanicamente causal", afirma, por outro lado, que "o problema só admite solução quando se considera que *causa* não é apenas um conceito *naturalístico*, senão também um *conceito lógico*. Do ponto de vista lógico, é *condição* de um resultado a não-interferência de forças que podem impedir o seu advento. Quem deixa de impedir um evento, podendo fazê-lo, é *condição* dele, tanto quanto as *condições* colaterais que tendiam para a sua produção. Para se aferir a causalidade na omissão, deve ser formulada a seguinte pergunta: 'teria sido impedido pela *ação omitida* o evento subsequente?' Se afirmativa a resposta, a omissão é *causal* em relação ao evento" (destaques no original). Também para Costa Jr. (*Do nexo causal*, 1964, 132), "o não impedir, destituído de qualquer significado naturalístico, é equiparado ao causar, em razão de uma criação normativa"; mas "enquanto se entenda como causa o princípio ativo do efeito, omissão e causa se repelem entre si. Não se pode apresentar como positivo aquilo que é negativo". E, conclui: "Quem empresta sopro vital à omissão, para que adquira valor causal, é a própria norma". Na doutrina moderna, negando que haja causalidade na omissão: Prado: *Tratado*, II, 139; Bitencourt: *Tratado*, 1, 292. Na doutrina estrangeira: Roxin: *Derecho Penal*, II, 768.

45. Nesse sentido, por exemplo, von Liszt (*Tratado*, I, 212) que assevera: "usamos, pois, uma linguagem indubitavelmente inexata, quando falamos em causar por omissão".

46. Bruno: *Direito Penal*, I, 326, nota 13.

completava: "o pensamento preponderante se opunha a um conceito naturalista da omissão, não se apercebia de que a omissão também é um comportamento do indivíduo e que esse comportamento pode entrar como condição da série causal que conduz ao resultado".[47]

Em relação a omissão imprópria, depois de afirmar que o comportamento humano ou "ação", em sentido lato, "pode manifestar-se por uma atitude positiva, um fazer do agente, ação em sentido estrito, ou por uma atitude negativa, um não fazer, que é a omissão",[48] o ilustre penalista explicava que:

> "(...) a omissão é uma ação que se concretiza com os seus elementos próprios, na omissão de outra ação, que é a ação devida. Não é um simples nada do qual nada possa provir, como insinuam alguns. Não consiste em um movimento corpóreo, mas é manifestação precisa da vontade no mundo exterior, expressa em um não fazer contrário ao dever jurídico de fazer. E daí a relação causal que prende essa maneira de agir ao resultado que dela provem e que se pode afirmar com a mesma segurança lógica da causalidade no atuar positivo. Aqui também tem inteira validade o argumento da relação hipotética segundo a qual se eliminarmos, em pensamento, o não fazer do agente, eliminado ficará, em consequência, o resultado."[49]

Como se vê, para o Autor homenageado a omissão não se limita a uma simples questão interna do sujeito. Buscando um momento em que o omitir se desenvolve "fora do puro psiquismo do omitente", conclui que "ela é um comportamento voluntário, manifestação exterior da vontade do omitente, que, embora não se realize com a materialidade de um movimento corpóreo, não deixa de ser uma realidade, que percebemos com a evidência de um acontecer objetivamente realizado. Este é o elemento naturalista da omissão".[50]

47. Bruno: *Direito Penal*, I, 326, nota 13. Na doutrina atual, Reale Jr. (*Instituições*, 256) também considera que na omissão há "um dado naturalístico, sujeito a um enfoque normativo", defendendo uma "concepção naturalista-normativa". Nesse sentido, também: Antolisei, *Il rapporto di causalità nel diritto penale*, 224-225.

48. Bruno: *Direito Penal*, I, 298.

49. Bruno: *idem*, I, 299, nota 9.

50. Bruno: *idem*, I, 302-303. E acrescenta: "o elemento naturalista de voluntário comportamento negativo do agente se completa pelo elemento normativo da ação que era de esperar, da ação devida". No mesmo sentido:

De qualquer forma, o Autor não parece conseguir identificar a causalidade na omissão em termos puramente naturalísticos, acabando por se socorrer de elementos normativos para definir a relevância do comportamento omitido.

Quanto ao elemento normativo, Aníbal Bruno sustenta que o dever jurídico de agir, que torna penalmente relevante a omissão, "pode resultar de uma norma de Direito, de particular aceitação do dever por parte do agente, ou de comportamento anterior que fundamente o dever de impedir o resultado".[51] Mais especificamente, o dever resultante da norma "pode provir da lei, de dispositivo equivalente à lei ou do Direito costumeiro"; a aceitação do dever por parte do agente "pode resultar de um contrato, de um exercício de emprego ou função, de qualquer posição equivalente"; por fim, "o dever resultante de um comportamento anterior do agente, isto é, de um ato capaz de criar uma situação de perigo ou aumentar o risco de uma situação já existente e do qual decorre o dever de evitar o resultado".[52] E, noutro estudo, asseverou: "Quem cria com o seu próprio comportamento o perigo de um resultado lesivo, tem o dever jurídico de impedir que ele se produza".[53] Evidente que para o omitente responder pelo crime comissivo por omissão, além do dever jurídico de impedir o resultado, ele também deverá ter tido a possibilidade fática de agir para o impedir.[54]

Inegavelmente, tal posicionamento doutrinário – cujo primeiro defensor na doutrina brasileira não fora Aníbal Bruno – acabou inspirando o § 2.º do art. 13 da Parte Geral de 1984 que, ao definir a "relevância da omissão", estabeleceu: "§ 2.º A omissão é penalmente rele-

Magalhães Noronha: *Direito Penal*, 1, 114. Mais modernamente, reconhecendo a possiblidade de uma concepção ôntica da causalidade na omissão: Rocha, *A relação de causalidade no direito penal*, 180.

51. Bruno: *Direito Penal*, I, 305. A origem de tal posição é encontrada em Mezger: *Derecho Penal*, 122, que acrescenta, além do dever decorrente da "lei", "da especial aceitação" e do "agir prévio", também uma quarta fonte de dever, decorrente de "outras relações concretas da vida".

52. Bruno: *Direito Penal*, I, 305-306.

53. Bruno: Da ação no conceito de crime, 90.

54. Nesse sentido, Toledo: *Princípios*, 118, que ainda acrescenta: "é preciso que, além do dever, tivesse a possibilidade física de agir, ainda que com risco para sua pessoa". Também para Reale Jr. (*Instituições*, 259) a "relevância da omissão depende da soma de duas exigências: *do dever* e *do poder de agir*".

vante quando o omitente devia e podia agir para evitar o resultado. O dever de agir incumbe a quem: a) tenha por lei obrigação de cuidado, proteção ou vigilância; b) de outra forma, assumiu a responsabilidade de impedir o resultado; c) com seu comportamento anterior, criou o risco da ocorrência do resultado".

Com acerto, Reale Jr. afirma que "o disposto no § 2.º do art. 13 da nova Parte Geral de 1984 é elemento *tipificante, dado constitutivo do tipo penal da comissão por omissão*, adicionável a todos os tipos comissivos, quando se trata da forma de comissão por omissão".[55]

6. O pensamento vivo de Aníbal Bruno

Não teria qualquer sentido, com base nos conhecimentos e grau de desenvolvimento atual da doutrina penal, formular uma crítica sobre aquilo que Aníbal Bruno escreveu há 60 anos. A menos que se esteja diante de um pensamento científico estático, o que se espera é que haja mudanças de posicionamentos, fruto da evolução natural da doutrina, da jurisprudência e do próprio direito posto. O objetivo da comparação entre o que era pensamento de Aníbal Bruno com o que se defende, atualmente, sobre o tema da causalidade é duplo: primeiro, identificar algo que ainda seja vivo de seu pensamento; segundo, verificar em que medida seus ensinamentos contribuíram para a alteração do Código Penal em tema de causalidade.

Diante do estado atual da dogmática penal, a primeira crítica que pode ser formulada ao pensamento de Aníbal Bruno é sobre seu posicionamento fundante em tema de causalidade: tratá-la como um fenómeno "lógico-naturalístico". Além disso, criticava as teorias que deslocam o problema da causalidade para o campo jurídico, por considerar que o problema da causalidade "é essencialmente lógico-naturalista" e "em si mesma, a relação causal não importa em nenhum juízo de caráter jurídico-penal".[56] Negava, pois, que além de um conteúdo ontológico ou fenomênico, a causalidade jurídico-penal também envolveria referências normativas.[57]

55. Miguel Reale Jr.: *Instituições*, 259.
56. Bruno: *Direito Penal*, I, 322.
57. No sentido contrário, reconhecendo a interferência de elementos normativos: Wessels: *Derecho Penal*, 53. Também para Battaglini (*L'inter-*

No campo da causalidade, portanto, o direito reconstrói a noção que lhe é oferecida pelas outras ciências, limitando-a, sem violentar o conceito comum e vulgar que se tem de tal expressão, para ajustá-la às suas próprias necessidades.[58]

Ora, tal intento não foi – e não seria possível sê-lo – alcançado na disciplina da causalidade na omissão. Como será mais detalhado, tal posicionamento é indefensável, tanto que o próprio Autor lançou mão de elementos normativos e, portanto, não resolveu a questão no plano puramente fenomênico.

Um segundo posicionamento de Aníbal Bruno que pode ser considerado superado é o tratamento uniforme da causalidade, tanto no caso da ação, seu sentido estrito, ou do agir comissivo, quanto na omissão. Isso porque admitir uma causalidade física, no plano ôntico, em relação à omissão é, nas palavras de Hungria, uma "tentativa de provar a quadratura do círculo".[59]

Se, nos casos dos crimes cometidos mediante ação, isto é, um *facere*, é possível trabalhar previamente com a ideia de causalidade num sentido naturalístico, o mesmo não se verifica com a chamada causalidade da omissão. Não que seja impossível perceber, do ponto de vista sensorial, uma inação. Porém, para que se possa buscar, no conjunto de fatores antecedentes a um determinado evento, uma omissão que possa ter sido causa de sua ocorrência, a delimitação tem que decorrer da análise de um dever de agir e de sua violação. E, quando se associa a inatividade a um dever de agir, não há como sustentar que a análise de tal omissão se realize sob o enfoque exclusivamente naturalístico. O dever de agir não é uma coisa que pertença a uma categoria ôntica, com um substrato natural, mas uma categoria

ruzione del nesso causale, 17), "la nozione di causa per il giurista deve essere quell'anche è conforme al *pensiero della legge*" (destaque no original).

58. Toledo: *Princípios*, 112.

59. Hungria: *Comentários*, v. I, t. II, 69. No mesmo sentido, Bernardino Gonzaga, *O crime de omissão de socorro*, 60. Em profundo estudo sobre o tema, Moore (*Causalidad y responsabilidad*, 219) conclui que: "Las omisiones, no siendo nada en absoluto, no realizan un trabajo causal. Mientras que hay una pregunta contrafáctica que hacer con respecto a las omisiones cuando son el fundamento de la responsabilidad – la pregunta sobre la 'capacidad' sobre si el omitente podría haber evitado el daño – no se trata de una pregunta causal".

que se situa no plano axiológico.[60] Assim, em linhas substanciais, quanto à causalidade da omissão, não é possível aceitar o posicionamento de Aníbal Bruno, no sentido de que a causalidade tem um substrato natural e deve ser resolvida previamente a qualquer valoração jurídica. Sem a análise do dever jurídico de agir, não há como cogitar da relevância da inatividade.[61] Se há o dever de agir, a omissão é relevante, mas não é puramente naturalística.[62] Por outro lado, se a pessoa não estiver vinculada a um dever de agir, sua inatividade será, do ponto de vista jurídico, um nada absolutamente irrelevante.[63] Justamente por isso, como será exposto, acaba o Autor a recorrer a critérios normativos para definir a relevância da conduta omitida.

Evidente que a referência a um componente normativo não invalida a noção de causalidade na omissão, desde que se compreenda que o conceito causal não pretende explicar a "essência" da causa em si, mas, diversamente, como explica Honig, "há de expressar somente nossa 'ideia' da razão da modificação", e nesse sentido "é completamente compatível a ideia da causalidade de um permanecer inativo".[64]

60. Tavares: *As controvérsias em torno dos crimes omissivos*, 23.

61. Como explica Bernardino Gonzaga (*O crime de omissão de socorro*, 61), "se, em si própria considerada, a omissão não é jamais produtora de uma alteração no mundo exterior, ela poderá assumir esse papel desde que contrária a uma norma cujo sentido seja exatamente o de emprestar tal qualidade à conduta que viola um dever de agir por ela imposto".

62. Em obra mais recente, num passo que merece transcrição, Tavares (*Teoria dos crimes omissivos*, 366) formula crítica irrespondível: "não se pode, de modo simplista, iludir a natureza das coisas e admitir que uma inatividade seja causa de um resultado porque isso seja necessário para compatibilizar a omissão à regra jurídica ou, vice-versa, justificar a regra distorcendo a realidade". E, completa: "O primeiro ponto a ser discutido diz respeito à questão da regra lógica entre o critério da eliminação hipotética e a omissão. Segundo esse critério, determinante para a afirmar que a omissão constitua causa de um resultado será concluir que, sem ela, o resultado não teria ocorrido. Aqui reside o problema. Como se pode afirmar que sem uma inatividade o resultado não teria ocorrido? Ou seja, como se pode afirmar que um 'nada' é de tal forma influente, que pode produzir um resultado empírico? A subsistir a regra da teoria da condição, a conclusão elementar é de que a causalidade na omissão nada mais é do que produto de um simples enunciado argumentativo, tecido para incluí-la no âmbito da punibilidade dos delitos comissivos".

63. Tavares, *As controvérsias em torno dos crimes omissivos*, 23.

64. Honig, *Causalidad e imputación objetiva*, 123, acrescentando: "si para afirmar la causalidad de una actividad basta con que ella no pueda ser suprimida mentalmente sin que también el resultado desaparezca, una inactividad tiene

Um terceiro ponto que não pode ser mais aceito é a adoção, por Aníbal Bruno, da teoria da *conditio sine qua non* como sendo apta e suficiente para resolver os problemas da causalidade no direito penal. De se esclarecer que, ao tempo em que fez publicar a primeira edição da obra *Direito Penal*, no ano de 1957, não havia na doutrina nacional qualquer posicionamento, digno de destaque, que não adotasse a teoria da equivalência das condições.

Os acontecimentos nascem da complexidade ou de um conjunto de antecedentes causais, dos quais a ação ou a omissão do sujeito a quem sem tem que verificar se o crime pode ser imputado "não é senão um elo de extensa cadeia".[65] Do ponto de vista jurídico, o que é necessário saber é qual ação ou qual omissão "tem o suficiente relevo de causa".[66]

Exatamente nesse ponto, em que a doutrina se debate sobre o "maior ou menor realce a ser conferido a umas ou outras forças produtoras do evento",[67] a teoria da *conditio sine qua non* se mostrou insuficiente para a finalidade de identificar qual a causa do resultado criminoso.[68]

Como destaca Wessels, a adoção dos critérios das ciências naturais no direito penal, desprovida de críticas, levou ao surgimento de "numerosas e estéreis críticas".[69] Por exemplo, a fórmula da *conditio sine qua non,* partindo da equivalência causal de todas as condições do resultado, tem se mostrado pouco útil quando surge a questão de "se" um fator determinado influi na produção de um resultado".[70] A tradicional teoria da equivalência não acrescenta nada à averiguação da causalidade de uma ação que se pretende descobrir se foi ou não penalmente relevante, na medida em que, realizando a supressão

que poder ser caracterizada como causal, si una actividad contrapuesta a aquélla habría impedido el resultado".

65. Hungria: *Comentários*, v. I, t. II, 60

66. Hungria: *idem*, v. I, t. II, 60.

67. Garcia: *Instituições*, v. I, t. I, 219.

68. Roxin: *Derecho Penal*, t. I, 349-350.

69. Wessels: *Derecho Penal*, 52. No mesmo sentido, na doutrina nacional: Toledo, *Princípios*, 110.

70. Wessels, *Derecho Penal*, 53.

mental desse ato, se está já pressupondo o que se deveria demonstrar mediante a teoria da causalidade.[71]

Além disso, outra crítica é a sua excessiva abrangência. Partindo de uma equivalência entre todos os antecedentes causais, o regresso é praticamente ilimitado, podendo chegar até à causa primeira do universo!

Evidente que a nenhuma ciência interessa retroagir ao infinito a cadeia causal, que pode levar a uma "inevitável exasperação da causalidade e a regressão infinita do nexo causal", sendo que "o círculo causal por levar em conta as condições das condições (pré-condições), bem como as condições das condições das condições, acarreta um alargamento excessivo da responsabilidade (*causa causae est causa causati*)".[72] Quanto ao Direito, afirma Battaglini, cabe "valorar um comportamento do homem, para estabelecer se este é ou não, em todo ou em parte, materialmente causa do evento previsto na lei", de modo que esta possa lhe ser imputada, para declarar sua responsabilidade.[73] E, especificamente quando se fala em causalidade no direito penal, quer-se indicar somente "a relação existente entre a ação e o resultado típico".

Porém, ao seu tempo, e diante da clareza do *caput* do art. 11 do Código Penal de 1940 – depois renumerado para art. 13, com a reforma de 1984 – ainda que Aníbal Bruno e doutrina nacional continuassem a fazer uma exposição histórica e catalográfica das diversas teorias sobre a causalidade,[74] adotou-se a teoria da equivalência.

71. Nesse sentido: Engisch, *La causalidad como elemento de los tipos penales*, 43, acrescentando que a teoria da *conditio sine qua non* não capta, em absoluto, a verdadeira relação causal. No mesmo sentido, modernamente: Roxin, *Derecho Penal*, I, 350; Aires de Sousa: *A responsabilidade criminal pelo produto*, 360. Na doutrina nacional: Rocha, *A relação de causalidade no direito penal*, 91-92, que acrescenta: "não é a fórmula da teoria da condição que traz elementos para a aferição da relação de causalidade, mas sim o próprio conhecimento do profissional do Direito que analisa o caso".

72. Costa Jr.: *Do nexo causal*, 1964, 95.

73. Battaglini: *L'interruzione del nesso causale*, 12.

74. Na disputa doutrinária entre as teorias da causalidade, Bruno (*Direito Penal*, I, 314 s.) classifica-as em duas grandes categorias: "(1) teorias que não veem diferença entre condição e causa, subdivididas em: (1.1) teoria da totalidade das condições; (1.2) teoria da equivalência das condições; (2) teorias que diferenciam causa e condição e buscam estabelecer critérios para dentre

A bem da verdade, o tema não despertou maiores interesses ou controvérsias. Os penalistas de então, sem maiores críticas teóricas, afirmavam que o código adotou a teoria da *conditio sine qua non*, utilizando-a, com o auxílio do método de eliminação hipotética, para explicar e resolver os problemas envolvendo o nexo causal.[75] De outro lado, temas relevantes, como por exemplo, o dos cursos causais hipotéticos,[76] ou ainda as questões envolvendo o impedimento dos cursos causais salvadores foram temas muito pouco discutidos entre os Autores nacionais.[77]

as condições destacar a causa", subdivididas em (2.1) teoria da causalidade adequada; (2.2) teoria da predominância; (2.3) teoria da relevância jurídica.

75. Ainda no regime do Código Penal de 1890, COSTA E SILVA (*Código Penal*, I, 14) dizia: "a obrigação de agir deve derivar de um preceito positivo de ordem jurídica, de uma convenção expressa; ou de um ato anterior". Após o Código Penal de 1940, HUNGRIA (*Código*, v. I, t. II, 70) identificava e especificava situações em que haverá tal dever: "a) de um mandamento, expresso ou tácito, da ordem jurídica; *b*) de uma relação contratual; *c*) de uma situação de perigo, que se tenha precedentemente criado, ainda que seja sem culpa". Após a obra de Aníbal Bruno, e antes da reforma da Parte Geral do 1984, o mesmo posicionamento pode ser encontrado em FREDERICO MARQUES (*Tratado*, II, 82): "a obrigação ou dever de evitar o resultado pode ocorrer: a) quando emana de um preceito legal específico; b) quando existe obrigação contratual; c) quando um ato precedente impõe essa obrigação". No mesmo sentido, para BADARÓ (*Causalidade, culpabilidade e nexo causal na doutrina penal*, 92), o dever de atuar pode decorrer "da norma (*lato sensu*); de uma especial aceitação do encargo ou de uma atividade precedente". E assim permanece a questão praticamente durante todo o século passado. Segundo ROCHA (*A relação de causalidade no direito penal*, 165), "tem-se a impressão de que a discussão sobre a causalidade está praticamente sepultada no Brasil, com a adoção da teoria da equivalência, o que é preocupante". Somente neste novo milênio o tema voltou a ser objeto de uma indagação mais profunda, especialmente a partir dos estudos sobre a imputação objetiva.

76. A questão foi analisada em profundidade pela doutrina alemã: KAUFMANN, Die Bedeutung hypothetischer Erfolgsursachen im Strafrecht, consultado na versão espanhola: *La importancia de las causas del resultado hipotéticas en el Derecho Penal*, 135 s.; SAMSON, *Hypothetische Kausalverläufe im Strafrecht*, consultado na versão espanhola: *Cursos causales hipotéticos en el derecho penal*.

77. Já no início do século XXI, destaque-se o trabalho de D'AVILA, *Crime culposo e teoria da imputação objetiva*, 29-34, que dedica atenção específica ao tema da causalidade hipotética, da causalidade alternativa e da ação que impede cursos causais salvadores.

No campo das teorias da causalidade, a primeira voz destoante a criticar a teoria da *c.s.q.n.* foi de Paulo José da Costa Júnior[78] que, embora admitindo – corretamente – que a teoria da causalidade adequada não era uma teoria puramente causal, considerava-a preferível à teoria da equivalência, por ser mais apta a resolver diversos problemas do Direito Penal como: crimes qualificados pelo resultado, delitos omissivos, coautoria, tentativa impossível, conceituação de perigo e muitos outros.[79] Tratou-se, por décadas, da única contestação doutrinária à utilização da teoria da *conditio sine qua non*.[80]

Mais recentemente, a crítica doutrinária, no sentido de que o Código Penal não teria abraçado a teoria da *conditio sine qua non*, foi feita por Miguel Reale Jr., que considera ter sido adotada a "*teoria da condicionalidade adequada*, decorrente da necessidade de construir um "tipo de causalidade, afastando-se a adoção pura e simples, no âmbito do construído normativo, do suceder no real, sem a fixação de limites". Considerando que "a ação apresenta-se como um todo irredutível, composto de dois aspectos inseparáveis, um objetivo, e outro subjetivo", entende que o exame do nexo de causalidade não pode ser realizado independentemente da posição pessoal do agente, que é o "conduto da ação".[81]

Por sua vez, Fábio D'Ávila propõe a solução do problema a partir da teoria da condição conforme as leis naturais, desenvolvida por Engisch.[82]

78. Costa Jr.: *Do nexo causal*, 102.
79. Costa Jr.: *idem*, 102.
80. Após a primeira edição do livro *Direito Penal*, tomo I, de Aníbal Bruno, durante todo o século passado a ciência penal pátria pouco evoluiu e quase nada inovou quanto ao tratamento da relação de causalidade. A assertiva não é uma injusta crítica pretensiosa de um processualista, mas a conclusão de Rocha (*A relação de causalidade no direito penal*, 38): "a doutrina brasileira, salvo raras exceções, não se tem dedicado ao tema. Apesar da relevância do estudo do nexo causal, nota-se a existência de grave lacuna na literatura jurídica brasileira sobre o assunto". Registre-se que, somente no ano de 2016, com a obra do próprio Ronan Rocha, *A relação de causalidade no direito penal*, o tema foi analisado em profundidade e segundo as mais modernas concepções da relação de causalidade no direito penal.
81. Reale Jr., *Instituições*, 251.
82. A teoria da causalidade conforme às leis naturais, foi desenvolvida por Karl Engisch, em sua obra *Die Kausalität als Merkmal der strafrechtlichen Tatbestände,* Tübingen, 1931 (consultada na versão espanhola *La causalidad*

Finalmente, em termos de teoria geral da causalidade, merece destaque a posição de Ronan Rocha que, no melhor trabalho sobre o tema em língua portuguesa, defende, *de lege ferenda*, que o Código Penal não defina legislativamente o conceito de causa, o que permitiria adotar a teoria da condição mínima, desenvolvida por Puppe,[83] que define causa como "uma componente necessária de uma condição verdadeira e suficiente segundo leis empíricas gerais".[84] Trata-se de uma teoria ôntica da causalidade, em que o vínculo entre causa e consequência é estabelecido por uma lei causal, que deve ser uma regra geral e abstrata, segundo a qual determinados tipos de eventos são suficientes ou necessários para a ocorrência de outros.[85]

Além disso, insistir na existência de um conteúdo natural ou fenomênico, como modalidade mecânica da causalidade na omissão não permitiu que o tema fosse analisado e estudado à luz de um racio-

como elemento de los tipos penales), tratando-se de uma teoria ôntica da causalidade, baseada em uma lei geral de cobertura, sendo que para ENGISCH (*La causalidad como elemento de los tipos penales*, 49-50), "uma conduta – pensamos primeiramente apenas no fazer positivo – manifesta-se como causa de um resultado (positivo) concreto, delimitado segundo um determinado tipo de lei penal, quando àquela conduta se seguem modificações no mundo exterior temporalmente sucessivas, que estavam ligadas à conduta e entre si em uma sequência segundo uma lei (da natureza) e que desembocaram em alguma parte integrante da situação de fato concreta que está delimitada como resultado conforme a lei penal (fórmula da condição conforme a lei, em contraposição à fórmula da *c.s.q.n.*)". Ou, de forma mais sintética, como explica ROCHA (*A relação de causalidade no direito penal*, 123): "uma conduta é causa de um determinado resultado típico posterior quando estiver vinculada a ele segundo uma lei da natureza".

83. ROCHA: *A relação de causalidade no direito penal*, 167. A teoria da condição mínima concilia as teorias da condição INUS e da condição conforme as leis naturais de Karl ENGISCH. A teoria da condição INUS – acrónimo de *insufficient but non-redundant part of an unnecessary but sufficient condition* – foi desenvolvida por John LASLIE MACKIE: Procurando compreender e descrever a causalidade em sua dimensão fenomênica, e a partir da constatação que, normalmente, há vários modos independentes de produzir o mesmo fenômeno, Mackie considera que a causa é "uma parte necessária, mas não suficiente de uma condição suficiente, mas não necessária". Para uma explicação mais detalhada da teoria, cf.: ROCHA: *A relação de causalidade no direito penal*, 127-136.

84. PUPPE: *El resultado y su explicación causal en el Derecho Penal*, 283-284.

85. Nesse sentido, ROCHA: *A relação de causalidade no direito penal*, 149.

cínio hipotético ou contrafático, que lhe é necessário e ineliminável.[86] Segundo a teoria da *conditio sine qua non*, a verificação da natureza causal da omissão se daria pela eliminação mental da conduta omitida, verificando, então, se ainda assim o resultado ocorreria. Eliminado o resultado, a omissão teria relevância causal. Mantido o resultado, seria irrelevante. Esse raciocínio, contudo, é logicamente insustentável, na medida em que não se elimina o que não existiu. Logo, para não incorrer nesse contrassenso lógico, é necessário adaptar a teoria da condição para os casos de omissão, e ao invés de "deixar de pensar em algo" – como nos crimes comissivos –, se deve "pensar em algo" (p. ex.: se a mãe tivesse amamentado o filho recém-nascido, ele teria), inserindo hipoteticamente, a ação devida.[87] Se, acrescentada hipoteticamente a ação devida, o resultado também fosse hipoteticamente eliminado, a omissão seria considerada causa desse resultado.

Isso, contudo, não resolve inteiramente o problema da omissão. Aníbal Bruno não enfrentou a questão da determinação do grau de probabilidade ou aptidão que se deve exigir do hipotético agir que era devido para prognosticar a evitação do resultado.

Como bem asseverou Paulo José da Costa Jr., é impossível pretender, nos quadrantes da teoria da equivalência das condições, que a omissão somente será normativamente causal quando indefectivelmente o resultado desapareceria, se tivesse sido realizada a ação omitida.[88] Assim sendo, a pergunta a ser feita é: "A ação omitida teria evitado o resultado?"[89] Evidente que a resposta a tal indagação somente poderá ser dada por meio de um juízo hipotético, concluindo

86. Na mesma época, essa necessidade foi percebida por Bernardino Gonzaga (*O crime de omissão de socorro*, 63) que se referia a dois juízos na omissão: "defrontamo-nos com duas distintas cadeias causais: uma, real, situada entre as condições positivas, estranhas ou não ao sujeito mas que ainda não pertence à economia do delito, e o resultado que lhe segue; outra, imaginada, ligando o comportamento devido ao efeito esperado".

87. Em sentido contrário, Tavares (*As controvérsias em torno dos crimes omissivos*, 56).

88. Costa Jr.: *Nexo causal*, 137.

89. Costa Jr.: *idem*, 137. De modo semelhante, já se posicionava Bernardino Gonzaga (*O crime de omissão de socorro*, 62): "A pergunta decisiva é esta: teria sido impedido, pela ação esperada, o resultado que o ordenamento jurídico desaprova? Nos casos em que tal pergunta se reponde de modo afirmativo, a omissão é causa do resultado".

pela relevância causal da omissão quando seja possível concluir, com uma "alta probabilidade, próxima da certeza", pela evitação do resultado com a conduta omitida.[90]

Por fim, e especificamente no que toca ao posicionamento atual da doutrina brasileira, é de se registrar, em relação, à causalidade nos delitos de omissão puros, a recente e original posição de Juarez Tavares, que propõe uma nova fórmula para a causalidade no caso de omissão, que poderia ser chamada de "causalidade funcional": "Se a omissão depende necessariamente de uma norma mandamental, a causalidade na omissão deve estar também situada no âmbito dessa norma".[91] E, em relação a essa norma mandamental, devem ser analisados tanto "os limites do que será mandado", quanto o "sentido da atividade devida para evitar a lesão de bem jurídico".[92] Tal limite do mandamento, tanto quanto o bem como quanto o sentido da atividade devida necessitam ser entendidos dentro de um processo comunicativo que leve em conta o mundo da vida, evitando, assim, que decorram de juízos meramente hipotéticos. Assim, a causalidade nos delitos de omissão decorre da conjugação de dois elementos: um funcional-normativo e outro empírico. Consequentemente, "a fórmula da condição tem que ser interpretada em face dos limites impostos em cada tipo penal e da realidade empírica, de modo que promova uma inversão negativa do critério de eliminação hipotética",[93] assim explicada:

> "Em lugar de afirmar que a omissão será causa de um resultado quando sua eliminação hipotética implique também a inocorrência do resultado, deverá se proceder a um juízo negativo: não haverá causalidade quando a exigência da ação devida não possa orientar a conduta do sujeito, com base no critério da probabilidade nos limites da certeza diante do resultado e da lesão do bem jurídico. A causalidade, portanto, deve estar vinculada, fundamentalmente, à norma mandamental. A relação entre a norma mandamental e as condições a que estava submetido o sujeito, nesse caso, tanto pode ser considerada *ex ante* quanto *ex post*. Se a situação é de tal

90. Nesse sentido: FRAGOSO: *Conduta punível*, 190; LUNA: *O resultado no direito penal*, 72; COSTA JR.: *Nexo causal*, 137; GRECO, *Problemas da causalidade*, 6; ROCHA, *A relação de causalidade no direito penal*, 176.

91. TAVARES: *Teoria dos crimes omissivos*, 367.

92. TAVARES: *idem*, 367.

93. TAVARES: *idem*, 368-369.

ordem que a norma possa dispor de uma determinação de sentido, a causalidade estará excluída por um juízo *ex ante*. Se, por outro lado, a realidade empírica indicar que a ação devida era irrelevante para o resultado, a causalidade será excluída por um juízo *ex post*. A questão básica da causalidade da omissão reside, pois, na identificação do que possa constituir *conditio sine qua non* do resultado, partindo de que essa condição deverá estar referida a um aspecto empírico, como também a um aspecto normativo, de determinação de sentido da própria atividade devida. Somente sob esses dois parâmetros será possível interpretar o disposto no art. 13 do Código Penal. Uma vez eliminada essa relação entre os aspectos empíricos e normativos, de um lado, e o resultado provável, nos limites da certeza, de outro, poder-se-á dizer que a omissão não fora uma condição causal do resultado."[94]

Com os conhecimentos do presente, é possível concluir que a principal crítica que se pode formular ao pensamento de Aníbal Bruno está em buscar um conteúdo fenomênico a chamada causalidade na omissão, com o que ficou impossibilitado de tratá-la como fenômeno contrafático, desenvolvido necessariamente no plano hipotético.

7. Conclusão

Se uma conclusão geral pode ser extraída da obra de Aníbal Bruno, no tema da causalidade, é que se tratou de um homem de seu tempo.

Não há grandes novidades ou posições divergentes da doutrina nacional, a não ser em aspectos mais periféricos do tema. Sua obra refletiu as posições doutrinárias estrangeiras, em especial, alemã e italiana, e fixou as bases para o que posteriormente viria a ser acolhido, do ponto de vista legislativo, no § 2.º do art. 13 do Código Penal, com a reforma de 1984, na disciplina da relevância causal da omissão.

No ano de 1955, no "Prefácio" da primeira edição de seu *Direito Penal*, obra que afirma tê-la escrito "sem pretensões... quase insensivelmente", conclui Aníbal Bruno que o livro poderá ser, para os mais jovens estudiosos, "um estímulo para pesquisas sérias na nossa ciência e com isso terá ele atingido o seu fim".

94. Tavares: *Teoria dos crimes omissivos*, 369.

Não seria de mais afirmar que sua grandiosa obra foi muito além. Estimulou sérias pesquisas dos jovens daquela época; tornou-se clássica, para os pesquisadores brasileiros de hoje; e rompeu as fronteiras nacionais, atravessando o Atlântico, para ser discutida em um importante Seminário em Göttingen, na Alemanha. Vida longa ao Direito Penal de Aníbal Bruno!

8. Bibliografia

ANTOLISEI, Francesco. *Il rapporto di causalità nel diritto penale.* reimpressão, Torino: Giappichelli, 1960.

ASÚA, Luiz Jimenez de. *Tratado de Derecho Penal.* 5. ed. Buenos Aires: Losada, 1950, vol. III.

BADARÓ, Ramagem. *Causalidade, culpabilidade e nexo causal na doutrina penal.* Rio de Janeiro: José Konfino Ed., 1970.

BARTOLE, Roberto. *Il problema della causalità penale: dai modelli unitari al modello differenziato.* Torino: Giappichelli, 2010.

BATTAGLINI, Giulio. *L'interruzione del nesso causale.* Milano: Giuffrè, 1954.

BRANDÃO, Cláudio. *Teoria jurídica do crime.* Rio de Janeiro: Forense, 2001.

BRUNO, Aníbal. Da ação no conceito de crime, *Revista Pernambucana de Direito Penal e Criminologia*, 1954.

———. *Direito Penal – Parte Geral.* Rio de Janeiro: Ed. Nacional de Direito, 1956, t. I.

———. *Direito Penal – Parte Geral.* 3. ed. Rio de Janeiro: Forense, 1967, t. I e II.

BUNGE, Mario. *Causalidad: el principio de causalidad en la ciencia moderna.* 3 ed. Buenos Aires: EUDEBA, 1972.

CATALDO NEUBURGER, Luisella de. Gli sviluppi della psicologia giuridica: la valutazione della qualità del contributo dell'esperto, in: CATALDO NEUBURGER, Luisella de (org.). *La prova scientifica nel processo penale.* Padova: Cedam, 2007, p. 503-523.

COSTA E SILVA, Antonio José da. *Código Penal dos Estados Unidos do Brasil.* São Paulo: Companhia Ed. Nacional, 1930. vol. I.

COSTA JÚNIOR, Paulo José da. *Do nexo causal*, São Paulo: Saraiva, 1964.

———. *Do nexo causal*, 4. ed. São Paulo: Saraiva, 2007.

D'Avila, Fábio Roberto. *Crime culposo e teoria da imputação objetiva*, São Paulo: Saraiva, 2001.

———. *Ofensividade e crimes omissivos próprios: contributo à compreensão do crime como ofensa ao bem jurídico*. Coimbra: Coimbra Ed., 2005

Engisch, Karl. *La causalidad como elemento de los tipos penales*. Trad. de Marcelo Sancineti, Buenos Aires: Hammurabi, 2008.

Fragoso, Heleno Cláudio, *Conduta punível*. São Paulo: José Bushatsky Ed., 1961.

Garcia, Basileu. *Instituições de Direito Penal*. 2. ed. São Paulo: Max Limonad, 1954, t. I.

Gimbernat Ordeig, Enrique. *Cursos causales irregulares e imputación objetiva*. Montevideo: Ed. Bdef, 2011.

Gonzaga, João Bernardino. *O crime de omissão de socorro*. São Paulo: Max Limonad, 1957.

Greco, Luís. *Problemas da causalidade e imputação objetiva nos crimes omissivos impróprios*, São Paulo: Marcial Pons, 2017; no prelo.

Honig, Richard. Causalidad e imputación objetiva, in: Marcelo A. Sancinetti (org.). *Causalidad, riesgo e imputación: 100 años de contribuciones críticas sobre imputación objetiva y subjetiva*. Buenos Aires: Hammurabi, 2009.

Hungria, Nelson. *Comentários ao Código Penal*. 4. ed. Rio de Janeiro: Forense, v. I, t. II.

Iacoviello, Francesco Mauro. *La motivazione della sentenza penale e il suo controllo in Cassazione*. Milano: Giuffrè, 1997.

Kaufmman, Arthur. La importancia de las causas del resultado hipotéticas en el Derecho Penal, in: Marcelo A. Sancinetti (org.), *Causalidad, riesgo e imputación: 100 años de contribuciones críticas sobre imputación objetiva y subjetiva*. Buenos Aires: Hammurabi, 2009.

Laudisa, Federico. *Causalità: storia di un modello di conoscenza*. Roma: Carocci, 2002.

Luna, Everardo da Cunha. *O resultado no direito penal*. São Paulo: José Bushatsky Ed., 1976.

Magalhães Noronha, Edgard. *Direito penal*. 23. ed. São Paulo: Saraiva, 1985, v. 1.

MAIWALD, Manfred. *Causalità e diritto penale: studio sul rapporto tra scienze naturali e scienza del diritto*. Trad. de Francesca Brunetta d'Usseaux. Milano: Giuffrè, 1999.

MARQUES, José Frederico. *Tratado de Direito Penal*. 2. ed. São Paulo: Saraiva, 1965, t. II.

MENDES, Paulo de Sousa. *O torto intrinsecamente culposo como condição necessária da imputação do resultado*. Coimbra: Coimbra Ed., 2007.

MEZGER, Edmund. *Derecho Penal – Parte General*: Libro de estudio. Trad. de Conrado A. Finzi, Buenos Aires: DIN Ed., 1989.

MOORE, Michael S. *Causalidad y responsabilidad: un ensayo sobre Derecho, moral y metafísica*. Trad. de Tobías J. Scheleider, Madrid: Marcial Pons, 2011.

NORONHA, Edgard Magalhães. *Direito Penal*. 22. ed. atual. por Adalberto José Q. T. de Camargo Aranha, São Paulo: Saraiva, 1985.

PRIGOGINE, Ilya. *O fim das certezas: tempo, caos e as leis da natureza*. Trad. Roberto Leal Ferreira. São Paulo: Editora da Universidade Estadual Paulista, 1996.

PUPPE, Ingeborg. El resultado y su explicación causal en el Derecho Penal, in: Marcelo A. Sancinetti (org.), *Causalidad, riesgo e imputación: 100 años de contribuciones críticas sobre imputación objetiva y subjetiva*. Buenos Aires: Hammurabi, 2009.

QUEIROZ, Paulo. *Direito Penal*. Parte Geral. 6. ed. Rio de Janeiro: Lumen Juris, 2010.

REALE Jr., Miguel. *Instituições de Direito Penal – Parte Geral*. 3. ed. Rio de Janeiro: 2009.

ROCHA, Ronan. *A relação de causalidade no direito penal*. Belo Horizonte: D'Placido, 2016.

ROXIN, Claus. *Derecho Penal – Parte General*, reimpr. Madrid: Civitas, 2008, t. I.

———. *Derecho Penal – Parte General*, Madrid: Civitas, 2014, t. II.

SAMSON, Erich. *Cursos causales hipotéticos en el derecho penal: una contribución sobre la causalidad de la complicidad*. Trad. Marcelo A. Sancinetti e Patricia S. Ziffer, Buenos Aires: Hammurabi, 2003.

SOUSA, Susana Aires de. *A responsabilidade criminal pelo produto e o topos causal em direito penal: contributo para a proteção penal de interesses do consumidor*. Coimbra: Coimbra Ed., 2014.

STELLA, Federico. Causalità e probabilità: il giudice corpuscolariano, *Rivista Italiana di Diritto e Procedura Penale*, 2005.

———. *Leggi scientifiche e spiegazione causale nel diritto penale*. 2. ed. Milano: Giuffrè, 2000.

———. La nozione penalmente rilevante di causa: la condizione necessaria, *Rivista Italiana di Diritto e Procedura Penale*, 1988.

SIQUEIRA, Galdino. *Direito Penal Brazileiro*. Rio de Janeiro: Jacintho Ribeiro dos Santos Ed., 1921.

TAVARES, Juarez. *As controvérsias em torno dos crimes omissivos*. Rio de Janeiro: Instituto Latino-americano de Cooperação Penal, 1996.

———. *Teoria dos crimes omissivos*. São Paulo: Marcial Pons, 2012.

TOLEDO, Francisco de Assis. *Princípios básicos de Direito Penal*. 4. ed. São Paulo: Saraiva, 1991.

UBERTIS, Giulio. *La prova penale: profili giuridici ed epistemologici*. Torino: UTET, 1999.

VON LISZT, Franz, *Tratado de direito penal alemão*. Trad. de José Hygino Duarte Pereira, Rio de Janeiro: F. Briguet & C. Ed., 1899, t. I.

WELZEL, Hans. *Derecho Penal Alemán*. 3. ed. Trad. Juan Bustos Ramírez e Sérgio Yáñez Perez, Santiago: E. Juridica de Chile, 1987.

3

A TEORIA DO ERRO EM ANÍBAL BRUNO

MARCO AURÉLIO FLORÊNCIO FILHO

1. Introdução

O tema que se pretende abordar no presente artigo em homenagem a Aníbal Bruno de Oliveira Firmo tem como base a dogmática penal formulada por referido Autor em seu *Direito penal: Parte Geral*. Para Bruno, o direito penal, estruturado a partir do saber dogmático, não é uma ciência fria, como uma pura indagação lógico-formal, mas também possui uma significação social do crime e um conteúdo humano que lhe vem da personalidade do criminoso.[1]

1. "[D]efinindo-a [a ciência do Direito Penal] como uma dogmática, não a entendemos como pura indagação lógico-formal, elaboração fria e abstrata de esquemas jurídicos em que o Direito Penal perca totalmente contato com os seus dois pontos de apoio necessários – a significação social do crime e o conteúdo humano que lhe vem da personalidade do criminoso; mas como uma ciência, que sem deixar de ser essencialmente jurídica, se alimenta da substância das coisas: da realidade social e dos aspectos fenomênicos do crime,

Essa forma de pensar dogmaticamente o direito penal, em Aníbal Bruno, consegue ser fundamentada com precisão técnica nas áreas das Ciências Jurídicas e da Natureza, visto que Bruno bacharelou-se em Ciências Jurídicas e Sociais (1913) pela Faculdade de Direito do Recife e formou-se em Ciências Médicas pela Faculdade de Medicina do Recife (1925).[2]

Aníbal Bruno terminou por estruturar uma teoria do direito penal própria, pois valeu-se tanto da dogmática penal alemã, construindo a teoria do delito a partir da teoria causalista da ação;[3] quanto da sociologia criminal italiana, principalmente através do estudo da perigosidade criminal na compreensão do fato punível[4] e, também,

para o fim de compreender melhor o próprio direito vigente e favorecer-lhe a sua missão prática de disciplina da criminalidade." (BRUNO: *Direito penal: Parte Geral*, I, 40).

2. "Em vinte e quatro de dezembro de 1925, com trinta e cinco anos de idade, formou-se em ciências médicas pela recém fundada Faculdade de Medicina do Recife, conquista que fez pelo estímulo da presença de vários médicos em sua família. Não realizou, contudo, o sonho de seu pai, que o desejava, 'pela sua inclinação para as matemáticas', formado em engenharia." (LUNA: "Aníbal Bruno: o homem e a obra", em *Arquivo Forense/Tribunal de Justiça do estado de Pernambuco*, 54, 18-42).

3. Para Aníbal Bruno, o dolo e a culpa são elementos que entram na estrutura da culpabilidade. (Bruno: *Direito penal: Parte Geral*, 32).

4. Para Bruno, "A ordem jurídica reprova o fato punível, reprovará também, em conseqüência, o estado de antijuridicidade interna que subsiste no agente e de que o crime não mais é do que manifestação." Mas então, na realidade, já estamos saindo do setor da culpabilidade para o da perigosidade criminal. O sentido próprio do Direito Penal vigente, que se move em torno do fato injusto típico, sem o qual não se pode falar de culpabilidade, repele a ideia de uma pura culpabilidade de caráter.

Note-se, porém, que se vai tomando cada vez mais em consideração o caráter, ou melhor, a personalidade do agente, fazendo-o influir sobre o juízo da culpabilidade e pesar sobre a medida da punição consequência da subjetivação progressiva que vem sofrendo o Direito Penal, mesmo fora de tendências e fundamentos de correntes como o *Willensstrafrecht*, da Alemanha. Com a consideração do caráter relaciona-se a dos motivos, que entram a cada passo a influir em vários momentos da estrutura da culpabilidade, em particular na exigibilidade de conduta diversa, que é, em suma, um problema da motivação da vontade. Basta atender a que o núcleo do conceito da culpabilidade é a vontade ilícita, para concluir da importância que assume a consideração dos motivos, sendo de notar que o próprio caráter, naquilo que interessa ao Direito Penal, é só uma integração de forças de motivação do comportamento. E quanto mais aprofundarmos o conceito da culpabilidade, maior será a tenção que teremos para aplicação das medidas de segurança.[5]

Aníbal Bruno formulou uma teoria do crime, predominantemente, a partir de conceitos extraídos da teoria causalista da ação, logo, da dogmática penal alemã. Bruno concebia a culpabilidade como elemento autônomo da teoria do delito, visto que, para os causalistas, a culpabilidade poderia ser concebida a partir de uma visão psicológica ou psicológico-normativa.

Aníbal Bruno posiciona-se, claramente, como adepto da teoria psicológico-normativa da culpabilidade, ao afirmar que:

> "A culpabilidade, portanto, não tem por base puramente o vínculo psíquico que prende o agente ao seu ato, mas resulta de um conjunto de condições, entre as quais aquele vínculo psicológico, que justificam a reprovação. Os que pretendem expurgar o conceito de culpabilidade de todo elemento psicológico, na realidade esvaziam o conceito de uma parte de seu conteúdo. A culpabilidade não é só o psicológico, mas também não pode ser exclusivamente o normativo. Na realidade, há uma situação de fato, situação do próprio agente, em si mesma reprovável, que provoca o juízo de reprovação e que só através desse juízo penetra, como elemento do crime, com o sentido de culpabilidade, no domínio do Direito Penal."[6]

Colocada a forma de se conceber a culpabilidade por Aníbal Bruno, passaremos agora a abordagem da teoria do erro, em referido Autor, especialmente a partir do livro intitulado *Direito penal: Parte Geral*, pois referida obra ficou consolidada como o curso de direito penal de Bruno, que fora publicada pela editora Forense.[7]

de conceder aos motivos e ao processo de motivação. A tendência, aliás, é para incluir no conceito da culpabilidade todos esses elementos influentes no processo íntimo da vontade e da representação" (Bruno: *Direito penal: Parte Geral*, II, 37-38).

5. "Ao criminoso que apresenta condições tais de desajustamento social que façam prever que êle provàvelmente torne a delinqüir, aplica o Estado, pelo órgão de justiça penal, uma medida destinada a impedir o seu novo crime, internando-o em estabelecimento especial, para o seu tratamento, ou submetendo-o à vigilância da autoridade pública." (Bruno: *Direito penal: Parte Geral*, III, 255-256).

6. Bruno: *Direito penal: Parte Geral*, II, 109-112.

7. Segundo Luna "Na década de 1950, já aposentado da cátedra de Direito Penal da Faculdade de Direito do Recife, veio morar no Rio de Janeiro, onde, entre 1956 e 1966, lançou o 'Direito Penal', em quatro volumes, compreendendo

2. Erro no direito penal em Bruno

2.1 Considerações iniciais

Para iniciar o estudo sobre o instituto do erro é imprescindível conceituá-lo. Nesse sentido, tem-se que o erro, em matéria penal, é tanto a falta de conhecimento acerca de um objeto, quanto a falsa compreensão sobre o mesmo.

Para Aníbal Bruno,

> "O erro impede o agente de alcançar a representação do fato. Representação do fato nas suas características objetivas que o põem em conformidade com o tipo legal, ou no seu sentido social-jurídico, como ato contrário ao dever perante a ordem de Direito. Deixa então de formar-se o dolo, que exige, como elemento psicológico-normativo, a consciência do fato e a consciência da sua ilicitude, elemento que irá servir de conteúdo à vontade determinante da ação."[8]

No pensamento de Bruno, a ausência de representação ou a representação que não está em conformidade com a realidade, ou seja, a ignorância ou o erro resultam na exclusão do dolo. Tanto a ignorância quanto o erro são tratados no Direito de forma única, mediante a denominação de erro, uma vez que a diferenciação não seria necessária, do ponto de vista dos efeitos jurídicos. Isso porque, quando reúnem as condições necessárias, os dois se apresentam como causa de exclusão do elemento psicológico-normativo da culpabilidade, isto é, do dolo e algumas vezes da culpa.[9]

Psicologicamente as duas situações, erro e ignorância, distinguem-se nitidamente. Para fazer esta diferenciação, Bruno se baseia no pensamento de Mayer, ao demonstrar que um conhecimento falso é um processo de consciência, visto que o indivíduo tem a representação de alguma coisa. Já a ignorância é um não conhecimento; é a negação de um processo de consciência. Na ignorância, o indivíduo

a 'Parte Geral' e os 'Crimes contra a pessoa' (...)." (Luna: *Arquivo Forense/ Tribunal de Justiça do estado de Pernambuco*, 19)

8. Bruno: *Direito penal: Parte Geral*, II, 109-112.
9. Bruno: *idem*, II, 109-112.

não tem a representação de nada, e com isso conclui que só o conhecimento falso se pode apresentar como motivo.[10]

Para Bruno, diante do ponto de vista dos seus efeitos jurídicos, não há interesse em distinguir erro da ignorância. Ambos, quando reúnem as condições necessárias, apresentam-se como causa de exclusão do elemento psicológico-normativo da culpabilidade, ou seja, do dolo e, por vezes, da culpa. Segundo Bruno, a colocação do erro na dogmática penal só poderia ser fixada pela construção jurídica da teoria das causas de exclusão dos elementos do fato punível, que, consoante o Autor, é obra da ciência do Direito Penal dos últimos tempos, referindo-se ao desenvolvimento da dogmática penal do final do século XIX e primeira metade do século XX.

2.2 Erro de fato e erro de direito

A exposição tradicional da dicotomia erro de fato-erro de direito exige uma distinção preliminar, que remonta a vetusta distinção já exposta no direito romano. Referida distinção, segundo Bruno, ainda importante em sua época. Para Bruno, a posição tradicional da dicotomia do erro, já existente no Direito de Roma, coincide com a estrutura que a dogmática atribuiu ao dolo, ou mesmo, na corrente finalista, à tipicidade e à culpabilidade.[11]

10. Na nota de rodapé número 1 da obra Bruno: *Direito penal: Parte Geral*, II, verifica-se que a obra consultada por Bruno foi a de MAYER: *Der Allgemeine Teil des deutschen Strafrechts*, 314-315). Em consulta à tradução do Mayer para o espanhol, verifica-se que referido Autor inicia o tratamento do erro abordando o seu conceito e significado. Para Mayer, "Una acción se funda en error si ha confluido a la determinacion de ella un conocimiento falso o la ausencia de conocimiento." (MAYER: *Derecho Penal: parte general*, 391). Bruno afirma que "a posição do erro na sistemática jurídico-penal só poderia ser fixada pela construção dogmática da teoria das causas de exclusão dos elementos do fato punível, que é obra da ciência do Direito Penal dos últimos tempos. Frank já o apresentava como um aspecto do dolo." (BRUNO: *Direito penal: Parte Geral*, II, 110). Para tanto, leia-se FRANK: *Sobre la estructura del concepto de culpabilidad*, 45-52.

11. BRUNO: *Direito penal: Parte Geral*, II, 112-113. Segundo Bruno, "A corrente finalista, que os trabalhos de Welzel têm impulsionado, renuncia a construir uma teoria unitária do erro e, deslocando o dolo, como representação e vontade do fato, da culpabilidade para a ação e daí para o tipo, deixando, entretanto, como elemento da culpabilidade a consciência do ilícito, transporta o erro de fato para a teoria da tipicidade, deixando na culpabilidade o erro

Para Bruno: "Erro de fato é aquele que conduz o agente a ter por inexistente na ação por ele praticada circunstância constitutiva do tipo penal, ou a admitir a presença de circunstância que, se realmente existisse, excluiria a antijuridicidade da ação."[12]

Sabe-se que com base na teoria causalista da ação, adotada por Bruno, o dolo e a culpa encontram-se alocados na culpabilidade. Nesse sentido, se o erro de fato vicia a vontade do agente (dolo) na realização de um determinado fato – visto que o agente idealiza fato diverso do que praticou –, pode inferir-se que o erro de fato exclui a culpabilidade. Para Bruno, a desconformidade entre o que fora representado na psique do agente e a realidade das coisas macula o processo de motivação da intenção, orientando o sujeito numa direção que provavelmente não seria a tomada, caso tivesse representado corretamente os fatos. Segundo Bruno: "Falta, então, o dolo, no seu duplo elemento intelectual, da representação dos fatos e da consciência do ilícito, e no elemento volitivo, que não se encaminha para o fato como ele na realidade jurídica se irá produzir."[13]

No entendimento de Aníbal Bruno, o erro essencial exclui a punibilidade do fato, mas apenas o erro inescusável ou invencível exclui inteiramente a culpabilidade, não podendo resultar de culpa a desconformidade entre a representação e a realidade. Bruno aduz, ainda, que, se o agente incide em erro por ausência de diligência no sentindo de inteirar-se da situação fática, por imprudência ou negligência, o fato assume a forma culposa, tornando-se punível se

de Direito, aliás, sob as denominações, que não correspondem em todo o ponto às anteriores, de erro quanto ao tipo (*Tatbestandsirrtum*) e erro quanto à proibição (*Verbotsirrtum*), distinção que recebeu apoio da Corte Federal de Justiça (BGH) da Alemanha." (Bruno: *Direito penal: Parte Geral*, II,111-112). Todavia, diferentemente do alegado por Bruno, a mudança de dicotomia, erro de fato-erro de direito para erro de tipo-erro de proibição traz conceitos totalmente diferentes, conforme afirmado pelo próprio Welzel: "Error de hecho y de derecho, por una parte, y error de tipo y de prohibición, por la otra, son, pues, conceptos totalmente diferentes. Hay errores que son errores de tipo; por ejemplo, el error sobre las circunstancias normativas del hecho, como lenidad de la cosa; y ha errores de hecho que son errores de prohibición: el error sobre los presupuestos objetivos de una causal de justificación." (Welzel: *Derecho penal alemán: Parte General*, 197).

12. Bruno: *Direito penal: Parte Geral*, II, 119.

13. Bruno: *idem*, II, 119-120.

assim a lei prever. O Autor cita, como exemplo, um caçador que, ao avistar um vulto na mata, atira, atingindo um homem e não a caça, como pretendido. Caso sua conduta não tenha sido precedida por diligências capazes de assegurar tratar-se o vulto de um animal, este irá responder por homicídio culposo, em decorrência da falta de prudência no sentido de evitar o resultado punível.[14]

O Código Penal brasileiro de 1940,[15] legislação vigente à época de Bruno, tratava do erro de fato em seu art. 17,[16] como uma das causas excludentes de culpabilidade. O erro de fato apenas isentava o agente de pena, quando o erro fosse inevitável. Com relação à técnica legislativa brasileira, cumpre destacar que quando o legislador utiliza a terminologia "é isento de pena", objetiva tratar de uma causa excludente de culpabilidade. Logo, pode perceber-se que o Código Penal brasileiro de 1940 era um Código que adotou o pressuposto epistemológico causalista da ação, ao excluir a culpabilidade do agente por falta de dolo do agente.

O § 1.º do artigo 17,[17] do Código Penal brasileiro de 1940 afirmava que só isenta de pena o erro de fato, quando o erro não deriva de culpa, pois se o sujeito age com imprudência, ou seja, o sujeito age com culpa *stricto sensu* e há previsão do fato em sua modalidade culposa, o agente não será isento de pena. O parágrafo primeiro do referido Código faz menção ao erro de fato evitável (vencível ou indesculpável).

Para que o agente seja punido a título de culpa, deve existir expressa previsão legal, visto que, via de regra, o agente só pode ser punido quando pratica um fato previsto como crime em sua moda-

14. Bruno: *Direito penal: Parte Geral*, II, 120.

15. Em 1984, toda a parte geral do Código Penal brasileiro foi alterada pela edição da Lei 7.209/1984, que adotou a dicotomia erro de tipo-erro de proibição para a teoria do erro.

16. "Art. 17. É isento de pena quem comete o crime por erro quanto ao fato que o constitui, ou quem por erro plenamente justificado pelas circunstâncias, supõe situação de fato que, se existisse, tornaria a ação legítima."

17. "Art. 17, § 1.º Não há isenção de pena quando o erro deriva de culpa e o fato é punível como crime culposo."

lidade dolosa,[18] ou seja, quando o agente quis alcançar o resultado criminoso ou assumiu o risco de produzi-lo.

Pode, ainda, existir a hipótese de o erro ter sido provocado por terceiro. Se um sujeito é induzido em erro por ato de outrem, este é que responde pelo resultado punível, devendo ser responsabilidade por dolo ou por culpa, consoante as circunstâncias. Essa encontrava-se prevista no Código Penal brasileiro de 1940, em seu art. 17, § 2.º.[19]

Destaque-se que nem todas as modalidades de erro de fato afastam a responsabilidade penal do agente. Existe o erro de fato acidental que é sempre inescusável (indesculpável).

Assim, em contrapartida ao erro de fato essencial, tem-se o erro de fato acidental, o qual não exclui a responsabilidade penal do agente, visto que a representação mental que o sujeito realiza se subsume perfeitamente a uma figura criminosa descrita em um tipo penal. O erro sobre as circunstâncias fáticas em que o agente incorre são irrelevantes, daí não se excluir o dolo do agente.

O erro de fato acidental não pode afastar o caráter ilícito da ação, visto que o agente, desde o momento subjetivo, pretende violar o comando legal. Assim, no erro de fato acidental, o sujeito age com dolo e apenas erra quanto a um elemento não essencial do fato.

Para Aníbal Bruno, o erro acidental ocorre quando o agente tem consciência da antijuricidade da sua conduta, mas se engana quanto a um elemento não essencial do fato, ou na sua forma de execução. Nestas circunstâncias, nas palavras de Bruno: "O dolo do agente, que se dirigia à lesão de um bem jurídico, persiste e se realiza apesar do erro. Em conseqüência, esse erro acidental é indiferente para o Direito."[20]

O erro acidental pode ser relacionado ao erro quanto à pessoa (*error in persona*) ou a um objeto (*error in objeto*). Consoante Aníbal

18. Referida regra encontra-se prevista no art. 17, § 1.º, e art. 15, parágrafo único, do Código Penal brasileiro de 1940. "Art. 15. (...) Parágrafo único. Salvo os casos expressos em lei, ninguém pode ser punido por fato previsto como crime, senão quando o pratica dolosamente."

19. "Art. 17, § 2.º Responde pelo crime o terceiro que determina o erro."

20. Bruno: *Direito penal: Parte Geral*, II,123.

Bruno, o erro acidental ocorre quando o agente pretendia furtar um bem e furta outro, ou quando pretendia ferir alguém e fere outrem, pensando ser a pessoa certa. Uma vez que o Direito protege a vida de todo homem ou a posse exercida sobre qualquer objeto, tais fatos são puníveis, ainda que o agente tenha incorrido em erro.[21]

Ao lado do erro de fato, por sua vez, segundo a dicotomia tradicional do erro, encontra-se o erro de direito. Essa modalidade de erro é a que suscita maiores problemas para a dogmática penal moderna.

Segundo Aníbal Bruno, o erro de direito "[c]onsiste no não conhecimento ou conhecimento falso de uma norma jurídica, na ignorância ou errada compreensão da lei, segundo os termos do nosso Código (art. 16)".[22] O Código Penal de 1940 continha a seguinte disposição: "Art. 16. A ignorância ou a errada compreensão da lei não eximem de pena."

Percebe-se que o objeto de análise do erro de direito é a lei. Diferentemente do que ocorre com o erro de fato, o erro de direito não afasta a punibilidade, ou seja, não escusa a responsabilidade criminal do agente. Afirma Aníbal Bruno que:

> "O princípio ainda prevalecente é que o erro de Direito é penalmente irrelevante. Não exime de culpabilidade. É esta uma velha regra, que já dominava nas decisões do Direito Romano e que os juristas do período intermédio exprimiam em várias máximas sempre repetidas: *error juris nocet; ignorantia juris non excusat*."[23]

Em sentido contrário ao argumento de que o erro de direito era penalmente irrelevante em decisões do Direito Romano, Bruno faz referência a Karl Binding, à obra *Die Normen und ihre Übertretung*. Em consulta à tradução ao espanhol da *Die Schuld im deutschen Strafrecht*, de Karl Binding, pudemos perceber que o posicionamento de referido Autor sobre o erro de direito no Direito Romano não era no sentido de considerá-lo penalmente irrelevante.[24] Todavia, o posicionamento de Bruno, com base em Theodor Mommsen e Pasquale Voci, é que no Direito Romano clássico a regra do *error ius nocet* era

21. BRUNO: *idem*, II,123-124.
22. BRUNO: *Direito penal: Parte Geral*, II,113.
23. BRUNO: *idem*, II, 113.
24. BINDING: *La culpabilidad em derecho penal*, 73-81.

de absoluto rigor, que, destaca Bruno, era atenuado para certas classes de pessoas e em relação a certas leis ou a fatos de menor gravidade.[25]

Para Mommsen e Voci, a inescusabilidade do erro de direito se fundamenta sob três pressupostos, que não se excluem, mas se complementam, são eles: 1) a presunção *juris et de jure* da lei; 2) o princípio do *error jus nocet*, no dever cívico do conhecimento da lei; e 3) o princípio *error vel ignorantia non excusat*, numa necessidade política.

Deve presumir-se o conhecimento da lei (presunção *juris et de jure* da lei penal), visto que é um dever cívico conhecê-la (princípio *jus nocet* no dever cívico do conhecimento da lei). Esse dever funda-se numa necessidade política (princípio *error vel ignorantia non excusat*) de manutenção da ordem estatal.

O erro de direito suscita muitos problemas em matéria penal e, em especial, no princípio fundamental do direito penal moderno de que não há pena sem culpa.

A imputação de uma pena a um indivíduo deve fundar-se na culpabilidade do agente, visto que a culpabilidade é a base e a medida para a imputação de uma pena a uma pessoa humana. Nesse sentido, se o sujeito age sem culpa, como pode ter uma pena cominada contra si? Segundo Bruno: "A regra de que o erro de Direito não exclui de pena está, pois, em contradição com o princípio fundamental da culpabilidade."[26]

É importante destacar que abandonar a regra da inescusabilidade do erro de direito não é uma questão apenas de dogmática, técnica, mas é uma questão, sobretudo, de Justiça, para Bruno. A Política Criminal (segurança social) não pode sobrepor-se aos princípios dogmáticos e, principalmente, aos princípios de Justiça.[27]

Aníbal Bruno, comentando sobre o verdadeiro significado da presunção de lei por todos, afirma que "a verdadeira razão é de ordem prática, é uma necessidade política relacionada com a segu-

25. Nesse sentido, leia-se Voci: *L´errore nel diritto romano*, 209-227; Mommsen: *Derecho penal romano*, 64-65.

26. Nesse sentido: Bruno: *Direito penal: Parte Geral*, II, 115.

27. Nesse sentido: Bruno: *idem*, II,114-115.

rança social".[28] Karl Binding não poupa críticas ao princípio do *error ius nocet*, ao afirmar que chega a ser bárbaro presumir-se que todos conheçam as leis.[29] Para Bruno, ademais, não se pode olvidar que a presunção *juris et de jure* de conhecer a lei é matéria de prova, logo de direito processual, e não de direito penal.

A crítica realizada por Aníbal Bruno ao princípio *error ius nocet*, como violador da culpabilidade, demonstra sua adesão à doutrina alemã, pois, segundo Bruno: "A ideia de que erro de Direito também exclui a culpabilidade é comumente admitida na doutrina alemã";[30] e não ao direito italiano, inclusive, porque em sua época era pacífico na Itália a regra da presunção absoluta do conhecimento de lei, prevista no Código Penal Italiano: "*5. Ignoranza della legge penale. Nessuno*

28. BRUNO: *Direito penal: Parte Geral*, II, 114.

29. "La ruina de la teoría del error difícilmente podía ser más grande. Pues dogmáticamente es imposible considerar la ley penal como un elemento del objeto del error de delito, ya que la suposición de que todos conocen todas las leyes penales es tan ridícula como bárbara, y, como es sabido, la presunción de culpabilidad sirve siempre, aun en sus formas más moderadas, al siguiente principio: hay que penar a inocentes para que los culpables no queden sin pena." (BINDING: *La culpabilidad en derecho penal*, 80).

30. Nesse sentido: BRUNO: *Direito penal: Parte Geral*, II, 115. Dentre outros doutrinadores, Bruno cita Bettiol e Asúa, para posicionar seu argumento. Em consulta à obra de Luis Jiménez de Asúa, constatamos que: "La mayor parte de los tratadistas alemanes – fundándose en que el Código penal alemán no distingue entre error de hecho y de derecho – consideran que no hay fundamento para mantener esa vieja y equívoca diferencia – como Binding – siguiendo las huellas de Savigny, que decía que el error de derecho 'es un error de hecho, pero siempre resulta de una percepción imediata de los hechos'." (ASÚA: *La ley y el delito: curso de dogmatica penal*, 494). Para BETTIOL: "o Código por sua vez afirma, no art. 5.º, que 'ninguém pode invocar a ignorância da lei penal em seu próprio favor'. A norma está sem dúvida em contraste com a realidade psicológica e humana e é ditada sòmente por razões políticas. Sustentar que o problema deve ser resolvido independentemente de qualquer consideração psicológica, e unicamente com base em considerações normativas porque é a própria lei que determina as condições da própria aplicabilidade mesmo independentemente do conhecimento que dela tivera o sujeito agente, é afirmação que corresponde apenas a uma metodologia formalista no estudo do direito. Numa concepção realista, que se ajuste à realidade ético-psicológica do direito, o *error juris* deveria ser considerado como causa de exclusão da culpabilidade. As mais modernas legislações e os mais modernos projetos de reforma são orientados neste sentido, e é de augurar-se que numa eventual reforma da legislação penal o problema seja reexaminado e resolvido de modo mais conforme à realidade" (BETTIOL: *Direito Penal*, 163).

può invocare a propria scusa l'ignoranza della legge penale", dispositivo que teve sua inconstitucionalidade declarada em 24 de março de 1988 pela *Corte Costituzionale della Repubblica Italiana* para as hipóteses de ignorância invencível da lei penal.[31]

Apesar de o art. 16 do Código Penal brasileiro de 1940 tratar da inescusabilidade do erro de direito, verifica-se, no mesmo código, em seu art. 48, inciso III, que o desconhecimento da lei funcionava como circunstância atenuante da pena, o que, segundo Bruno, demonstra a atenuação da aplicação do princípio de que a ignorância ou a errada compreensão da lei não eximem o agente de pena.[32]

Bruno ainda destaca que a reconstrução dogmática realizada pelo finalismo, na Alemanha, não tem feito mais do que acentuar a escusabilidade do erro de direito. Nesse ponto, é importante salientar que mesmo com a reforma da parte geral do Código Penal, realizada através da Lei 7.209/1984, que adotou a dicotomia do erro, erro de tipo-erro de proibição, a proibição de alegar o desconhecimento da lei permaneceu, conforme se infere do art. 21 do Código Penal brasileiro: "O desconhecimento da lei é inescusável. O erro sobre a ilicitude do fato, se inevitável, isenta de pena; se evitável, poderá diminuí-la de um sexto a um terço."

A crítica de Bruno realizada ao Código Penal brasileiro, que mantém a regra da inescusabilidade do desconhecimento de lei como afronta à culpabilidade, permanece atual.

Outra posição que Bruno destaca, acerca do erro de direito, remonta à distinção entre o erro de direito penal e não penal, distinção essa que já remonta ao Direito em Roma. O erro de direito não penal é equiparado ao erro de fato, logo reconhecida a causa excludente de culpabilidade. Não há, todavia, fundamentação dogmática para sustentar-se referida diferenciação, segundo Bruno. O movimento psíquico-normativo da culpabilidade é viciado, tanto no erro de direito penal, quanto no erro de direito não penal. Deveria sim, consoante os princípios da dogmática penal, escusar a responsabilidade do erro de direito, quando o agente desconhecesse a norma penal, por ser a culpabilidade a base da responsabilidade penal do agente.

31. *Codici Penale e Leggi Complementari*. Milano: Giuffrè, 2010, 50.
32. Bruno: *Direito penal: Parte Geral*, II,118.

Todavia, Bruno destaca que, referida distinção, não deixa de trazer uma abordagem liberal e justa acerca da compreensão da realidade psicológica do agente. Bruno alerta, por sua vez, que a jurisprudência do *Reichsgericht* firmou entendimento acerca da distinção entre erro de fato e erro de direito não penal, de um lado, e erro de direito penal, de outro, atribuindo apenas ao erro de direito não penal a relevância para a exclusão de pena.[33]

2.3 Erro sobre as causas de justificação

O erro pode incidir, ainda, sobre as causas de justificação, ou seja, sobre as causas que afastam a ilicitude da conduta. Primeiramente, há que se destacar que as causas de justificação não se confundem com as causas de justificação putativas. As causas de justificação são as causas que excluem a antijuridicidade de uma conduta. Assim, têm-se como espécies de causas excludentes de ilicitude no ordenamento jurídico brasileiro a legitima defesa, o estado de necessidade, o estrito cumprimento do dever legal e o exercício regular do direito. Já as causas de justificação putativas são a legítima defesa putativa, o estado de necessidade putativo, o estrito cumprimento do dever legal putativo e o exercício regular do direito putativo.

Ao tratar das causas de justificação putativas, afirma Aníbal Bruno que estas ocorrem quando o agente crê encontrar-se em situação que constitui causa de exclusão da antijuricidade, sem que, contudo, isto seja verdade. Assim, o agente acredita que está agindo em situação de legítima defesa, de estado de necessidade, de exercício regular de direito ou de cumprimento de dever legal, sendo que a realidade não condiz com as verdadeiras discriminantes, que autorizariam o agente a agir como o faz, excluindo a ilicitude da ação. Para Bruno, as causas de justificação putativas resultam numa miragem que se forma no espírito do agente e leva-o a agir em desencontro com a realidade.[34]

Aníbal Bruno fundamenta sua compreensão acerca das discriminantes putativas, a partir da doutrina brasileira, em Nelson Hungria.[35]

33. Bruno: *idem*, II, 116-117.

34. Bruno: *Direito penal: Parte Geral*, II, 121-122.

35. Apesar de Bruno fundar suas alegações na obra específica de Hungria intitulada *A legítima defesa putativa*, verifica-se nos *Comentários ao Código*

Na legítima defesa putativa, que segundo Bruno é o caso mais encontradiço, o agente representa erroneamente uma causa de justificação, ou seja, o agente representa erroneamente uma legítima defesa que não existe no mundo fático, pois se existisse tornaria legítima a sua ação. Assim, atende-se ao elemento subjetivo que se formou sobre a falsa representação da injusta e atual agressão (perigo presente) do direito a atuar como o agente faz, isto é, dentro da suposta situação de uma causa de exclusão da antijuridicidade, criada no espírito do agente por erro, sendo, assim escusável, excluindo, consequentemente, a culpabilidade.[36]

2.4 Erro no crime putativo e no crime impossível

As causas de erro irrelevantes para o direito penal, segundo Aníbal Bruno, dizem respeito ao crime putativo, ao crime impossível ou ao chamado crime de experiência ou induzido por agente provocador. Assim, afirma Bruno que existe erro, também, no crime putativo, uma vez que o agente supõe, erroneamente, que o ato que está a praticar é criminoso, sendo que, em realidade, este não é definido em lei como crime. Nestes casos, afirma Bruno que não é o erro do agente que exclui o tratamento penal, mas sim a ausência de tipificação, sendo tanto o ato quanto sua elaboração psíquica totalmente estranhos ao Direito. Nas palavras de Aníbal Bruno:

> "A norma proibitiva só existe no subjetivo do agente e é claro que essa representação, por erro, de uma norma inexistente não pode ter nenhum efeito jurídico: o fato é indiferente para o Direito. Nada justificaria a ação repressiva ou preventiva do Estado. É um erro de Direito ao inverso."[37]

Existe erro igualmente no crime impossível, então um erro de fato ao contrário, em que a ação inapropriada que torna irrealizável o resultado pretendido provém de erro quanto à idoneidade dos meios ou do objeto.

Há também erro no chamado crime de experiência ou induzido por agente provocador, que pode ser incluído na categoria do crime

Penal, do mesmo Autor, os argumentos colocados por Bruno. Para tanto, leia-se HUNGRIA: *Comentários ao Código Penal.* 1, II, 225-240.

36. BRUNO: *Direito penal: Parte Geral*, II, 123.

37. BRUNO: *idem*, II,126-127.

impossível, porque, embora a inidoneidade não exista no meio ou no objeto, existe no conjunto das circunstâncias, adrede preparadas, que eliminam a possibilidade de constituir-se o crime. Então "o sujeito é posto em situação de praticar o crime esperado, irrealizável, entretanto, pela vigilância que se exercita sobre ele".[38]

Conclusão

A teoria do erro em Bruno, claramente, sofreu influência da dogmática penal alemã, principalmente, com influência da concepção normativa do dolo, concebida, inicialmente, por Reinhard Frank. Também, mostra-se grande a influência de Mayer na teoria do erro de Bruno.

Assim, Bruno adotou a dicotomia erro de fato-erro de direito, que foi recepcionada pelos causalistas do direito romano *(error facti-error ius)*. No tocante ao erro de direito, Bruno recepciona a crítica feita por Binding acerca da presunção absoluta do conhecimento de lei. Para Bruno, referida regra, do *error ius nocet*, viola o princípio da culpabilidade penal.[39]

Essa crítica de Bruno, acerca da presunção absoluta do conhecimento de lei, ainda se revela de grande importância no Brasil, visto que mesmo com a revogação da parte geral do Código Penal brasileiro, decorrente da edição da Lei 7.209/1984, que alterou a dicotomia do erro de fato-erro de direito para o erro de tipo-erro de proibição, permaneceu, no art. 21 do Código Penal brasileiro, a inescusabilidade do desconhecimento da lei penal. Veja-se: "Art. 21. O desconhecimento da lei é inescusável. O erro sobre a ilicitude do fato, se inevitável, isenta de pena; se evitável, poderá diminuí-la de um sexto a um terço."

Para Bruno, o erro de fato é aquele que impede o sujeito ativo de lograr a representação real do acontecimento. O erro de fato pode ser essencial ou acidental. Fala-se em erro de fato essencial, quando o agente desconhece as circunstâncias fáticas de sua conduta. Assim,

38. BRUNO: *idem*, II, 126-127.

39. FLORÊNCIO FILHO: *Culpabilidade: crítica à presunção absoluta do conhecimento da lei penal.*

não se pode falar de delito quando um agente querendo praticar uma conduta lícita incorre, objetivamente, em uma conduta ilícita.

O erro de fato acidental versa sobre circunstância ou elemento que não exclui a subsunção do fato à norma. Assim, o erro de fato não exclui o dolo, porque o agente tinha a intenção de praticar um delito, apenas erra quanto às circunstâncias que tinha elegido para consumar o crime.

O erro de fato acidental não pode afastar o caráter ilícito da ação, visto que o agente, desde o momento subjetivo, pretende violar o comando legal. Assim, no erro de fato acidental o sujeito age com dolo, apenas erra quanto a um elemento não essencial do fato. O erro de fato acidental pode recair sobre uma pessoa (*error in persona*), sobre um objeto (*error in objecto*), ou na execução da conduta (que não vicia a vontade do agente).

O erro de direito incide na falta de conhecimento da lei ou na sua má interpretação. O erro de direito não afasta a punibilidade, visto que referida modalidade de erro é estruturada sob os seguintes fundamentos: 1) a presunção *juris et de jure* da lei; 2) o princípio do *error jus nocet*, no dever cívico do conhecimento da lei; e 3) o princípio *error vel ignorantia non excusat*, numa necessidade política.

Havia, ainda, no erro de direito uma diferenciação entre erro de direito penal e erro de direito extrapenal, que para Bruno não tem sentido. Referida distinção remonta à Roma antiga. O erro de direito extrapenal funciona como uma causa excludente de culpabilidade, visto que é equiparado ao erro de fato. De se destacar que não há fundamentação dogmática para sustentar-se referida diferenciação. Deveria sim, consoante os princípios da dogmática penal, escusar a responsabilidade do erro de direito, quando o agente desconhecesse a norma penal, por ser a culpabilidade a base e o limite da responsabilidade penal do agente.

Bruno ainda trata do erro sobre as causas de justificação, que ocorrem quando o agente crê encontrar-se em situação que constitui causa de exclusão da antijuricidade, sem que, contudo, isto seja verdade. Assim, o agente acredita que está agindo em legítima situação de legítima defesa, de estado de necessidade, de exercício regular de direito ou de cumprimento de dever legal, sendo que a realidade não condiz com as verdadeiras discriminantes, que autorizariam o agente a agir como o faz, excluindo a ilicitude da ação. Para Bruno, as causas de justificação putativas resultam numa miragem que se forma no espírito do agente e leva-o a agir em desencontro com a realidade.

Bibliografia

ASÚA, Luis Jiménez. *La ley y el delito: curso de dogmatica penal.* Caracas: Editorial Andrés Bello, 1945.

BETTIOL, Giuseppe. *Direito Penal.* São Paulo: Revista dos Tribunais, 1971.

BINDING, Karl. *La culpabilidad em derecho penal.* Montevideo-Buenos Aires: IBdeF, 2009.

BRUNO, Aníbal. *Direito penal: parte geral.* Rio de Janeiro: Forense, 1978. t. I.

______. *Direito penal: parte geral.* Rio de Janeiro: Forense, 1967. t. II.

______. *Direito penal: parte geral.* Rio de Janeiro: Forense, 1967. t. III.

______. *Medidas de Segurança.* 1940. 204 f. Dissertação de concurso para a cadeira de Direito Penal da Faculdade de Direito do Recife. Recife, 1940.

FRANK, Reinhard. *Sobre la estructura del concepto de culpabilidad.* Montevideo-Buenos Aires: IBdeF, 2004.

HUNGRIA, Nelson. *Comentários ao Código Penal.* Vol. I, Tomo 2. Rio de Janeiro: Forense, 1953.

FLORÊNCIO FILHO, Marco Aurélio. *Culpabilidade: crítica à presunção absoluta do conhecimento da lei penal.* São Paulo: Saraiva, 2017.

LUNA, Everardo da Cunha. Aníbal Bruno: o homem e a obra, em *Arquivo Forense/Tribunal de Justiça do estado de Pernambuco*, Recife, Ano XXX, v. 54, p. 18-42, jul.-dez. 1969.

MAYER, Max Ernest. *Derecho Penal: parte general.* Montevideo-Buenos Aires: IBdef, 2007.

MOMMSEN, Teodoro. *Derecho penal romano.* Bogotá: Temis S.A., 1999.

VOCI, Pasquale. *L'errore nel diritto romano.* Milano: Giuffrè, 1937.

WELZEL, Hans. *Derecho penal alemán: Parte General.* Santiago: Editorial Juridica de Chile, 1997.

Código

Codici Penale e Leggi Complementari. Milano: Giuffrè, 2010.

4

A CULPABILIDADE POR CONDUÇÃO DE VIDA NA OBRA DE ANÍBAL BRUNO

PAULO CÉSAR BUSATO

1. Introdução

Na vida e obra de Aníbal Bruno dois elementos são centrais: sua capacidade de estar em dia com a evolução teórica do pensamento científico de sua área de conhecimento e sua formação bifronte em direito e medicina.

Justamente na encruzilhada destas duas perspectivas encontra-se o presente trabalho, voltado à análise de como Aníbal Bruno conviveu com uma estrutura teórica polêmica e extremamente perigosa: as perspectivas relativas à culpabilidade vinculadas, de algum modo, ao atavismo criminal.

Para tanto se fará uma abordagem da múltipla formação de Aníbal Bruno, como pedagogo, médico e jurista, depois, uma exploração das suas principais teses médicas que foram transportadas pelo Direito penal pela via da periculosidade, até chegar nas fórmulas de culpabilidade por ele descritas em seu tratado.

Em seguida, sem perder de vista o fato de ser este o pensamento dominante na época de Aníbal Bruno, será feita uma abordagem crítica das perspectivas que associavam quaisquer formas de atavismo criminal às técnicas de imputação, mostrando como ainda hoje o perfil determinista insiste em ressuscitar no cenário jurídico-penal.

Como conclusão, levanta-se uma hipótese alternativa à explicação dada tradicionalmente para a descontinuidade deliberada do Tratado de Direito penal iniciado pelo eminente jurista.

2. Aníbal Bruno, pedagogo, médico e jurista

Qualquer aproximação que se faça do trabalho de Aníbal Bruno há de compreender o contexto de um homem com ânsia pelo saber e absolutamente inquieto quanto a estar atualizado com o conhecimento de sua época, em todas as áreas sobre as quais se debruçava. Neste contexto, é impossível dissociar a análise do *approach* jurídico de nosso homenageado, sem contextualizá-lo com seus conhecimentos de pedagogia e medicina.

Assim, no delicadíssimo tema jurídico que toca abordar neste trabalho, não se deve perder de vista a interferência dos conhecimentos que o Autor sustentava oriundos de outras áreas do saber.

Um interessante ponto de partida para conhecer a extensão desta obra foram as informações carreadas a o evento em homenagem póstuma a Aníbal Bruno (falecido a 17 de abril de 1976), organizado pelo Departamento de Direito e Processo penal da Faculdade de Direito da Universidade Federal de Minas Gerais, de 8 a 17 de novembro de 1976, por iniciativa dos professores Jair Leonardo Lopes e Marcos Afonso de Souza, o qual reuniu, em várias conferências abordando a obra e a vida do Autor, nomes como os de Heleno Fragoso, Everardo Cunha Luna, Luis Vicente Cernicchiaro, Alcides Muñoz Neto, Paulo José da Costa Júnior e o próprio Jair Leonardo Lopes.[1]

Nesse contexto, cumpre lembrar, em primeiro lugar, que antes de se transformar no brilhante jurista que conhecemos, em 24 de dezembro de 1925, Aníbal Bruno – então com 35 anos – formou-se

1. Trata-se de LOPES-SOUZA: *Homenagem a Aníbal Bruno.*

em Ciências Médicas pela recém-fundada Faculdade de Medicina do Recife[2] e quase que imediatamente passou a dedicar-se à pesquisa médica, chegando a publicar vários trabalhos de fôlego na área, entre 1926 e 1939, tais como "O equilíbrio ácido-base no sangue"; "Das glândulas paratireóides em patologia"; "O exame Alfa (estudo de psicologia e psicotécnica)"; culminando com "Contribuição ao Estudo da Physiopathologia Constitucional",[3] esta última constituindo sua tese para a cadeira de Patologia Geral, na qual, o Autor, desenvolvendo aspectos relacionados à endocrinologia, aponta para um campo novo, a biotipologia, especialidade da psicologia que constituiu uma das primeiras escolas da caracterologia.[4]

Os estudos sobre Direito, especificamente Direito penal, vieram mais tarde, com as obras "Periculosidade Criminal" (1937), a síntese simbiótica entre as duas perspectivas, a médica e a jurídica, intitulado "Biologia e Direito (com particular ênfase ao Direito penal)" (1939) e "Medidas de Segurança" (1940).[5]

Nada mais natural, portanto, que sua aproximação ao Direito se desse pela via do Direito penal de corte positivista,[6] legítimo herdeiro da criminologia clássica.

Como bem observou Everardo Cunha Luna,[7] nos quatro principais trabalhos de medicina escritos por Aníbal Bruno, é marcante o interesse do Autor pela psicologia, que a seu ver é a ciência sobre cujos fenômenos o mestre construiu os valores de orientação de sua pedagogia em matéria jurídica.

Aliás, é o próprio Aníbal Bruno quem o admite ao afirmar que o curso de medicina lhe ofereceu "a complementação de estudos relativos a certos aspectos da ciência jurídica".[8]

2. LUNA: *Aníbal Bruno*, 8.
3. A análise consta de LUNA: *Aníbal Bruno*, 8.
4. Cf. LUNA: *Aníbal Bruno*, 15.
5. As obras são relacionadas por LUNA: *Aníbal Bruno*, 8.
6. Nesse sentido LUNA: *Aníbal Bruno*, 22.
7. LUNA: *Aníbal Bruno*, 15.
8. A informação aparece no discurso de posse na cadeira 13 (em sucessão a Aníbal Bruno), da Academia Pernambucana de Letras, em 21 de outubro de 1976 proferido por Berguedof Elliot, intitulado *Aníbal Bruno – O magistério da sapiência*, citado por LUNA: *Aníbal Bruno*, 28.

Um deitar de olhos sobre estes primeiros trabalhos de Aníbal Bruno permite detectar um jurista perfeitamente ajustado ao modelo apoiado no positivismo científico[9] preconizado por von Liszt, que então ainda fazia eco nas obras de Mezger e Welzel, entre outros. Portanto, como afirmava Fragoso, "um jurista do seu tempo, afinado com as preocupações de sua época".[10]

No seu estudo apresentado no concurso de que participou para a Livre-docência em Direito penal da Faculdade de Direito do Recife, titulado de *Perigosidade criminal*, Aníbal Bruno defende duas teses principais: que a periculosidade deve ser o fundamento da sanção penal; e que deve ser estudada desde um ponto de vista pré-delitual.[11] Como síntese disso, define assim o fundamento da "perigosidade":

> "Casos há em que nada mais que o factor social basta para explicar o delito. São os casos raros em que o ato delituoso surge como reação possível em indivíduos de são e perfeito equilíbrio físico e moral. Outras vezes fator exógeno e fator endógeno se equilibram como elementos causais de criminalidade. Vezes outras, porém, tão forte é a predominância do fato endógeno, que um fato trivial basta para desencadear a forte criminalidade latente no indivíduo."[12]

9. É da mesma opinião Cunha Luna, quem refere expressamente que na obra de Aníbal Bruno "a presença do positivismo criminológico é manifesta". Cf. LUNA: *Aníbal Bruno*, 22.

10. FRAGOSO: *Reflexões sobre o sistema penal*, 37.

11. Os dois estudos de cátedra de Aníbal Bruno foram reunidos e publicados em 1977, quando este já havia falecido, como BRUNO, Aníbal. "Perigosidade Criminal" *in Perigosidade Criminal e Medidas de Segurança.* Rio de Janeiro: Editora Rio, 1977. Os fundamentos referidos constam na mencionada obra, respectivamente na p. 43: "Desde que é sempre do fato, delito, ato ou modo de viver perigoso, que deve partir o juiz para o julgamento da periculosidade, desde que é sempre esse fato o melhor indício daquele potencial de criminalidade que a lei pretende dirimir, do fato cogitará a lei, para, dentro da amplitude que exige o conceito de periculosidade, estabelecer as condições pelas quais se aplicará a sanção"; e p. 47: "Não se compreende que o Estado moderno, consciente dos fatores da criminalidade e dos meios que por opor à prática dos crimes, se resigne a só intervir quando é demasiado tarde (...)"; e p. 49: "Mais lógico, mais jurídico, mais eficaz seria reconhecer, na integridade da doutrina, a periculosidade criminal sem delito, nos termos em que a deixamos firmada, como pressuposto de medida de segurança, de ordem judiciária, e julgá-la em processos regulares (...)".

12. BRUNO: *Perigosidade Criminal*, 63.

Como se nota, os conceitos lombrosianos de atavismo e a perspectiva sociológica de Ferri se mesclam na compreensão das origens da criminalidade sobre o indivíduo que sofre interferências do seu meio, apontando o crime de pessoas sãs como exceção. Aliás, é o próprio Aníbal Bruno quem, ao publicar sua conferência ditada em nome da Congregação da Faculdade de Direito do Recife, na sessão comemorativa do 1.º Centenário de Tobias Barreto, quem lamenta a reprovação daquele à obra de Lombroso, procurando justificá-lo com a afirmação de que «não se pode, entretanto, reclamar de um homem de direito daquela época a ideia de que o puro jurista é incapaz de resolver os problemas da criminalidade».[13]

E a proposta de Aníbal Bruno, que claramente não se considerava um jurista *puro*, mas sim um jurista que transitava também pelos assuntos médicos, era então que estas bases deveriam fundamentar o critério de periculosidade. Afirmava:

> "A endocrinologia, a biotipologia, a psicanálise nos descortinam uma larga visão panorâmica da personalidade e das causas profundas, herdadas ou adquiridas, do comportamento do homem. Aí procuramos afirmar os grandes fundamentos gerais bio-psicológicos da perigosidade criminal."[14]

De qualquer sorte, convém referir que neste momento – falamos de 1937 – o pensamento cientificista que associava o crime a fatores endógenos e exógenos era disseminado, a ponto de que não apenas na Alemanha mas em outras partes do globo, vinha progressivamente convertendo-se na base um programa de Estado, inclusive com proposição explícita de programas de eugenia.[15]

Mas ainda em 1939, com o mundo vivendo a II Guerra Mundial, ao apresentar a obra "Medidas de Segurança", em seu concurso para a Cátedra de Direito penal da Faculdade de Direito do Recife, Aníbal Bruno persistia ferreamente na convicção de que a periculosidade deveria ser a base estrutural do Direito penal. Na abertura do texto, escreveu:

> "A conseqüência jurídica-penal do estado perigoso é a medida de segurança. O conceito desse gênero de medidas anti-criminais,

13. BRUNO: *Tobias Barreto criminalista*, 425.
14. BRUNO: *Perigosidade Criminal*, 90.
15. Sobre o tema veja-se BLACK: *A guerra contra os fracos*.

> o seu fundamento, os largos objetivos com que hoje se apresentam na doutrina e nos códigos procedem desse movimento de profunda renovação, que vem impulsionando o Direito penal, nas últimas décadas. E não é só o Direito penal. Todo o domínio das disciplinas jurídicas, teoria e prática, se vê atingido pelo mesmo afã de renovação."[16]

E, no terceiro capítulo, sentencia: "a pena tende a configurar-se segundo o esquema da medida de segurança".[17] A convicção de Aníbal Bruno então é que na medida de segurança radicaria um "direito penal do futuro, mais justo, mais humano, mais eficaz".[18]

Claro que mais tarde, o Autor retratou-se de posição tão radical como fica demonstrado em seu Tratado,[19] mas, como veremos, não abdicou jamais completamente de suas convicções médicas acerca da relevância para fins de imputação das características – atávicas ou adquiridas – que formam o caráter do indivíduo.

Aliás, é precisamente esta convicção que o faz afirmar, no seu celebrado Tratado, já na década de 50 do século XX, ciente do mundo dos horrores da Guerra, as vinculações entre biologia criminal e Direito penal nos seguintes termos:

> "Novas conquistas da ciência moderna vieram rejuvenescer a Biologia Criminal clássica e dar confirmação a muitas de suas conclusões. Uma delas é a Endocrinologia, que adquiriu influência definitiva nos estudos da personalidade e do comportamento, por força da interferência demonstrada das chamadas glândulas de secreção interna nos grandes processos vitais: na morfologia do indivíduo, no seu funcionamento orgânico e na sua maneira de ser e de agir psicológica, e assim, no comportamento pessoal-social do sujeito. Ela nos instrui sobre a base orgânica permanente de certas condições da inteligência e do caráter que embaraçaram o ajustamento do homem às normas de vida do seu grupo e podem conduzir ao momento crítico do fato criminoso. Outra é a Biotipologia, a construção e estudo de certos tipos físicos e mentais, em que podem ser classificados os indivíduos, cada um dos quais

16. BRUNO: *Medidas de Segurança*, 119.
17. BRUNO: *idem*, 171.
18. O comentário é de FRAGOSO: *Reflexões sobre o sistema penal*, 36.
19. BRUNO: *Direito penal. Parte Geral*, 196.

apresenta determinadas configurações e determinadas tendências, muitas delas capazes de dar-nos a explicação do crime."[20]

Ou seja, Aníbal Bruno, ainda quando da edição de seu Tratado, perseverava na firme convicção de que existiam condicionantes atávicos para a prática criminosa. Para ele, esta era a base da discussão a respeito da imputação, que deveria estar relacionada à ideia central de periculosidade. Por isso perseverava em afirmar que:

> "É somente sobre as bases criminológicas que o Direito penal se pode tornar instrumento hábil de uma luta eficaz contra o crime, o que, em última análise, é o seu fim e a sua verdadeira razão de ser. E ainda essa colaboração criminológica é indispensável à compreensão, livre de preconceitos, de noções, como a de perigosidade criminal, introduzidas no Direito moderno e cujo fundo naturalista não se pode seriamente contestar, estejam, embora transformadas em conceitos jurídicos, através dos quais o Direito comunica ao conceito naturalista um conteúdo de valor que é da essência mesmo do Direito, como de qualquer outra ciência cultural. Somente esse entendimento entre as posições do jurista e do biologista e sociólogo pode corrigir essa disposição para conservar nossos problemas dentro da pura elaboração lógica, sem considerar a verdadeira natureza do homem e de seu comportamento (...)."[21]

Nota-se, pois, que mesmo ciente dos desenvolvimentos de matriz neokantiana, dos juízos de valor como base de uma ciência jurídica de viés normativo, Aníbal Bruno insistia em pregar o modelo de condicionantes ontológico-naturalistas, no seu sentido mais básico.

Por tudo isso, não é de estranhar que figurasse no Tratado certa simpatia para com concepções de uma culpabilidade por tendência.

3. Os comentários sobre culpabilidade de tendência na obra Direito penal – Parte Geral

Aníbal Bruno aponta que a culpabilidade por um fato determinado, como forma de uma reprovação pelo injusto, é "sua forma ordinária e a única tradicionalmente admitida".[22]

20. Bruno: *Direito penal. Parte Geral*, 37.
21. Bruno: *idem*, 44-45.
22. Bruno: *idem*, 34.

No entanto, abre, em seguida, dois tópicos para explicar amplamente qual era a tendência jurídico-penal do seu tempo, e em que sentido o vento virava, ao afirmar que "uma doutrina moderna toma a culpabilidade como a resultante de uma maneira de viver contrária ao Direito".[23]

Em seguida, o Autor detalha a tese de Mezger, assim resumindo-a:

> "Não é então, determinado ato, nem muitas vezes, propriamente, uma série de atos, mas um estilo de vida, que fundamenta a reprovação e implica, portanto, a culpabilidade. É o que se chama culpabilidade pela conduta da vida (*Lebensführungsschuld*) (Mezger). O sujeito dirigiu a vida em sentido oposto ao Direito, e porque assim o fêz, podendo fazer o contrário, sôbre êle recai a reprovação da culpabilidade. O que se lhe reprova é essa atitude repetida em contraste com o dever que a norma jurídica lhe impõe, um teor de vida que contradiz êsse dever e no qual se contém, manifestada em atos, a ofensa ou ameaça a bens que a norma penal tutela."[24]

A menção direta a Mezger demonstra que o Autor estava muito familiarizado com a tese da *Lebensführungsschuld*, que todos sabemos de onde vem e a que leva[25] já que apontava com precisão as fontes da tese.[26]

No entanto, pode retirar-se do texto de Aníbal Bruno muito mais do que a confirmação do estudo de Muñoz Conde. O Autor, justamente porque plenamente atualizado com o Direito penal de sua época, aponta para um cenário onde a tese de Mezger nem de longe é um pensamento isolado.

23. Bruno: *Direito penal. Parte Geral*, 34.

24. Bruno: *idem*, 34-35.

25. Para uma exploração completa das teses de Mezger, especialmente seus posicionamentos a respeito da culpa derivada da condição de vida, veja-se aprofundado estudo em Muñoz Conde: *Edmund Mezger e o Direito penal do seu tempo*.

26. Aníbal Bruno menciona Mezger: *Deutsches Strafrecht. Ein Grundriss*, 84 e 86; Mezger: *Strafrecht. Ein Lehrbuch*, 258 e Mezger: *Moderne Wege der Strafrechtsdogmatik: eine ergänzende Betrachtung zum Lehrbuch des Strafrechts*, 45.

Ele afirma[27] existir um fundamento claro para tal concepção no próprio Código Penal alemão de então, em seu § 20-a, onde se previa a agravação da pena para criminosos habituais perigosos.

Com efeito, o § 20-a introduzido pela Lei sobre delinquentes habituais perigosos de 1933, no Código penal alemão, previa a agravação da pena para aquela classe de agentes.

Tratava-se, sem dúvida, do espírito da época. A própria Lei de contravenções penais brasileira, editada durante o governo Vargas, que tinha clara simpatia política pelo nacional-socialismo, previa incriminações relativas a estados de pessoa como a vadiagem.[28]

Mais tarde o Código Penal de 1969, que jamais entrou em vigência, introduziu a categoria do criminoso *por tendência*, declarando como tal quem "pela sua periculosidade, motivos determinantes e meios ou modos de execução do crime, revela extraordinárias torpeza, perversão ou malvadez" (art. 64, § 3.º).

Em tais casos, a pena que seria imposta era indeterminada, observado o limite máximo de 10 (dez) anos, exequível depois de cumprida a pena imposta na sentença em razão do fato (art. 64, § 1.º).[29]

Mas o principal que aparece no texto de Aníbal Bruno sequer são as tendências legislativas da época, que caminham por trilhas que a história já nos deixou conhecer, mas sim as indicações doutrinárias, as quais, justamente porque perfeitamente atualizadas com as tendências mais recentes da época, permitem revelar que vários Autores, inclusive um que ainda goza de considerável prestígio no Brasil, chegaram a propor modelos de culpabilidade ainda mais inclinados a um Direito penal de autor que a proposta de Mezger.

Nesse sentido, Aníbal Bruno aponta que a fórmula de Mezger apenas punha demasiado acento na questão das condições da perso-

27. Bruno: *Direito penal. Parte Geral*, 35, nota 9.

28. "Art. 59. Entregar-se alguém habitualmente à ociosidade, sendo válido para o trabalho, sem ter renda que lhe assegure meios bastantes de subsistência, ou prover à própria subsistência mediante ocupação ilícita: Pena – prisão simples, de quinze dias a três meses."

29. Há comentários mais detidos sobre a questão em Dotti: *A posição sistemática da culpabilidade*, 42-43.

nalidade do sujeito, ressalvando, porém, que "a expressão *culpabilidade pela conduta da vida* significa apenas que, provada a existência, na conduta da vida anterior do sujeito, de uma culpabilidade no mesmo sentido do fato cometido, esta deve pesar na balança ao lado da culpabilidade pelo próprio fato",[30] tendência na qual era também seguido por Sauer,[31] quem identificava, ao lado de uma culpabilidade aguda, referente ao fato, outra crônica, por tendência, por determinação da vida, a qual era ainda graduada em termos de intensidade, entre "culpabilidade de tendência de 1.º grau, compreendendo a reincidência em crime da mesma natureza ou de natureza diversa, e a culpabilidade de tendência habitual, em que se pode falar de verdadeiro hábito criminoso, manifestando-se sob a forma de criminalidade habitual ou profissional».

Na visão de Aníbal Bruno, outros Autores eram bastante mais enfáticos e radicais sobre o tema. Ele aponta[32] como exemplo a proposta defendida por Welzel, que ele próprio denominava *culpabilidade de caráter* (*Charakterschuld*).

Segundo anotou Bruno, Welzel entendia por tal classe de culpabilidade "o agente haver criado com os seus próprios atos qualidades adquiridas do caráter, donde provém um comportamento criminoso".[33] Neste caso, "o agente seria culpado não pelo ato, mas pelo caráter que ele deixou que em si mesmo se formasse e do qual resulta a sua criminosidade".[34]

30. Bruno: *Direito penal. Parte Geral*, 35, nota 9.

31. Sauer: *Allgemeine Strafrechtslehre,* 152-163. Não é demais lembrar que Sauer também manifestou entusiasmo pelo nacional-socialismo e os pensamentos do *Führer*, ainda que negasse o caráter revolucionário do nazismo. Ele alegava que o nazismo apenas tinha se apropriado das idéias latentes no pensamento jurídico de então e que ele próprio teria usado tais idéias para representar os ensinamentos da revolução nacional mesmo antes de 1933. Aliás, Sauer é tido como um importante precursor para o desenvolvimento do ensino de Direito penal na época do nacional-socialismo. Em 1933, Sauer publicou uma *Sociologia do Criminoso* de três volumes. Segundo sua tese básica a tendência para o crime era não apenas diretamente herdada, mas derivava de uma disposição para isso. Portanto, Sauer recomendava esterilização como um meio eficaz para combater o crime chegando a falar em um *bacilo do crime*. Confira-se em Sauer: *Kriminalsoziologie*.

32. Bruno: *Direito penal. Parte Geral*, 35, nota 9.

33. Bruno: *idem*, 36.

34. Bruno: *idem*, 36.

Com efeito, consta da 4ª edição do Tratado de Welzel[35] uma comparação do Autor entre a *Lebensführungsschuld* e o que ele denomina de *Charakterschuld*, nos seguintes termos:

> "A culpa refere-se principalmente ao indivíduo concreto, é portanto, culpa por um fato único [*Einzeltatschuld*].
>
> "As ações, no entanto, não precisam ser um único ato definido, mas podem ser constituídas por uma parte da vida (os *soziologischer Tätertyp*, o cafetão ou os criminosos profissionais). A culpa se estende, aqui, para o tipo de vida criminosa definida que é a culpabilidade por condução de vida.
>
> "O termo '*Lebensführungschuld*' (Mezger) é, no entanto, geralmente utilizado para compreender o que chamamos de culpa pelo caráter [*Charakterschuld*].
>
> "Finalmente, a culpa pode se referir a uma característica adquirida do autor adulto por seus crimes (os tipos de criminosos pelo caráter). A razão para isto reside na estreita ligação entre nossas ações e o caráter de nossas atitudes, além de educação e meio ambiente como os fatores externos da formação do caráter, nos movemos através de nossas próprias ações segundo os círculos que são em nós dominantes (...)."[36]

Essa postura de Welzel foi também comentada por Francisco de Assis Toledo, quando observou que aquele, mesmo partidário de uma culpabilidade pelo fato, "admite uma culpabilidade do caráter ou da personalidade, no caso do delinquente por tendência, do delinquente passional ou do delinquente leviano, na culpa inconsciente",[37] ou seja, admite a culpabilidade pelo caráter contra certa classe de autor, os quais teriam tal culpabilidade fundada em uma camada permanente de sua personalidade ou em uma censurável falha do caráter.

Como bem observa Assis Toledo, "Welzel, neste tópico, aceitando a estratificação do 'eu' de certas teorias psicológicas, ou psicanalíticas, não se distancia muito de Mezger, como é fácil de ver".[38]

35. Aníbal Bruno cita, em sua obra, a 5ª ed., do livro de Welzel de 1949, que na verdade é a 2ª com o nome de *Das deutsche Strafrecht,* sendo a 5ª edição se contado desde quando o livro levava o título de *Der Allgemeine Teil des Deutschen Strafechts in seinem Grundzügen*, embora o tema fosse mais detalhado na 4ª edição, de 1947, que é aqui empregada.

36. Welzel: *Das deutsche Strafrecht in seinen Grundzügen*, 75.

37. Toledo: *Princípios básicos de Direito penal,* 240.

38. Toledo: *idem,* 240.

O mais curioso é que, em ulteriores edições da obra de Welzel, as referências a esta classe de culpabilidade desapareceram completamente.[39]

René Dotti[40] e Francisco de Assis Toledo[41] afirmaram que Aristóteles teria sido o precursor de uma teoria da culpabilidade pelo caráter refletida em sua Ética a Nicômaco, mais precisamente, na ideia de que o homem se torna aquilo que é por um comportamento voluntário na sua origem. Conquanto a conclusão pareça um tanto exagerada, caso assim se entenda, Welzel, que diz sentar as bases teóricas de sua teoria da ação nas lições do filósofo grego, teria aí seu ponto de referência.

Aníbal Bruno[42] traçou um paralelo das teses de Welzel com a concepção de von Liszt, nas edições de seu Tratado anteriores à revisão de Eberhard Schmidt, onde o Autor também mencionava uma culpabilidade de caráter.

Com efeito, von Liszt refere, no Tratado, que "a relação subjetiva entre o ato e o agente só pode ter caráter psicológico",[43] e que "deve tomar por ponto de partida o fato concreto, mas ao mesmo tempo ultrapassa-o, dando, então, ao ato, o caráter de expressão da natureza própria do autor, esclarecendo o valor metajurídico da culpabilidade".[44]

Portanto, para von Liszt, esta relação psicológica entre o fato e o autor que compõe o conteúdo material do conceito de culpabilidade se estruturaria a partir "da significação sintomática do ato culpável, a respeito da natureza peculiar do agente",[45] a qual "se assenta no caráter anti-social do agente, que se torna conhecido através do ato

39. Veja-se, por exemplo, a 11ª edição, (Welzel: *Das deutsche Strafrecht. Eine systematische Darstellung*), que é a que se tornou conhecida no mundo latino, a partir da tradução de Juan Bustos Ramírez e Sérgio Yáñez Pérez.

40. Dotti: *A posição sistemática da culpabilidade*, 40.

41. Toledo: *Princípios básicos*, 238.

42. Bruno: *Direito penal. Parte Geral*, 36.

43. Von Liszt: *Lehrbuch des deutschen Strafrechts*, 152. Há versão espanhola, Von Liszt: *Tratado de Derecho penal*, 388.

44. Von Liszt: *Lehrbuch des deutschen Strafrechts*, 151; Von Liszt: *Tratado de Derecho penal*, 388.

45. Von Liszt: *idem*, 152; Liszt: *ibidem*, 388.

praticado; ou seja, na imperfeição do sentimento do dever social necessário para a vida em comum no Estado".[46]

Ainda assim, na opinião de Aníbal Bruno,[47] tanto Welzel quanto von Liszt ainda se referiam, de qualquer modo, ao fato, mesmo sendo o caráter o fundamento principal da culpabilidade do agente.

Contudo, nas posições de Tesar e Kollmann,[48] Aníbal Bruno identificou posturas que levavam a extremos a questão, uma vez que se tratavam de *puras concepções caracterológicas da culpabilidade*, sem qualquer referência ao fato.[49] Para ambos, o fato criminoso é só um sintoma do caráter dos criminosos.

Aníbal Bruno refere que tais concepções constituem, na verdade, um levar adiante da "elaboração do conceito normativo da culpabilidade",[50] transformando uma reprovação em razão do fato por uma reprovação de uma "situação íntima, permanente do sujeito, de contrariedade à norma, de que o crime é apenas um episódio momentâneo".[51]

Tal afirmação deixa entrever que o Autor identificava tais posições como o corolário e o desenvolvimento natural da teoria normativa pura da culpabilidade.

Neste ponto, o Autor comenta que "já estamos saindo do setor da culpabilidade para o da perigosidade criminal",[52] fato que aponta ter sido expressamente reconhecido por Grünhut[53] cuja conexão com a teoria de von Liszt teria sido identificada e apontada por Erik Wolf.[54]

46. VON LISZT: *Lehrbuch des deutschen Strafrechts*, 152; VON LISZT: *Tratado de Derecho penal*, 388-389.
47. BRUNO: *Direito penal. Parte Geral*, 36.
48. Aparentemente, o Autor captura tais posições das classificações das diversas tendências de culpabilidade pelo caráter apresentadas inclusive em forma gráfica por Erik Wolf em WOLF: *Strafrechtliche Schuldlehre*, 72, e que também aparecem em SAUER: *Grundlagen des Strafrechts, nebst Umriß einer Rechts- und Sozialphilosophie*, 568 e ss.
49. BRUNO: *Direito penal. Parte Geral*, 36-37.
50. BRUNO: *idem*, 37.
51. BRUNO: *idem*, 37.
52. BRUNO: *idem*, 37.
53. BRUNO: *idem*, 37, nota 11.
54. WOLF: *Strafrechtliche Schuldlehre*, 21, nota 44.

Na verdade, é bastante significativo que tais tendências de Direito penal de autor tenham encontrado acolhida exatamente em publicações que faziam conexão entre Direito penal e psicologia, pois Aníbal Bruno[55] refere como fonte do trabalho de Grünhut, o *Monatschrift für Kriminalpsycologie und Strafrechtsreform* de 1926 onde o trabalho do autor, intitulado "Gefährlichkeit als Schuldmoment", literalmente "*Periculosidade como momento da culpabilidade*", foi publicado como suplemento, nas páginas 87-96.

4. A perigosa vinculação ao Direito penal discriminatório próprio de sua época

O mais curioso de toda esta narrativa é o quanto o próprio Aníbal Bruno não se opõe com mais veemência contra estas tendências de Direito penal do Autor, mesmo passada a II Guerra Mundial e revelados os horrores nazistas que claramente eram proclives a um Direito penal de Autor e que, certamente ele, como humanista destacado que era, execrava. De qualquer modo, este aspecto pode ser meramente circunstancial, já que há inclusive Autores atuais que transpiram tal tendência, como é o caso de Figueiredo Dias.[56]

Apenas um ponto levemente inclinado à crítica aparece em seu texto, na p. 36, nota 10, quando refere que:

> "(...) posições como esta enfraquecem a concepção corrente da culpabilidade e a encaminham em um sentido contrário à consideração do fato, isto é, do injusto típico, na direção de uma verdadeira culpabilidade de caráter, de uma culpabilidade, como diz Hegler, pelo que o indivíduo é, em vez de uma culpabilidade pelo que êle fêz, o que afasta evidentemente as exigências fundamentais do Direito Penal vigente."[57]

No mais, chega a reconhecer ser esta uma tendência para o futuro do Direito penal, depois de afirmar que a fórmula da culpabilidade pelo caráter iria contra o Direito penal vigente de então, admite que tais fórmulas são uma característica do Direito penal moderno, e

55. Bruno: *Direito penal. Parte Geral*, 37, nota 11.

56. Veja-se, a respeito, Ambos: *A liberdade no ser como dimensão da personalidade e fundamento da culpa penal*, 176 e ss.

57. Bruno: *Direito penal. Parte Geral*, 36, nota 10.

que a culpabilidade, através delas, se vincularia aos motivos, o que seria, a seu ver, apropriado. Literalmente, menciona o seguinte:

> "Note-se, porém, que se vai tomando cada vez mais em consideração o caráter, ou, melhor, a personalidade do agente, fazendo-o influir sobre o juízo da culpabilidade e pesar sôbre a medida da punição, consequência da subjetivização progressiva que vem sofrendo o Direito Penal, mesmo fora de tendências e fundamentos de correntes como o *Willensstrafrecht*, da Alemanha. Com a consideração do caráter relaciona-se a dos motivos, que entram a cada passo a influir em vários momentos da estrutura da culpabilidade, em particular na exigibilidade de conduta diversa, que é, em suma, um problema de motivação da vontade. Basta atender a que o núcleo do conceito da culpabilidade é a vontade ilícita, para concluir da importância que assume a consideração dos motivos, sendo de notar que o próprio caráter, naquilo que interessa ao Direito penal, é só uma integração de fôrças de motivação do comportamento e quanto mais aprofundarmos o conceito de culpabilidade, maior será a atenção que teremos que conceder aos motivos e ao processo de motivação. A tendência, aliás, é para incluir no conceito da culpabilidade todos êsses elementos influentes no processo íntimo da vontade e da representação."[58]

Aníbal Bruno, com isso, reconhecia uma tendência de que se tomasse em consideração o caráter e a personalidade para influir no juízo da afirmação da culpabilidade. E associava esta tendência a uma "subjetivização progressiva" do Direito penal, que é precisamente a tendência que se inaugurava e então se intensificava pela via do finalismo.

Admitia, ainda, como se vê, que o caráter deveria ter um peso em termos jurídico-penais, como "integração de fôrças de motivação do comportamento".[59]

E concluía pela opinião de que quanto mais se adentrasse a um "Direito penal da culpabilidade", mais se avançaria precisamente ao encontro dessas concepções, sendo esta uma perspectiva de futuro.[60]

Isso fica ainda mais evidente quando se volta os olhos à forma pela qual Aníbal Bruno aborda a questão da individualização da

58. BRUNO: *Direito penal. Parte Geral*, 38.
59. BRUNO: *idem*, 38.
60. BRUNO: *idem*, 38.

pena, baseada no grau de culpabilidade do agente, onde refere que o Direito penal moderno introduziu a personalidade do criminoso na dimensão da quantificação da pena, e esta análise deve perquirir sobre as "razões do seu extravio".[61] Entendia o Autor, por exemplo, que a "os antecedentes do réu contribuem a definir-lhe a personalidade, a forma normal do seu comportamento, as reações que costuma opor às provocações do ambiente e são sinais reveladores de sua maneira de ser"[62] e esta análise permitiria revelar "se o fato punível é a expressão autêntica da personalidade do Autor ou o extravio insólito de sua linha de conduta habitual".[63] Portanto, não há qualquer dúvida sobre a adoção da culpabilidade pelo caráter como um ponto angular na estrutura do Direito penal por ele desenvolvida.

Aníbal Bruno culmina o tópico sobre a culpabilidade pelo caráter com uma expressiva nota de rodapé[64] na qual qualifica de "bem lançada" a monografia de Pedro Vergara intitulada *Dos motivos determinantes no Direito penal*,[65] na qual o Autor sublinha a importância dos motivos no crime, dizendo ser neles "que reside a significação mesma do crime", e que portanto, "nem mesmo o crime cometido por um alienado, ou por um delinqüente instintivo ou louco moral, pode ser isolado de uma causa psicológica desencadeante".[66] Aquele Autor manifestava, com isso, uma tendência a buscar condicionantes psicológicas até mesmo na atitude de alguém claramente inimputável.

Por outro lado, mais adiante, na mesma obra, e sob os mesmos fundamentos, o Autor demonstra decantar-se pela ideia de habitualidade de práticas sociais acumuladas – e, portanto, a forma de vida – como condicionante dos motivos, ao afirmar que "os motivos são internos e externos, ao mesmo tempo, isto é: constituem um complexo de sensações, que se originam do ambiente físico e social e de fatos psíquicos, de experiências afetivas, de estados de alma anteriores, de

61. Bruno: *Direito penal. Parte Geral*, 150.
62. Bruno: *idem*, 153.
63. Bruno: *idem*, 153.
64. Bruno: *idem*, 38, nota 12.
65. Trata-se de Vergara: *Dos motivos determinantes do Direito penal.*
66. Vergara: *Dos motivos determinantes do Direito penal*, 73.

manifestações de toda a personalidade, de hábitos – de sentimentos, em suma".[67]

Na mesma nota referida, Aníbal Bruno qualifica de "excelente" o trabalho de Souza Neto, *O motivo e o dolo,* na qual o Autor explora as relações entre as motivações internas e o dolo, chegando a afirmar que "o motivo anti-social atua de modo positivo caracterizando o *dolus malus*, ou o dolo com consciência da ilicitude".[68]

E ao lado destes elogios rasgados situa, na literatura europeia o livro de estudos de criminologia de Edmund Mezger[69] e a obra que aponta como antiga, mas ainda apreciável, de von Liszt,[70] em que este compila ensaios e palestras, com isto demonstrando indubitavelmente estar inclinado a aceitar a perspectiva da culpabilidade de caráter.

Afinal, a passagem citada do livro de criminologia de Mezger é exatamente aquela em que se trabalha com "bases biológico--constitucionais",[71] segundo as quais se propõe a pesquisa da personalidade humana em suas características e formas de exteriorização corporal e anímica "aplicando, depois, estes resultados ao objeto de compreensão do delinquente",[72] o que se considera um "princípio de trabalho indispensável".[73]

Mais adiante, no mesmo texto, Mezger propunha avançar para além da própria pessoa na investigação de sua tendência criminosa, ao afirmar que "uma concepção biológica do delito não deverá hoje propor-se captar tão somente os complexos biológicos na constituição somato-psíquica do indivíduo, mas deverá também, indo além do

67. Vergara: *Dos motivos determinantes do Direito penal,* 109.

68. Souza Neto: *O motivo e o dolo,* 97.

69. Trata-se de Mezger: *Kriminologie,* 91 e ss.

70. Trata-se de von Liszt: *Aufsätze und Vorträge*, 170 e ss., que é nada menos do que o local onde o Autor classifica os criminosos, incluindo a categoria dos criminosos habituais, afirmando serem eles os mais perigosos e importantes no que ele qualifica de uma "cadeia de patologias sociais", das quais destaca "Mendigos e vagabundos, prostitutas de ambos os sexos e alcoólatras", entre outros. Explica que, nestes casos, a ética social simplesmente não os alcança, pelo que "é inútil tentar compreender o criminoso habitual como tal".

71. Mezger: *Criminología,* 96 e ss.

72. Mezger: *idem,* 97.

73. Mezger: *idem,* 97.

indivíduo, sublinhar sua ligação iniludível com o patrimônio hereditário de seus antepassados".[74]

Finalmente, em suas considerações sobre política criminal, o texto propunha abertamente uma adesão ao modelo de exclusão nacional-socialista baseado em concepções raciais, ao afirmar que:

> "As consequências político-criminais da concepção biológica do delito, são de importância indubitável para a concepção jurídica do Estado totalitário. Pois dito Estado não apenas rechaça uma liberdade abstrata e indistinta do indivíduo em favor de uma consideração do sujeito diferenciada segundo sua espécie genuína e sua prestação, senão que, tendo em conta a significação central que nele corresponde ao pensamento da raça, situa, naturalmente, em primeiro plano uma consideração biológica. A pesquisa biológico-hereditária e constitucional-biológica do delinquente é para tal Estado uma base da qual não pode prescindir, ao objeto de reconhecer as condicionalidades de raça e de sangue do delinquente concreto e tratar-lhe de um modo adequado; em contraste com a concepção de liberdade característica do liberalismo, exige em sua consideração conjunta que também tal indivíduo se subordine e incorpore por sua parte a tal forma de tratamento adequado à sua própria espécie. Deste modo chegará a ser a concepção biológico-hereditária e biológico-constitucional do delito uma pedra angular do futuro Direito punitivo da Alemanha."[75]

Como se nota, o perfil ao qual se associavam os elogios lançados por Aníbal Bruno era exatamente o perfil discriminatório de eliminação, próprio não apenas de uma concepção biologicista do Direito penal, como também de um perfil de Estado claramente totalitário.

Conquanto a guerra já tivesse terminado e as atrocidades nazistas já fossem de conhecimento público, falava mais alto na compreensão de Aníbal Bruno sua formação médica, cientificista, que também então se acomodava às tendências de sua época.

5. O que há de vivo no poderoso discurso biologicista

Segundo Heleno Fragoso,[76] as opiniões de Aníbal Bruno vinham na esteira de outros escritos sobre o assunto na época, de Ary Franco,

74. MEZGER: *Criminología,* 145.
75. MEZGER: *idem,* 197.
76. FRAGOSO: *Reflexões sobre o sistema penal*, 37.

Ataliba Nogueira e Madureira de Pinho no Brasil e também no continente americano, como os trabalhos de Jiménez de Asúa e Soler, mas, de qualquer modo, tal preocupação sobre periculosidade teria "cumprido seu ciclo histórico", com a desastrada aplicação de leis de "vagos e maleantes" na América Latina, em réplica à lei espanhola de 1933. Dizia então Fragoso[77] que, já naquele ano de 1976, tais teses eram "teoricamente insustentáveis".

Seria desejável que fosse assim, sem dúvida, mas infelizmente o que se vê é exatamente o oposto do vaticínio de Fragoso hoje em dia, renascido sob o signo das neurociências.

A postura dos juristas, ignorando deliberada e permanentemente os estudos neurocientíficos impediu o desenvolvimento de um discurso crítico, oriundo das ciências sociais, capaz de contrapor-se às pretensões de interferência de lá oriundas e que tornam redivivo o cenário apresentado pela obra de Aníbal Bruno.

Ocorre, nos dias de hoje, no plano da neurociência, um progressivo retorno ao determinismo. Este ocorre em sua fórmula mais visceral e recrudescente, de clara tendência lombrosiana,[78] cujo legado histórico é amplamente conhecido.

Na esteira de estudos de mecanismos neurológicos que se encontram por trás dos processos cognitivos, tanto em âmbito da atividade elétrica do encéfalo quanto a nível molecular, que tem por raiz comum os estudos de Benjamin Libet,[79] pesquisas neurocientíficas teriam apontado que "a tomada de decisões acontece um

77. Fragoso: *Reflexões sobre o sistema penal*, 37.

78. Veja-se, a respeito, a impressionante e explícita menção à recuperação das idéias de Lombroso contida em Raine: *The anatomy of violence. The biological roots of crime.*

79. Libet: *Unconscious cerebral initiative and the role of conscious will in voluntary action*, 529-530. O experimento aparece referido, por exemplo, em Demetrio Crespo: *Compatibilismo humanista*, 24; Hirsch: *Acerca de la actual discusión alemana sobre libertad de voluntad y derecho penal*, 46; Feijóo Sánchez: *Derecho penal y Neurociencia*; Pérez Manzano: *Fundamento y fines del Derecho penal*, 3; Pérez Manzano: *El tiempo de la conciencia y la libertad de decisión*, 106; Ramos Vázquez: *La pregunta por la libertad de acción*, 138; Rubia: *Neurociencia y Libertad*, 185; Weisser: ¿Refutan las ideas de la neurociencia el concepto de culpabilidad del § 20 del Código penal?, 464; Ramos Vázquez: *Ciencia, libertad y Derecho penal*, 49 e ss; Frisch: *Sobre el futuro del Derecho penal de la culpabilidad*, 26 e ss. Christian Jäger chega a

ou dois segundos antes de que a percebamos de modo consciente, e tenhamos a vontade de realizar a ação. Esta recai nos gânglios basais e se determina pelo sistema límbico".[80] Tal sistema, que se estende por muitas partes do cérebro, acumula as influências e experiências e constituiria o centro dos estados afetivos congênitos e os modos de comportamento.[81]

Não obstante os estudos de Libet tenham sido amplamente criticados dentro do próprio ambiente neurocientífico, é certo que abriram passo para tendências de exacerbo incontido da valoração de tal perspectiva em detrimento das bases do Direito penal tradicional. A partir daí, questionada novamente a base jurídica a partir de um corte determinista, resultou opinião comum nesse cenário científico considerar que aquilo que usualmente se designa e especialmente se designou no Direito penal clássico como *conduta* é tão somente um produto de processos neuronais causalmente determinados.[82]

E como consequência disso, vem surgindo questionamentos frequentes acerca da base jurídica do conceito de liberdade de vontade.[83]

Assim, por exemplo, afirma o biólogo Gerhard Roth que "o ato voluntário aparece depois de que o cérebro já decidiu que movimento levará a cabo".[84] Portanto, aquilo que se considera uma ponderação racional, na verdade estaria condicionada por uma predisposição

citar que o próprio Libet se baseou em experimentos prévios de Kornhuber e Deecke, em 1965. Cf. JÄGER: *Libre determinación de la voluntad*, 58.

80. Cf. HIRSCH: *Acerca de la actual discusión alemana sobre libertad de voluntad y derecho penal*, 44. Comentário no mesmo sentido, descrevendo a opinião de Roth aparece em HILLENKAMP: *Strafrecht ohne Willensfreiheit?*, 314.

81. Cf. HILLENKAMP: *Strafrecht ohne Willensfreiheit?*, 314 e HIRSCH: *Acerca de la actual discusión alemana sobre libertad de voluntad y derecho penal*, 44.

82. Esta é a avaliação do cenário feita por JAKOBS: *Individuo y persona*, 169-170.

83. O mais completo apanhado recente da discussão sobre as distintas opiniões que norteiam as discussões entre Direito penal e neurociências aparecem em um recente trabalho compilatório de HILLENKAMP: *Hirnforschung, Willensfreiheit und Strafrecht*, 10 e ss.

84. Cf. ROTH: *Fühlen, Denken, Handeln. Wie das Gehirn unser Verhalten steuert*, 523.

neuronal específica[85] e a percepção da consciência seria uma mera ilusão provocada pelo próprio cérebro.[86]

No mesmo sentido, Wolfgang Prinz afirma que a liberdade de vontade é uma completa ficção, pois não pode ser cientificamente demonstrada de um ponto de vista psíquico, já que nós "não fazemos o que queremos, mas sim queremos o que fazemos".[87]

Wolf Singer[88] conclui que "a suposição que nós éramos totalmente responsáveis pelo que fazemos, porque nós também poderíamos ter agido, então, de outro modo, é insustentável do ponto de vista neurobiológico". Portanto, não poderíamos supor que somos plenamente responsáveis do que fazemos, ou seja, "não há lugar para um agente mental como a liberdade de vontade".[89] E, conclui, de modo contundente que, portanto, "devemos parar de falar em liberdade".[90]

Tais pretensas "novidades" científicas irrefutáveis não fazem mais do que ressuscitar antigos fantasmas que, pelas mais diversas vias, constantemente ressurgem para afirmar o determinismo; e outra coisa não são, além de uma nova roupagem para um velho discurso.[91]

85. Nesse sentido, ROTH: *Fühlen, Denken, Handeln. Wie das Gehirn unser Verhalten steuert,* 526.

86. O exemplo aparece em DELGADO GARCÍA: *Hacia una neurofisiología de la libertad,* 8. Mencionando também o auto-engano HIRSCH: *Acerca de la actual discusión alemana sobre libertad de voluntad y derecho penal,* 44.

87. O jogo de palavras aparece citado em HILLENKAMP: *Strafrecht ohne Willensfreiheit?*, 314.

88. Todas as citações entre aspas da idéia de Singer estão transcritas literalmente por HILLENKAMP: *Strafrecht ohne Willensfreiheit?*, 313, quem aponta, como fonte de referência SINGER: *Ein neues Menschenbild? Gespräche über Hirnforschung,* 12, 20, 42 e 58 e ss.

89. Como bem observa criticamente Hirsch, a abordagem de Singer "recorda o ponto de vista dos anatomistas de finais do século XIX, de que não era possível falar de alma humana, já que não se poderia encontrar o órgão correspondente". Cf. HIRSCH: *Acerca de la actual discusión alemana sobre libertad de voluntad y derecho penal,* 46.

90. A frase é citada por HILLENKAMP: *Strafrecht ohne Willensfreiheit,* 314.

91. Ramos Vázquez, com contundência, e em sentido crítico similar, afirma que "só se trata de encher novos odres com o velho vinho cartesiano, substituir *mente* (*res cogitans*) por *cérebro* e as velhas *revelações filosóficas* pelas novas *revelações científicas*". RAMOS VÁZQUEZ: *Ciencia, libertad y Derecho penal,* 142.

Os estudiosos da neurociência não titubeiam em estender os resultados de suas pesquisas para conclusões que afetam outros âmbitos para além das ciências naturais, como a vida de relação, a sociedade e especialmente os sistemas normativos,[92] negando-se a própria possibilidade de falar em culpabilidade, pois se afirmaria, por exemplo, que "um assassino a sangue frio tem realmente a má sorte de ter um limite tão baixo de respeito pela vida".[93]

Retoma-se, assim, um perigoso viés já antes explorado na obra de Aníbal Bruno, agora sob nova roupagem, no sentido de que a reação principal do sistema punitivo não deveria ser a de imposição de uma pena, mas sim de uma "medida de custódia" ou "medida de proteção",[94] que nada mais é do que o sistema de medidas de segurança.

Lolita Aniyar de Castro,[95] em importante trabalho, alerta para o que ela qualifica de "a ressurreição e gloriosa ascensão de Lombroso". Refere, como exemplos, as pesquisas do professor Benigno di Tullio, quem, em 2006, apresentou em um congresso slides de cortes do cérebro para explicar que seu deterioro provocaria casos de homicídio em série! Assim, segundo ela, viria como consequência uma proposição: "é preciso fazer ressonâncias magnéticas em todos os suspeitos, e internar a todos os criminosos potenciais, da mesma maneira como se interna os portadores de enfermidades contagiosas".[96]

Claro está que o atual sistema dualista deve ser posto em cheque,[97] mas não para recuperar posturas soterradas de um sistema unitário perverso ancorado em um determinismo absoluto, mas sim para trasladar as garantias – especialmente as formuladas ao redor da ideia de culpabilidade – também àquele submetido a medidas de segurança, posição que já defendi há muito tempo.[98]

92. Esta opinião é partilhada por Jakobs: *Individuo y persona*, 177-778.

93. Cf. Singer: *Ein neues Menschenbild?*, 65.

94. Cf. Singer: *Ein neues Menschenbild?*, 65.

95. Aniyar de Castro: *El regreso triunfal de Darwin y Lombroso*, 11.

96. Aniyar de Castro: *El regreso triunfal de Darwin y Lombroso*, 20.

97. Nesse sentido a importante crítica de Quintero Olivares: *Monismo y dualismo. Culpables y peligrosos*, 651 e ss.

98. Veja-se em Busato: *Fundamentos para um Direito penal democrático*, 312 e ss., cuja primeira edição é de 2003.

Afinal, as garantias formuladas através do progressivo avanço das estruturas construídas pelo Direito, os princípios e limites axiológicos determinados pelo reconhecimento da dignidade da pessoa humana não podem ceder ante uma pretensão de "tratamento" ancorada unicamente em um pretenso avanço científico.

O perigo destas concepções foi bem detectado por Klaus Günther,[99] quando referiu que "a história oferece muitos exemplos de regimes autoritários que trataram como doentes mentais cidadãos que se negaram a obedecer normas legais, mas ilegítimas". E nessa toada, aponta para os pontos a que podem levar as convicções deterministas:

> "Se a conduta delitiva é causada por processos cerebrais sobre os que se pode influir, por que deveria a sociedade esperar até que o delito se cometa? Por que não ter um encefalograma geral de todos os cidadãos, de modo que pudesse individualizar-se quem possui uma predisposição ao comportamento delitivo para assim aplicar o tratamento que modifique o seu cérebro? Isto levaria a um amplíssimo controle social e a ulteriores restrições de liberdade individual."[100]

Nada disso pode ser esquecido por todos aqueles que, de um modo ou outro, aceitam os postulados deterministas, sejam eles ou não provenientes das neurociências. A postura dos neurocientistas a respeito da teoria do conhecimento é radical, rasa, absolutista e inflexível e, o que é pior: ancorada em um erro categorial que a faz supor uma hegemonia inexistente de sua conceituação sobre liberdade de ação, conforme bem ilustra Hassemer:

> "Este erro consiste na suposição de que as ciências de método empírico poderiam julgar cientificamente se outras ciências estão autorizadas a desenvolver um conceito de liberdade ou não, ou seja: se *existe* a liberdade ou não. Tal suposição tem como pressuposto necessário afirmar a existência de hegemonia entre as ciências, e esta hegemonia não existe. Tampouco existe um conceito geral de liberdade que flutue acima de todas as ciências, e muito menos haveria capacidade de disposição a favor das ciências empíricas se tal conceito existisse."[101]

99. GÜNTHER: *Acción voluntaria y responsabilidad criminal*, 127.
100. GÜNTHER: *Acción voluntaria y responsabilidad criminal*, 127.
101. HASSEMER: *Neurociencias y culpabilidad en Derecho penal*, 8.

Tanto o conceito de responsabilidade quanto o de imputação apoiam-se em diretrizes sociológicas, que somente tomam em conta aspectos ontológicos como elementos contextuais de valoração.[102]

Soma-se a esta estrutura de perfil marcantemente axiológico a verificação das circunstâncias pessoais e, através delas, a valoração da capacidade individual de compreender, na circunstância concreta, que se está produzindo um ilícito.

Nesse sentido, explica Muñoz Conde[103] que "a culpabilidade não é um fenômeno individual, mas social. Não é uma qualidade da ação, mas uma característica que se lhe atribui, para poder imputá-la a alguém como seu Autor, e fazê-lo responder por ela", pelo que, não possui um fundamento psicológico, nem é uma categoria abstrata, desconectada do contexto histórico-social em que se apura, senão que é produto de uma profunda elaboração conceitual que pretende explicar porque e para que, em um momento histórico determinado, se impõe a alguém uma consequência tão grave como pode ser uma pena.

A liberdade de agir não é algo que se encontre no mundo físico, fora do sujeito, nem tampouco algo que se resuma a uma percepção interna ou faculdade metafísica. Trata-se, isto sim, de algo situado nos jogos de linguagem e práticas sociais que regulam nosso modo de vida, funcionando, ao mesmo tempo, como pressuposto e fundamento das ações enquanto tais.[104]

As ideias de determinismo como fonte de estruturação da imputação, que foram símbolo de uma era, ainda que tenham preenchido boa parte da obra de nosso homenageado, devem ter preservado seu lugar na história e jamais serem revividas.

102. De modo similar, HASSEMER: *Neurociencias y culpabilidad en Derecho penal*, 10.

103. MUÑOZ CONDE-GARCÍA ARÁN: *Derecho penal. Parte General,* 353. De modo similar, esclarecendo que o conceito é inclusive permeável a um determinismo leve, SCHÜNEMANN: *La culpabilidad: estado de la cuestión*, 105.

104. É também a opinião de VIVES ANTÓN: *Fundamentos del Sistema Penal*, 343 e RAMOS VÁZQUEZ: *Ciencia, libertad y Derecho penal...*, 153.

6. Algumas considerações a modo de conclusão

Quiçá tenha sido precisamente a consciência de que o cientificismo como fonte de Direito penal não apenas não acabara com o fim da II Guerra Mundial, mas era precisamente para onde caminhava o Direito penal, o que tenha desgostado e afastado dos cenários do debate acadêmico e das publicações o grande maestro Aníbal Bruno.

Seus amigos mais próximos, como o professor Heleno Fragoso,[105] afirmam que sua situação de penúria financeira e imensa modéstia é que impediram que fosse completado o seu Tratado, já que, o primeiro volume de Parte especial, dos delitos contra a vida, teria surgido em "uma fase em que já não sobrava nem vigor nem entusiasmo ao velho mestre, de saúde abalada".[106] Segundo Fragoso, "queixava-se ele, então, de não poder acompanhar a evolução da doutrina, pois não possuía os modernos livros estrangeiros".[107]

E seriam precisamente os avanços doutrinários que arrancaram dos anos 70 do século XX, década que nos ceifou a presença do inolvidável mestre, que trariam mais luzes sobre os perigos das estruturas político criminais latentes por trás dos sistemas jurídicos condicionados ontologicamente, e de outro lado, a desmitificação das bases da criminologia clássica e sociológica, a partir dos postulados da criminologia crítica.

Afinal, no dizer de Cunha Luna, Aníbal Bruno "foi professor no sentido mais completo da palavra",[108] um homem empreendedor na construção do conhecimento, a ponto de, no início da década de 1930, propor ao Governo de Pernambuco, como Diretor do Departamento de Educação daquele Estado, um "Programa de Política Educacional", propondo uma escola em tempo integral, com educação física, moral e intelectual do homem, campos de exercício e serviço médico, bem como merenda escolar para garantir o rendimento de alunos desnutridos.[109]

105. Cf. Fragoso: *Reflexões sobre o sistema penal*, 38.
106. Fragoso: *Reflexões sobre o sistema penal*, 38.
107. Fragoso: *Reflexões sobre o sistema penal*, 38.
108. Luna: *Aníbal Bruno. O homem e a obra*, 9.
109. Luna: *Aníbal Bruno. O homem e a obra*, 9 e ss.

Um humanista preocupado pelas condições de desenvolvimento das pessoas, certamente não poderia aceitar os resultados e os rumos que tomava a ciência que tão árdua e entusiasticamente defendeu.

Quiçá muito do abalo físico sentido pelo intelectual Aníbal Bruno na última etapa de sua vida tenha vindo justamente do desânimo de reconhecer, paulatinamente, o quanto toda a estrutura e arcabouço teórico construídos ao longo de sua vida de aproximação entre medicina e Direito penal vinha ruindo e a necessidade de empreender uma nova expedição intelectual refutando suas próprias raízes de formação como cientista.

A honestidade intelectual e a força de caráter sempre manifestadas em suas posições, certamente, o obrigariam a rever seus trabalhos, em um esforço comparável, talvez, ao realizado por Radbruch. Infelizmente, essa é a história do que não aconteceu, do que não pudemos ver emanar da pena privilegiada do mestre.

Referências bibliográficas

AMBOS, Kai. "A liberdade no ser como dimensão da personalidade e fundamento da culpa penal", *Panóptica,* ano 3, n. 18, mar.-jun. 2010, pp. 176-207.

ANIYAR DE CASTRO, Lolita. "El regreso triunfal de Darwin y Lombroso: las diferencias humanas en la criminología angloparlante presente en los simposios internacionales de criminología de Estocolmo", *Capítulo Criminológico*, vol. 36, n. 4, out.-dez. 2008.

BLACK, Edwin. *A guerra contra os fracos*: a eugenia e a campanha norte-americana para criar uma raça superior. Trad. Tuca Magalhães. São Paulo: A Girafa, 2003.

BRUNO, Aníbal. "Perigosidade Criminal", *Perigosidade Criminal e Medidas de Segurança.* Rio de Janeiro: Editora Rio, 1977.

———. "Tobias Barreto criminalista", *Revista Acadêmica, ano XLVII.* Recife: Faculdade de Direito do Recife, 1938.

———. *Direito penal. Parte Geral*. T. I, 2. ed. Rio de Janeiro: Forense, 1959.

———. *Direito penal. Parte Geral*. T. II, 2. ed. Rio de Janeiro: Forense, 1959.

———. *Direito penal. Parte Geral*. T. III, Rio de Janeiro: Forense, 1962.

BUSATO, Paulo César. *Fundamentos para um Direito penal democrático.* 5. ed., São Paulo: Atlas, 2015.

DELGADO GARCÍA, José M. "Hacia una neurofisiología de la libertad". *Neurociencias y Derecho penal* (Eduardo Demetrio Crespo – dir.). Madrid: Edisofer, 2013.

DEMETRIO CRESPO, Eduardo. "*Compatibilismo humanista.* Una propuesta de conciliación entre Derecho penal y Neurociencias", *in* Eduardo Demetrio Crespo (dir.). *Neurociencias y Derecho penal.* Madrid: Edisofer, 2013.

DOTTI, René Ariel. *A posição sistemática da culpabilidade.* Porto Alegre: Núria Fabris, 2013.

FEIJÓO SÁNCHEZ, Bernardo. "Derecho penal y Neurociencia. ¿Una relación tormentosa?" *Dret*, n. 2. Barcelona: Universitat Pompeu Fabra, p. 4, abr. 2011.

FRAGOSO, Heleno Cláudio. "Reflexões sobre o sistema penal", *in* Jair Leonardo Lopes e Marcos Afonso de Souza (orgs.), *Homenagem a Aníbal Bruno,* 2. ed., Belo Horizonte: Lami, 1978.

FRISCH, Wolfgang. "Sobre el futuro del Derecho penal de la culpabilidad", *in* Feijóo Sánchez (dir.), *Derecho penal de la culpabilidad y neurociencias.* 9. ed., Madrid: Thomson-Reuters, 2012.

GÜNTHER, Klaus. "Acción voluntaria y responsabilidad criminal", *Derecho penal de la culpabilidad y neurociencias.* Madrid: Thomson-Reuters, 2012.

HASSEMER, Winfried. "Neurociencias y culpabilidad en Derecho penal", *Dret*, n. 2, 2011.

HILLENKAMP, Thomas. "Strafrecht ohne Willensfreiheit? Eine Antwort auf die Hirnforschung", *Juristen Zeitung*, n. 7, ano 60, Tübingen: Mohr Siebeck, abr. 2005.

______. "Hirnforschung, Willensfreiheit und Strafrecht – Versuch einer Zwischenbilanz", *Zeistschrift für die Gesamte Strafrechtswissenschaft*, n. 127, 2015.

HIRSCH, Hans Joachim. "Acerca de la actual discusión alemana sobre libertad de voluntad y derecho penal", *in* Eduardo Demetrio Crespo (dir.). *Neurociencias y Derecho penal.* Madrid: Edisofer, 2013.

JÄGER, Christian. "Libre determinación de la voluntad", *in* Eduardo Demetrio Crespo (dir.). *Neurociencias y Derecho penal.* Madrid: Edisofer, 2013.

Jakobs, Günther. "Individuo y persona", *Teoría funcional de la pena y de la culpabilidad.* Madrid: Thomson-Civitas, 2008.

Libet, Benjamin. "Unconscious cerebral initiative and the role of conscious will in voluntary action", *The Behavioral and Brain Sciences*, n. 8, 1985.

Liszt, Franz von. *Aufsätze und Vorträge*, II, Berlin: J. Guttentag, 1905.

———. *Lehrbuch des deutschen Strafrechts.* 22. ed., Berlin-Leipzig: Walter de Gruyter, 1919.

———. *Tratado de Derecho penal.* Trad. de Luís Jiménez de Asúa e notas ao direito espanhol por Quintiliano Saldaña, 3. ed., Madrid: Instituto Editorial Reus, 1927.

Lopes, Jair Leonardo e Souza, Marcos Afonso de. *Homenagem a Aníbal Bruno.* 2. ed., Belo Horizonte: Lami, 1978.

Luna, Everardo Cunha. "Aníbal Bruno. O homem e a obra", *in* Jair Leonardo Lopes e Marcos Afonso de Souza (org.). *Homenagem a Aníbal Bruno.* 2. ed., Belo Horizonte: Lami, 1978.

Mezger, Edmund. *Criminología.* Trad. de José Arturo Rodríguez Muñoz, Madrid: Editorial Revista de Derecho privado, 1942.

———. *Deutsches Strafrecht. Ein Grundriss.* 3. ed., Berlin: Junker und Dünnhaupt, 1943.

———. *Moderne Wege der Strafrechtsdogmatik: eine ergänzende Betrachtung zum Lehrbuch des Strafrechts.* Berlin: Duncker & Humblot, 1950

———. *Strafrecht. Ein Lehrbuch.* München-Leipzig: Duncker & Humblot, 1933.

Muñoz Conde, Francisco. *Edmund Mezger e o Direito penal do seu tempo.* Trad. de Paulo César Busato. Rio de Janeiro: Lumen Juris, 2005.

Muñoz Conde, Francisco; García Arán, Mercedes. *Derecho penal. Parte General.* 8. ed. Valencia: Tirant lo Blanch, 2010.

Pérez Manzano, Mercedes. "El tiempo de la conciencia y la libertad de decisión. Bases para una reflexión sobre neurociencia y responsabilidad penal", *in* Eduardo Demetrio Crespo (dir.). *Neurociencias y Derecho penal.* Madrid: Edisofer, 2013.

———. "Fundamento y fines del Derecho penal. Una revisión a la luz de las aportaciones de la neurociencia", *Dret*, n. 2. Barcelona: Universitat Pompeu Fabra, abr. 2011.

QUINTERO OLIVARES, Gonzalo. "Monismo y dualismo. Culpables y peligrosos", *in* Eduardo Demetrio Crespo (dir.). *Neurociencias y Derecho penal.* Madrid: Edisofer, 2013.

RAINE, Adrian. *The anatomy of violence. The biological roots of crime.* New York: Vintage, 2014.

RAMOS VÁZQUEZ, José Antonio. "La pregunta por la libertad de acción", *in* Eduardo Demetrio Crespo (dir.). *Neurociencias y Derecho penal.* Madrid: Edisofer, 2013.

______. *Ciencia, libertad y Derecho penal.* Valencia: Tirant lo Blanch, 2013.

ROTH, Gerhard. *Fühlen, Denken, Handeln. Wie das Gehirn unser Verhalten steuert.* Frankfurt: Suhrkamp, 2003.

RUBIA, Francisco. "Neurociencia y Libertad", *in* Eduardo Demetrio Crespo (dir.). *Neurociencias y Derecho penal.* Madrid: Edisofer, 2013.

SAUER, Wilhelm. *Grundlagen des Strafrechts, nebst Umriß einer Rechts- und Sozialphilosophie.* Berlin e Leipzig: Walter de Gruyter, 1921.

———. *Kriminalsoziologie.* Berlin-Leipzig: Verlag für Stattswissenschaft und Geschichte, 1933.

———. *Allgemeine Strafrechtslehre.* Eine lehrbuchmäßige Darstellung. 3. ed., Berlin: Wlater de Gruyter, 1955.

SCHÜNEMANN, Bernd. "La culpabilidad: estado de la cuestión", *in* Claus Roxin, Günther Jakobs, Bernd Schünemann, Wolfgang Frisch e Michael Köhler. *Sobre el Estado de la Teoría del delito* Trad. de David Felip i Saborit e Ramón Ragués i Vallés, Madrid: Civitas, 2000.

SINGER, Wolf. *Ein neues Menschenbild? Gespräche über Hirnforschung.* Frankfurt: Suhrkamp, 2003.

SOUZA NETO, Joaquim de. *O motivo e o dolo.* Rio de Janeiro: Freitas Bastos, 1949.

TOLEDO, Francisco de Assis. *Princípios básicos de Direito penal.* 5. ed., São Paulo: Saraiva, 1994.

VERGARA, Pedro. *Dos motivos determinantes do Direito penal.* Rio de Janeiro: Direito Applicado, 1937.

VIVES ANTÓN, Tomás Salvador. *Fundamentos del Sistema Penal.* 2. ed., Valencia: Tirant lo Blanch, 2011.

WEISSER, Bettina. "¿Refutan las ideas de la neurociencia el concepto de culpabilidad del § 20 del Código penal?", *in* Eduardo Demetrio Crespo (dir.). *Neurociencias y Derecho penal.* Madrid: Edisofer, 2013.

WELZEL, Hans. *Das deutsche Strafrecht in seinen Grundzügen.* 4. ed., Berlin: Walter de Gruyter, 1947.

———. *Das deutsche Strafrecht. Eine systematische Darstellung.* 11. ed., Berlin: Walter de Gruyter, 1969.

WOLF, Erik. *Strafrechtliche Schuldlehre.* Erster Teil: Die gegenwärtige Lage, die theoretischen Voraussetzungen und die metodologische Struktur der strafrechtlichen Schuldlehre. Mannheim-Berlin-Leipzig: J. Bensheimer, 1928.

5

AUTORIA E PARTICIPAÇÃO NO PENSAMENTO DE ANÍBAL BRUNO

PABLO RODRIGO ALFLEN[1]

1. Introdução

As figuras da autoria e da participação criminal, consubstanciadas pela dogmática penal brasileira no conceito de "concurso de pessoas" – chamadas pela doutrina ora de "participação criminosa",[2]

1. Versão documentada da exposição apresentada no Seminário "A Teoria Penal de Aníbal Bruno", realizado nos dias 9 a 10 de set. 2016, no CEDPAL, na Georg-August-Universität Göttingen. Manifesto meu especial agradecimento aos professores Kai Ambos e Paulo de Sousa Mendes, pelas valiosas contribuições e apontamentos efetuados ao presente texto, bem como aos colegas Fabio D'Avila, Gustavo Badaró, Marco Aurélio Florêncio Filho e Paulo Busato, e aos Membros do CEDPAL Diego Reis, Eneas Romero, Gustavo Urquizo e Sebastián Landivar por eventuais considerações.

2. BARRETO: *Mandato Criminal* in BARRETO: *Estudos de direito*, 1892, 233; também Bento de FARIA: *Código Penal brasileiro (Comentado)*, II, 245 e ss.

ora de "codelinquência",[3] ora de "concurso de delinquentes",[4] ora de "concurso de agentes",[5] –, há muito ocupam o centro dos debates jurídico-científicos no cenário internacional.[6] E precisamente o fato de o direito penal brasileiro ter se orientado nos últimos séculos pelas doutrinas alemã e italiana, reconhecidas por terem suscitado amplos e profundos debates teóricos a respeito da temática da autoria e da participação, não lhe seria permitido ficar alheio às discussões e aos problemas identificados no tocante à delimitação daqueles que contribuem para a produção do resultado delitivo.

A tentativa de apontar soluções para as questões levantadas em matéria de concurso de pessoas, no entanto, conduziu a uma profusão de vertentes teóricas, edificadas sobre alicerces científicos diversos, que acabaram por intensificar os problemas. Tal fator levou juristas como Kantorowicz a afirmar ser "a teoria da participação" (concurso de pessoas) "o capítulo mais obscuro e confuso da ciência penal alemã";[7] assim como Binding a ressaltar, quanto aos défices decorrentes desta profusão, que "o quadro geral causa a impressão de uma desconexão";[8] e Sauer a declarar que a teoria do concurso de pessoas ("a teoria da participação de muitos em um crime") "infelizmente, foi de tal modo complicada por construções jurídicas que (...) se tornou o capítulo mais difícil da toda a dogmática do direito penal".[9]

A existência desta variedade de vertentes, como esclareceu Roxin, foi devido ao instituto de o concurso de pessoas (autoria e participação) ter sofrido os mesmos – inevitáveis – influxos das

3. Araújo: *Código Criminal brasileiro*, 129 e ss.; também Pimentel: *Lições de direito criminal*, 105 e ss.; mais recente Ferraz: *A co-delinqüência no direito penal brasileiro*, 1 e ss.

4. Bruno: *Direito Penal*, I, 2, 257.

5. Siqueira: *Direito penal brasileiro*, I, 204 e ss.; também Hungria-Fragoso: *Comentários ao Código Penal*, I, 2, 398 e ss.; ademais Fragoso: *Lições de direito penal*, 273 e ss.; mais recente Batista: *Concurso de agentes*, 10 e ss.

6. Alflen: *Teoria do domínio do fato*, 17 e ss.

7. Kantorowiz: *MschKrim*, 7. Jahrg., 1910/1911, 306; também citado por Binding: *GS*, 78, 1911, 2; igualmente citado, mais recentemente, por Roxin: *Täterschaft und Tatherrschaft*, II, 2.

8. Binding: *GS*, 78, 2.

9. Sauer: *Allgemeine Strafrechtslehre*, 200-201; no Brasil, também afirmou exatamente neste sentido Hungria-Fragoso: *Comentários ao Código Penal*, I, 2, 402.

discussões teóricas e metodológicas subjacentes que orientaram o desenvolvimento dogmático do direito penal como um todo ao longo dos últimos séculos.[10] Daí elaborar a divisão das diferentes concepções, conforme o ponto de partida metodológico, em: teorias causais do autor, teorias teleológicas do autor, teorias ontológicas do autor, o conceito de autor como síntese da percepção dos sentidos e dos fins estabelecidos e o conceito de autor como figura central do acontecimento mediado pela conduta.[11]

Estes influxos, no entanto, se manifestaram também – e não poderia ser diferente – na produção doutrinária e legislativa brasileira. Assim, por exemplo, o Código Penal brasileiro de 1940 encontrou seu ponto de partida metodológico no chamado tecnicismo jurídico,[12] devido, provavelmente, à influência exercida pelo Código Italiano Rocco,[13] de 1930,[14] bem como pelo pensamento de Nélson Hungria, o

10. Roxin: *Täterschaft und Tatherrschaft*, 5; tais aspectos também são abordados, porém, de modo mais aprofundado e, inclusive, partindo de Kleinschrod, Feuerbach e Stübel, em Alflen: *Teoria do domínio do fato*, 25 e ss.

11. Roxin: *Täterschaft und Tatherrschaft*, 6 e ss.

12. Sobre o pensamento desenvolvido pela Escola Técnico-Jurídica, sobretudo, de Arturo Rocco, compare Altavilla: *La Scuola Positiva*, VI, 1926, 337 e ss.; também Dotti: *Curso de Direito Penal*, 158-160; com ampla análise acerca do tecnicismo jurídico veja Donini: Rechtstechnizismus und Strafrechtswissenschaft 100 Jahre danach in Vormbaum (dir.): *Arturo Rocco und der Rechtstechnizismus im italienischen Strafrecht*, 73 e ss.

13. O nome do Ministro *guardasigilli* Alfredo Rocco foi ligado tanto ao Código Penal quanto ao Código de Processo Penal, assim como às leis sobre o ordenamento penitenciário da época. Em 1925, o Ministro Rocco propôs a elaboração de um projeto de lei pela Delegação do governo, com o objetivo de modificar a legislação em matéria penal. A ideia de fundo do novo Código Penal consistia, por um lado, em uma maior severidade contra a delinquência, em nome da defesa do Estado e dos interesses individuais e coletivos considerados dignos de proteção, e, por outro lado, a introdução de novos institutos considerados mais modernos e adequados para a prevenção de crimes, tais como medidas de segurança. Para isso foi nomeado um Comitê Ministerial composto por juízes, professores e advogados. Entre os professores estavam Vincenzo Manzini, Enrico Ferri e Edoardo Massari, assim como o eminente professor de direito penal Arturo Rocco, irmão do *guardasigilli*. A contribuição de Arturo Rocco foi essencial para o novo código, particularmente com o seu tecnicismo jurídico que, conforme Vassalli, era marcado por uma espécie de "teoria pura do direito penal", segundo a qual a sobreposição do direito à antropologia, psicologia, sociologia, estatística, filosofia do direito e a política teria levado à crise do direito penal. O anteprojeto do código, concluído

qual,[14] juntamente com Vieira Braga, Narcelio de Queiroz e Roberto Lyra, integrou a Comissão Revisora do Projeto de Código Penal, de 1940. Nesse contexto afirmou Fragoso, de modo percuciente, ter sido Hungria "o mais destacado representante do tecnicismo jurídico" e que o movimento teórico-científico "representou, sobretudo, retificação metodológica dos desvios e da confusão introduzidos no estudo do direito penal pela Escola Positiva, que teve, em nosso país, enorme repercussão, desde o início do século".[15]

Tendo em conta esta opção metodológica, posicionou-se o legislador brasileiro, no tocante ao concurso de pessoas, pelo repúdio à diferenciação apriorística entre os participantes e, como advertiu Hungria, "pelo reconhecimento da singela verdade de que a participação, em qualquer caso, é concausação do resultado antijurídico, não havendo distinguir entre causa e concausa, entre causa e condição".[16] Sustentou, ainda, o penalista brasileiro que "esta é a teoria chamada da *cumplicidade-causa, monística ou igualitária*, adotada pelo nosso Código, a exemplo do Código italiano". Esta teoria, advertiu Hungria, por partir "do princípio da equivalência de todos os elos da cadeia

em outubro de 1927, foi submetido ao parecer de uma Comissão Parlamentar mista, à qual foram adicionadas as observações do judiciário, dos conselhos forenses e universitários. O texto final foi publicado em 19 de outubro de 1930 e entrou em vigência em julho de 1931. Sobre isso veja Vassalli: Codice penale in AA.VV., *Enciclopedia del diritto,* 272 e s., bem como Vassalli: *La giustizia penale*, 1972, 517 e s.; ressaltando a influência do tecnicismo jurídico de Rocco na elaboração do novo código, veja Seminara: Die rechtstechnische Methode im italienischen Strafrecht, in Vormbaum (dir.): *Arturo Rocco und der Rechtstechnizismus im italienischen Strafrecht*, 2013, 6.

14. Cfe. Bruno: *Direito Penal*, I, t. 1, 170, expressamente: "Consequência, talvez, do regime político em que se criara e da influência de um dos seus modelos, o Código da Itália, marca-o a severidade da repressão, que se exprime ainda na conservação, em mais de um ponto, da responsabilidade objetiva"; também Fragoso: *Lições de direito penal*, 72; ademais Dotti: *Curso de direito penal,* 200; igualmente Zaffaroni *et alii*: *Direito penal brasileiro*, I, 463-464.

15. Fragoso: Nota Explicativa in Hungria-Fragoso: *Comentários ao Código Penal*, I, 1, 12; a citada influência da Escola Positiva é observada, particularmente, na obra de Araújo: *Código Criminal brasileiro*, 129 e ss.

16. Hungria-Fragoso: *Comentários ao Código Penal,* I, 2, 405; compare também o R. Decreto 19 ottobre 1930, n. 1398, "Codice Penale" (Rocco), *Gazzeta Ufficiale del Regno D'Italia*, Roma, 26 ottobre de 1930, Anno 71°, Nr. 251, disponível em <http://augusto.agid.gov.it/gazzette/index/download/id/1930251_P1>, acesso em 10.09.2016.

causal de um fato *in concreto* (isto é, tal como se verificou no mundo objetivo), não faz, em tese, distinção alguma entre os partícipes do crime, para diverso tratamento penal".[17]

Atento aos desenvolvimentos teórico-científicos desencadeados ao longo dos últimos séculos, mas se posicionando a frente do seu tempo,[18] Aníbal Bruno de Oliveira Firmo, em 1956, manifestou-se em sentido diametralmente oposto à doutrina tradicional no tocante ao concurso de pessoas, cuja posição, orientada pela teoria da equivalência das condições, havia sido consolidada no Código Penal brasileiro de 1940.[19] Nesse contexto, o penalista se destacou, por um lado, ao identificar os défices da percepção causal como principal fundamento para delimitação da autoria e, por outro lado, ao antecipar aspectos que somente anos mais tarde foram utilizados pela própria doutrina alemã.[20] Assim, tendo em vista a relevância do pensamento crítico de Aníbal Bruno para o desenvolvimento da dogmática do concurso de pessoas no direito penal brasileiro, analisar-se-á, a seguir, o problema identificado pelo jurista brasileiro na construção do instituto (2); os pressupostos do concurso de pessoas por ele delineados (3); e, por fim, as formas de codelinquência na visão do autor (4).

2. Colocação do problema

Ressaltou Bruno que no direito romano existiam duas posições a respeito daqueles que concorrem para o delito:[21] por um lado, a do direito romano da época ante-imperial, que se recusava a fixar *a*

17. Hungria-Fragoso: *Comentários ao Código Penal,* I, 2, 405.

18. Em sentido semelhante Cunha: Aníbal Bruno, o homem e a obra, in *Homenagem a Aníbal Bruno*, 23-24 e 26 (trabalho republicado neste volume, *infra*); também Munhoz Netto: Aspectos da Reforma Penal, in *Homenagem a Aníbal Bruno*, 58 (trabalho republicado neste volume, *infra*).

19. Bruno: *Direito Penal*, I, 2, 257 e ss.

20. O desconhecimento deste avanço da doutrina brasileira por parte da doutrina alemã, como será demonstrado adiante, corrobora a excelente crítica realizada por Ambos – e apoiada em Vogel – à ciência jurídico-penal alemã, no sentido de esta se caracterizar por um "provincianismo presunçoso" (*selbstbewusster Provinzialität*), decorrente, sobretudo, da sua falta de disposição em manter um diálogo não só com ordenamentos jurídicos afins, como também com sistemas alheios, compare Ambos: *GA*, 4, 2016, 177 e s, 189 e s.

21. Bruno: *Direito penal*, I, t. 2, 257.

priori um esquema de formas de participação, sendo a pena a mesma para todos os concorrentes, mas cabendo aos juízes atender a circunstâncias particulares;[22] por outro lado, a do direito romano posterior, o qual era baseado na doutrina tradicional, que distingue categorias bem definidas para efeitos de punição diversa, conforme a natureza e o grau de participação.[23]

Tendo em conta estas duas posições, esclareceu Bruno que a primeira – a qual foi propalada séculos mais tarde sob a designação de "sistema unitário"[24] – foi adotada no Código francês e em outros códigos modernos como o norueguês, dinamarquês, italiano e, principalmente, o brasileiro vigente à época (1940), e que, de acordo com ela, "se atribui, em princípio, a todos os que concorrem no fato punível a mesma consequência penal".[25] Esta posição, consolidada no art. 25 do Código Penal brasileiro de 1940, correspondia – apesar de Bruno não ter afirmado isso – àquela originariamente apresentada por Stübel, o qual, seguindo von Schirach, considerava que as contribuições de todos os participantes em um fato delitivo possuem o mesmo valor desde o ponto de vista da causalidade, e, por conseguinte, todo aquele que concorre para o resultado é autor.[26]

22. Esta posição também é encontrada em Mommsen: *Römisches Strafrecht*, 101-102: "*as penas correspondentes aos delitos eram impostas, como regra, na mesma qualidade e quantidade a todos os participantes, como se cada um tivesse cometido o delito por si mesmo*". Esta posição é equiparável ao que modernamente chama-se sistema unitário formal de autor.

23. Mommsen: *Römisches Strafrecht*, 630-631, ressaltando, inclusive, que toda pessoa que tivesse a obrigação de prestar auxílio a vítima de morte e pudesse prestá-lo, mas não o fizesse realmente, era punida como cooperadora do homicídio. Destaca, porém, que após o direito Justiniano as consequências do agravamento das penas se impuseram em consideração às diferentes condições das pessoas; em sentido semelhante, porém bastante sucinto Schröder: *Der Täter hinter dem Täter*, 17; ademais Hungria-Fragoso: *Comentários ao Código Penal*, I, 2, 398-402.

24. Consolidada por Stübel: *Ueber die Theilnahme mehrerer Personen an einem Verbrechen*, 1 e ss.; mais tarde também classificada como "sistema unitário formal" por Kienapfel: *NJW*, 41, 1970, 1827 e ss.; com outras detalhes a respeito Kienapfel: Erscheinungsformen der Einheitstäterschaft, in Müller-Dietz: *Strafrechtsdogmatik und Kriminalpolitik*, 21-58.

25. Bruno: *Direito penal*, I, 2, 258.

26. Rotsch: *"Einheitstäterschaft" statt Tatherrschaft*, 35 e s., que adverte, no entanto, que apesar de Stübel considerar que todo aquele que contribui para o fato é autor, entende que deve ser punido de acordo com a sua responsabilidade

Ao observar a relevância da ideia de causalidade para a determinação da participação no delito, ressaltou Bruno que "hoje os autores concordam que a maneira de resolver o problema da coautoria está presa à posição que se adote em relação à causalidade".[27]

Nesse sentido, afirmou que o fato de ter sido admitida pelo Código no tocante à causalidade a equivalência das condições, segundo a qual cada condição é uma causa, fez com que todo e qualquer indivíduo "só por haver pôsto uma condição para o resultado" assumisse a posição de autor.[28] Porém, afirmou que, com a adoção da teoria da equivalência das condições, "se suprime a existência de categorias aprioristicamente distintas entre os participantes" e, por conseguinte, "o agente é punível, não porque colaborou na ação de outrem, mas porque, com a sua ação ou omissão, contribuiu para que o crime se cometesse".[29] Embora tenha sido uma opinião importante para o debate no contexto nacional da época, esta afirmação de Bruno é, no mínimo, discutível. Há muito ressaltou Bloy, que o exame das formas de participação desde a perspectiva da causalidade predominou na segunda metade do século XIX e se acentuou, sobretudo com a teoria da equivalência de v. Buri.[30] Inclusive, a partir de um exame mais detido dos trabalhos de v. Buri teria sido possível inferir que a fórmula da *conditio* não excluiu a possibilidade de diferenciação entre os participantes, mas sim suscitou outro critério.[31]

individual; compare ainda Stübel: *Ueber die Theilnahme mehrerer Personen an einem Verbrechen*, 11; compare, ainda, Kienapfel: *NJW*, 41, 1970, 1826, referindo que sistema unitário "deduz sua legitimação diretamente do dogma causal". Analisando amplamente o sistema unitário e suas *principais* vertentes (*formal*, de Stübel; *funcional*, de Kienapfel; *reduzido*, de Bürgstaller), bem como a adoção pelo legislador brasileiro de um sistema unitário formal, em 1940, e de um sistema unitário funcional, em 1984, veja Alflen: *Teoria do Domínio do Fato*, 56 e ss.; com uma breve menção aos sistemas unitário formal e funcional, compare Greco *et alii*: *Autoria como domínio do fato*, 13.

27. Bruno: *Direito Penal*, I, 2, 258, destacando, neste ponto, a crítica de Sebastián Soler quanto à exagerada influência da causalidade sobre a teoria da participação.

28. Bruno: *Direito penal*, I, 2, 258.

29. Bruno: *idem*, I, 2, 259.

30. Bloy: *Die Beteiligungsform als Zurechnungstypus im Strafrecht*, 86 e s.

31. Compare, mais detidamente, v. Buri: *ZStW*, 2, 1982, 251 e ss.; bem como, aprofundando, v. Buri: *Zur Lehre von der Theilnahme an dem Verbrechen und der Begünstigung*, 1 e ss.

Apoiando-se, no entanto, especialmente em Carrara e Maggiore, e opondo-se a esta posição adotada pelo Código, advertiu Bruno que "mesmo conceitualmente, não se pode deixar de distinguir formas diversas de participação", e que, "além da causalidade, é necessário tomar em consideração, para fixar a responsabilidade penal, os outros aspectos do fato punível, como ato típico, antijurídico e culpável".[32] Assim, afirmou que quando vários se reúnem para a prática do delito, fazem-no "repartindo entre si as tarefas em que se pode dividir a empresa criminosa, ou, então, um coopera apenas na obra de outro, sem acordo embora, mas com a consciência dessa cooperação".[33]

Esta primeira posição manifestada pelo penalista brasileiro se *aproximava* da ideia apresentada por Welzel, em 1939, quando, então, ao redefinir a coautoria à luz da sua teoria do domínio final do fato, ressaltou que "a melhor representação visual desta relação é a da divisão de papéis (*Rollenverteilung*) em um plano elaborado de forma conjunta".[34]

A similitude da ideia de "repartição de tarefas", empregada por Bruno, à de "divisão de papéis" ou "trabalhos", criada por Welzel – a qual, ainda que com pequenas nuances, mais tarde também foi empregada por Roxin[35] – embora não possa ser interpretada como uma adesão do penalista brasileiro à concepção finalista, ainda que minimamente, pode ser tida como uma influência sobre o seu pensamento, uma vez que desde a primeira edição de sua obra já fazia referência à Welzel.

Porém, a ideia de repartição de tarefas apresentou grande relevância no pensamento de Bruno, por demonstrar, de imediato, a sua oposição à rigorosa concepção adotada pelo Código Penal brasileiro, na medida em que tal critério supunha uma diferenciação ontológica das condutas dos participantes para o fato. Por outro lado, ao fazer menção à ideia de que "um coopera apenas na obra de outro", "mas

32. Bruno: *Direito penal*, I, 2, 259-260.

33. Bruno: *idem*, I, 2, 257.

34. Welzel: *Abhandlungen*, 120-184, 171-172; mais tarde referida pelo jurista alemão também como "divisão de trabalhos", cfe. Welzel: *Das Deutsche Strafrecht*, 107: "a coautoria baseia-se no princípio da divisão de trabalhos".

35. Roxin: *Täterschaft und Tatherrschaft*, 282 e 301-303 (observe-se que 1ª edição foi publicada em 1963); também Roxin: *Strafrecht*, II, 15 e 77 e ss.; veja, ainda, uma análise comparada em Alflen: *ZIS*, 6, 2014, 274 e ss.

com a consciência dessa cooperação", Bruno conservou, ainda, uma das premissas fundantes da teoria subjetiva, a saber, a realização do fato como próprio e a participação em fato alheio.[36]

Ademais, esclareceu Bruno que "se a fôrça causal da atividade do agente, no rigor da teoria da equivalência das condições, não pode variar, pode fazê-lo a culpabilidade, apresentando-se com intensidade maior ou menor nesta ou naquela forma de participação", logo, "é na culpabilidade (...) que se fundamenta a força da punição".[37] É neste ponto que as ideias de Mezger se manifestaram como determinantes para o pensamento de Bruno. Divergindo das concepções tradicionais, Mezger orientou-se por uma perspectiva ontológica,[38] segundo a qual o ponto de vista subjetivo assume importância essencial ao lado do ponto de vista objetivo, no tocante à delimitação das formas de participação no delito.[39] Tais aspectos são claramente identificados na própria estruturação dos pressupostos do concurso de pessoas delineados por Bruno, como será analisado a seguir.

3. Pressupostos do concurso de "delinqüentes"

Na esteira do posicionamento já manifestado à época pela doutrina brasileira, Bruno esclareceu que no concurso de delinquentes há um só crime e vários agentes que cooperam em convergência de esforços para o resultado comum, e, portanto, a teoria que rege o concurso é a monista, e não a teoria dualista ou a pluralista.[40] Isso decorre do fato de que "todos os atos são frações de um conjunto

36. Sobre isso Pufendorf: *Elementorum jurisprudentiae Universalis*, II, 18; ademais, sobre a ideia de fato próprio e participação em fato alheio em Pufendorf, bem como sobre a teoria subjetiva, veja Alflen: *Teoria do Domínio do Fato*, 24 e 73 e ss.; sobre a teoria subjetiva veja, Baumann: *Strafrecht*, 495 e s.; com críticas Welzel: *REDPPC* 2, 2, 2014, 104 e ss.

37. Bruno: *Direito penal*, I, 2, 260.

38. Mezger: *Das Verstehen als Grundlage der Zurechnung*, 52; também Mezger: *Ein Grundriß*, 131; compare, ainda, Mezger: *Moderne Wege der Strafrechtsdogmatik*, 8 e ss.

39. A oposição a uma perspectiva eminentemente causal é exposta em Mezger: *Moderne Wege der Strafrechtsdogmatik*, 14 e ss.

40. Bruno: *Direito Penal*, I, 2, 260; nesse sentido já advertia Siqueira: *Direito penal brasileiro*, 204-205; igualmente Bento de Faria: *Código Penal Brasileiro comentado*, II, 246-247; ademais Hungria-Fragoso: *Comentários ao Código Penal*, I, 2, 409 e s.

unitário", "daí que um agente que tenha apenas realizado o que seria, em outras circunstâncias, simples ato preparatório, em si mesmo não punível, responda pelo crime resultante da ação conjunta de todos".[41] Advertiu, ainda, que se não fosse adotada uma teoria monista, mas sim pluralista, os fatos praticados pelos cúmplices (ou até pelos coautores), poderiam restar impunes.[42] Isso porque os fatos de cumplicidade não atingindo em si mesmos, fase da execução da figura típica, não ensejariam um fundamento legítimo para sua punição.[43]

Esclareceu o penalista brasileiro ser essencial ao concurso de pessoas que todas as ações se coordenem com o sentido de colaboração em uma obra comum. Com isso, afirmava que "a ação de cada concorrente há-de apresentar-se como elemento causal indispensável à realização do fato punível nas condições, na forma e no tempo em que realmente veio a ocorrer".[44] Assim, enquanto condição para o resultado final, a ação dos vários participantes constitui elemento material ou objetivo, mais especificamente, nas palavras de Bruno, um "elemento necessário, mas não suficiente para integrar o instituto".[45] Esta afirmação, à primeira vista, coaduna com a ideia de *causa necessária*, há muito utilizada por Kleinschrod para fundamentar a ideia de autoria. Segundo o jurista alemão, autor é "aquele em cuja vontade está a causa principal e necessária do cometimento de um crime",[46] logo, a conduta de um autor é causa necessária de um resultado delitivo se na sua ausência este resultado não ocorrer.[47] O entendimento contrário – sustentado, principalmente, por Feuerbach[48] – partia de que a conduta de um autor é *causa suficiente* do resultado delitivo e, nesse sentido, não desconsiderava a possibilidade de que o resultado fosse decorrência também de outros fatores em si mesmos ou concorrentes, mas que não bastam para produzi-lo.[49] Porém, Bruno não parece ter associado a ideia de ação como elemento necessário, como

41. Bruno: *Direito Penal*, I, 2, 261.
42. Bruno: *idem*, I, 2, 261.
43. Bruno: *idem*, I, 2, 261.
44. Bruno: *idem*, I, 2, 261.
45. Bruno: *idem*, I, 2, 262.
46. Kleinschrod: *Entwurf eines peinlichen Gesetzbuches*, 10; ademais Alflen: *Teoria do domínio do fato*, 26.
47. Kleinschrod: *Entwurf eines peinlichen Gesetzbuches*, 10.
48. Feuerbach: *Lehrbuch*, 59 e s.
49. Feuerbach: *idem*, 59.

um critério útil para distinguir autoria e participação, ao contrário, utilizou-a como fator determinante do concurso de pessoas em geral.

Contudo, verifica-se em Bruno certa contradição, pois, apesar de ter sustentado ser a ação dos participantes, enquanto elemento material ou objetivo, o elemento necessário do concurso de pessoas, afirmava que "é preciso que com êle concorra o elemento subjetivo, representado pela consciência e vontade de cada partícipe de cooperar na obra comum, consciência que não é preciso que chegue à forma de um acordo prévio, pelo qual os vários partícipes ajustem as suas vontades para a realização da figura típica".[50] Mais especificamente, a contradição estaria no fato de a exigência de elementos materiais e subjetivos para o concurso de pessoas não ser compatível com a ideia de causa necessária, assim como proposta pelo jurista brasileiro, mas sim de causalidade suficiente. Apesar desta crítica, certo é que a opinião de Bruno seguiu no mesmo sentido preconizado por Mezger, de que para a delimitação dos participantes deve ter-se em vista "uma reunião de elementos objetivos e subjetivos".[51]

Esclareceu, ademais, que "o elemento subjetivo que se reclama é só a consciência e a vontade em cada partícipe de cooperar na ação coletiva".[52] Porém, salientou que a ideia de acordo não é essencial a tal elemento, pois "o acordo *poderá* existir, e será a forma mais perfeita e íntima de participação, mas sem ele pode também haver concurso". Bruno, no entanto, incorreu em contradição também quanto a tal

50. Bruno, Aníbal: *Direito Penal*, I, 2, 262.

51. Mezger: *Ein Grundriß*, 131. A concepção de Mezger parece, à primeira vista, encontrar pontos comuns com a de Welzel, pois tanto num quanto no outro a teoria da participação está atrelada a elementos objetivos e subjetivos. Porém, enquanto Mezger aponta como elementos essenciais da autoria a "vontade de autor, a causação do resultado e a tipicidade", Welzel aponta como elementos essenciais o domínio do fato, enquanto critério fático (material) orientado por um aspecto subjetivo, a saber, a "realização conscientemente final da decisão voluntária", e os pressupostos pessoais objetivos e subjetivos, que são exigidos pelo tipo penal, cfe. Welzel: *Abhandlungen*, 164. Inclusive, refere Mezger que "a autoria mediata e a instigação, conforme a hoje predominante acessoriedade limitada, podem ser vistas externamente (objetivamente) exatamente do mesmo modo. Sua diferença, portanto, deve ser procurada e encontrada internamente (subjetivamente), isto é, na direção da vontade do autor mediato e do instigador, bem como do 'instrumento' e do instigado", cfe. Mezger: *Moderne Wege der Strafrechtsdogmatik*, 29.

52. Bruno: *Direito Penal*, I, 2, 262.

elemento e sua natureza, pois afirmava que "essa consciência de que colabora num crime em concurso pode faltar no verdadeiro autor",[53] isso porque o autor pode mesmo ignorar a cooperação de outrem, ou não desejá-la, mas no partícipe em sentido estrito ela deve existir. O fundamento disso radica em que "cada partícipe deve saber que colabora na obra de outrem, e na forma dolosa êsse elemento subjetivo – consciência e vontade – deve estender-se não só à ação comum, mas ao resultado visado pelo autor".[54]

4. Formas de codelinquência

Bruno seguia a opinião de que devem distinguir-se pelo menos as duas posições essenciais da participação primária e da participação secundária, ou seja, a autoria e a participação em sentido estrito. Porém, quanto a isso utilizou um argumento essencialmente ontológico, pois entendia que embora os códigos possam "fugir a uma classificação de figuras de codelinquência, evitando a rigidez de esquemas preestabelecidos", "nem por isso deixará de ser útil prevê-las e defini-las, como realidades bem precisas, inconfundíveis entre si, a cuja compreensão não podem ficar estranhas a ciência nem a Justiça penal".[55]

Salientou, inclusive, que apesar de o Código Penal brasileiro de 1940 – diferentemente do anterior[56] – renegar toda classificação *a priori* de formas de participação, não contestava que essa classificação fosse possível e mesmo necessária, pois em outros dispositivos levava em consideração algumas daquelas formas para atenuar ou agravar a punição e utilizava mesmo expressões tradicionalmente empregadas para designá-las, como *instigação*, *determinação* e *auxílio*.[57] E exemplificou, inclusive, que "a rigorosa consequência da

53. Bruno: *Direito Penal*, I, 2, 262.

54. Bruno: *idem*, I, 2, 262.

55. Bruno: *idem*, I, 2, 263; de modo semelhante, mas referindo-se ao contexto legislativo alemão Mezger: *Moderne Wege der Strafrechtsdogmatik*, 29 e s.

56. Cfe. Siqueira: *Direito Penal brasileiro*, 208 e ss., o qual esclarece que o Código Penal de 1890 previa expressamente a diferenciação nos arts. 17 a 21; compare versão integral do código em <http://legis.senado.gov.br/legislacao/ListaPublicacoes.action?id=66049>, acesso em 25 de ago. 2016.

57. Bruno: *Direito Penal*, I, 2, 263-264.

teoria da causalidade, de ser todo partícipe autor do fato total, sofre exceções no dispositivo do art. 48, II, do CP, que reconhece implicitamente que não basta o causal para determinar a posição de autor". Nesse sentido, concluiu que a equiparação total das várias espécies de participação é apenas aparente, e, portanto, deve prosseguir-se no sentido de diferenciar as categorias. Daí distinguir entre a autoria e a coautoria, por um lado, e a participação, por outro lado.

4.1 Autoria e coautoria

Ao abordar a problemática da autoria, destacou o jurista brasileiro o fato de a doutrina apresentar duas principais vertentes teóricas que visam delimitar o conceito de autor, a saber: *a)* a primeira, que apresenta um conceito mais amplo, pois considera autor todo aquele que estabelece uma condição para o resultado (conceito extensivo de autor); *b)* a segunda considera que não basta concorrer para o ilícito jurídico, mas sim que seja praticado o injusto típico.[58] Ressaltou, no entanto, que mesmo entre as concepções que relacionam o autor com o injusto típico é possível distinguir duas vertentes, quais sejam: *b.1)* aquela que não confunde autoria com participação, mas exige para o conceito de autor apenas a realização do resultado típico, desde que a atividade não se apresente como instigação ou auxílio, e é este, no entanto, também um *conceito extensivo* de autor, uma vez que ainda se detém na esfera causal;[59] *b.2)* aquela que, adotando um conceito restritivo,[60] entende que o autor se caracteriza pela prática da ação típica e faz intervir no conceito, expressa ou implicitamente, a natureza da vontade que anima a ação do agente.[61-62]

58. Bruno: *Direito Penal*, I, 2, 265, nota de rodapé 7.

59. Propugnando tal concepção Schmidt: *Militärstrafrecht,* 40 e ss.; sobre isso Alflen: *Teoria do domínio do fato*, 63, o qual refere que "Schmidt procurou desenvolver o conceito extensivo à luz de critérios normativos, afirmando que a própria teoria da autoria mediata deve se orientar por tais critérios. Com isso, parte da ideia e que o tipo penal consubstancia um juízo de valor sobre lesões ao direito, ou seja, o tipo penal não apresenta uma simples descrição ou modelo do possível modo de agir, de forma que é a lesão ao bem jurídico – interesse protegido – que produz o preenchimento do tipo".

60. Tal concepção foi designada por Zimmerl: *ZStW*, 49, 1, 1929, 41; seu mais fervoroso defensor foi von Beling: *Die Lehre vom Tatbestand*, 8.

61. Mezger: *Ein Grundriß*, 133 e s

62. Bruno: *Direito Penal*, I, 2, 266, nota de rodapé 7.

Assim, ao adotar um conceito restritivo de autor, afirmou Bruno que autor é "aquêle que realiza a ação típica – aquêle do qual se pode dizer que *matou* alguém, que *subtraiu* para si ou para outrem coisa alheia móvel etc.".[63] A partir daí desenvolveu as demais modalidades de autoria, ao ressaltar que o autor "é o *agente do fato principal*, em volta do qual se podem desenvolver todas as formas de concurso" (grifo nosso).[64]

É oportuno observar aqui o fato de Bruno ter antecipado, por meio da expressão "agente do fato principal", ainda que de modo aproximado, a ideia daquilo que mais tarde veio a ser apresentado por Roxin como sendo o ponto nuclear de sua teoria do domínio do fato, a saber, a concepção do autor como "a figura central ("*Zentralgestalt*"), a figura chave ("*Schlüsselfigur*") do acontecimento mediado pela conduta", ou, ainda, "a figura central de um acontecimento executório" ("*Ausführungsgeschehen*").[65] Este aspecto merece maior atenção: afirmou o jurista brasileiro que sua concepção radicava em uma "compreensão restritiva e bem definida do conceito de autor, que se afasta do ponto de vista em que se colocou o Código",[66] ou seja, opôs-se ao conceito extensivo, em regra associado a um sistema unitário (adotado pelo Código Penal brasileiro da época). Assim, Bruno referiu ainda que "o espaço que ocupa no conceito do crime a tipicidade da ação exige que a noção de autor se restrinja àquele que realiza a ação típica", e nesse tocante – embora não o tenha afirmado expressamente – sua opinião se alinhou, em primeiro momento, à regra disposta no § 25, (1), do StGB ("*wer die Straftat selbst oder durch einen anderen begeht*" ["quem comete o fato punível por si mesmo ou por meio de outrem"]).

63. Bruno: *Direito Penal*, I, 2, 265.

64. Bruno: *idem*, I, 2, 265.

65. Compare Roxin: *Strafrecht*, II, 10; Roxin: *Täterschaft und Tatherrschaft*, 529, compare, ainda, a respeito disso, Alflen: *Universitas Jus* 25, 2, 2014, 19.

66. Vide Bruno: *Direito Penal*, I, 2, 265, com crítica ao conceito extensivo à nota de rodapé 7: "Se admitirmos o dispositivo do Código, como exprimindo o conceito de autor, o que não será muito exato, esta será a concepção mais larga da autoria, a que fica nos limites exclusivamente do causal e faz o conceito alongar-se para dentro dêle compreender tôda forma de participação, sendo autor todo aquêle que põe uma condição para o resultado, de acordo com a teoria da equivalência das condições".

Observe-se que o penalista brasileiro não afirmou que o autor *executa* a ação, mas sim que "realiza a ação típica", logo, não afirmou que deveria fazê-lo por si mesmo (daí admitir a autoria mediata, *infra* 4.2). Com isso, sua opinião se alinhava perfeitamente à ideia mais tarde apresentada por Roxin, do autor como figura central do acontecimento mediado pela conduta, cujo "acontecimento", para o jurista alemão consiste no "acontecimento executório". Daí ser possível concluir que o jurista brasileiro antecipou a ideia que somente cerca de uma década depois foi desenvolvida pelo penalista alemão. O principal efeito prático da sua concepção do "agente do fato principal" radicou justamente na possibilidade de delimitar a partir do tipo objetivo as figuras da autoria e da participação.

Bruno, no entanto, adotou um conceito puramente restritivo, visto que sequer fez menção à possibilidade de o autor praticar a conduta típica *no todo* ou *em parte*, e nesse aspecto, no entanto, sua concepção se aproximou daquela proposta por Beling, embora este fosse um dos principais representantes da teoria objetivo-formal.[67] Apesar disso, declarou expressamente sua adesão ao entendimento de Mezger, e salientou que o espaço que a tipicidade da ação ocupa no conceito de crime "exige que a noção de autor se restrinja aquele que realiza a ação típica", de modo que aqueles que "cooperam fora da realização típica se equiparam ao autor por força da norma especial da parte geral do Código, que tem (...) função integradora, e é propriamente norma extensiva da punibilidade".[68] Desse modo, o jurista brasileiro acabou se mantendo alheio à discussão desencadeada pela teoria objetivo-formal, que complementava o conceito restritivo.[69]

A coautoria, para Bruno, ocorreria "quando vários agentes participam da realização da ação típica".[70] Entendia que atuam de forma conjunta, cada um deles, com consciência da cooperação que prestam à obra comum; e é esta consciência de colaborar em fato coletivo que constitui o nexo psicológico que unifica as ações de todos e dá ao

67. Beling: *Die Lehre vom Tatbestand*, 8; compare Roxin: *Täterschaft und Tatherrschaft*, 12: "assim, Beling, o principal representante da teoria objetivo-formal, seguindo a Maier e Lask em questões metodológicas, se manifestou pela formação de um conceito exclusivamente teleológico".

68. Bruno: *Direito Penal*, I, 2, 265, nota de rodapé 7 (sequência).

69. Sobre isso, compare Alflen: *Teoria do domínio do fato*, 69 e ss.

70. Bruno: *Direito Penal*, I, 2, 265.

resultado o caráter de delito único, tornando, assim, esta hipótese uma das formas da codelinquência.[71] E destacou que "não há um fato principal de outrem, a que adira, como acessória, a atividade do coautor; cada um dos consórcios participa da realização do fato punível na sua inteira configuração legal".[72]

Entendia o penalista brasileiro que não é necessário que todos pratiquem o mesmo ato executivo de um crime, "pode haver entre eles divisão de tarefas".[73] Embora Bruno tenha feito uma singela menção à obra de Welzel (e, inclusive, a Maurach), utilizou o critério da "divisão de tarefas" desenvolvido pelo finalista alemão,[74] evidenciando, assim, uma provável influência da obra do finalista sobre o seu pensamento. Porém, Bruno não esclareceu se o fracionamento do próprio ato executório, em atos parciais, (como na hipótese de causação da morte por esfaqueamento realizado por muitos) poderia ser representado pela denominação "divisão de tarefas". Ademais, ao tentar elucidar a situação, restringiu a ideia de divisão de tarefas àquilo que Beling chamou de crimes de "ação dupla", como, por exemplo, na hipótese do roubo, em que "um dos agentes mantém a pistola apontada contra a vítima, enquanto o outro a despoja dos seus valores".[75] Em tal caso, ambos tomam parte da execução da ação típica conjuntamente.[76] Todavia, desse modo acabou limitando

71. BRUNO: *Direito Penal*, I, 2, 265.
72. BRUNO: *idem*, I, 2, 265.
73. BRUNO: *idem*, I, 2, 266.
74. Sobre isso veja *supra*, nota de rodapé 35 e texto principal. Para Welzel o princípio da divisão de trabalhos se caracterizava pelo fato de que "cada coautor complementa com seu ato parcial, os atos parciais dos demais em direção à totalidade do crime", cfe. WELZEL: *Das Deutsche Strafrecht*, 107; ademais, WELZEL: *Abhandlungen*, 171 e s.; compare, ainda, MAURACH: *Deutsches Strafrecht*, 521, afirmando que a "coautoria se baseia apenas na cooperação consciente de muitos. Em outras palavras, devem ter agido com base em uma 'decisão conjunta de realizar o fato', de tal modo que a subsequente execução conjunta do fato se apresente como a realização desta decisão pela divisão de trabalhos".
75. BELING: *Die Lehre vom Tatbestand*, 8; em sentido contrário refere expressamente SAUER: *Allgemeine Strafrechtslehre*, 218, o qual afirma que a "nos tipos penais de ação múltipla pode *dividir-se* a execução em condutas típicas individuais, (...) mas também uma única conduta típica pode ser fracionada, conforme a divisão de trabalhos, em muitas partes".
76. BRUNO: *Direito Penal*, I, 2, 267.

excessivamente a ideia de divisão de tarefas, por não possibilitar sua aplicação como critério aos demais crimes em que o tipo penal estabelece uma única ação. Apesar disso, o emprego da ideia de "divisão de tarefas" por Bruno, demonstra sua preocupação com o fato de o conceito restritivo por ele adotado (aquele que pratica a conduta típica), por si só, não ser compatível a própria ideia de coautoria.

4.1.1 O problema da coautoria no começo da tentativa

Embora não tenha colocado de forma expressa a questão relativa à responsabilização dos concorrentes como coautores no caso de tentativa, é possível inferir uma posição a respeito disso por parte de Bruno. Porém, para compreender tal ideia – ainda distante da doutrina brasileira – é necessário tecer algumas breves considerações sobre a problemática, ainda que sem a pretensão de aprofundamento (devido aos estritos limites do presente estudo), bem como de suas vertentes, sobretudo, porque estas surgem após a publicação da última edição da obra de Bruno.

Quando muitos concorrem para o cometimento de um delito de domínio em coautoria, pode acontecer que na divisão de tarefas acordada entre os comparticipantes um ou alguns deles só devam iniciar a prática de atos de execução do crime depois de outro ou outros coautores haverem começado a cometer atos desta espécie.[77] Nesse contexto surge a pergunta se no caso de a execução, já iniciada por um ou vários coautores, ter que cessar antes de os demais coautores haverem tido a oportunidade de prestar as respectivas contribuições executórias, poderão estes últimos ser punidos como coautores da tentativa. Esta questão é exposta de modo paradigmático por Valdágua,[78] no seguinte exemplo: suponha-se que A e B planejem matar C, ministrando ao longo de determinado período, cada um deles, em dias alternados, uma dose de veneno, em bebida a ser tomada pela vítima. O plano é descoberto logo depois de A ter ministrado a primeira dose prevista, sem que B tivesse iniciado sua atuação, planejada para o dia seguinte. Deve, neste caso, B ser punido como coautor? Esclarece a jurista que, neste caso, B será

77. Valdágua: *Início da tentativa do co-autor*, 17.
78. Valdágua: *idem*, 18.

sempre punível, porém, importa saber se como coautor da tentativa ou, diferentemente, como cúmplice na tentativa.

A doutrina apresenta duas principais propostas de solução para a questão, cuja designação se deve a Schilling,[79] a saber: a *solução global* (“*Gesamtlösung*”) e a *solução individual* (“*Einzellösung*”).[80]

a) A solução global, atualmente ainda predominante na doutrina e jurisprudência alemãs,[81] segue no sentido de que todos devem ser vistos como coautores de uma tentativa. O fundamento desta solução foi apresentado a partir da virada de posição da jurisprudência do “*Reichsgericht*”, na decisão de 23 de setembro de 1924, a qual partiu da teoria da imputação recíproca das condutas.[82] Conforme a decisão do “*Reichsgericht*”: “é necessário apenas que algum dos coautores tenha praticado um ato que contenha, pelo menos, um começo de execução da falsificação do documento e que todos os coautores quisessem fazer valer esse ato também para eles”.[83]

De acordo com esta concepção a coautoria é atividade do coautor individual, que deve ser atribuída a todos os outros coautores, porque estão de acordo com a decisão e o planejamento conjuntos, como se fosse sua própria atividade. O coautor pratica, portanto, conforme o planejamento desejado e pretendido por todos os demais, uma conduta que já possui o caráter de tentativa, de modo que todos os demais comparsas que participaram na decisão conjunta do fato

79. Schilling: *Der Verbrechensversuch des Mittäters und des mittelbaren Täters*, 12 e ss.; afirma no mesmo sentido do texto também Roxin: *Strafrecht*, II, 430, nota 302.

80. Cfr. com várias outras referências a respeito, Lackner-Kühl: *StGB, Kommentar*, 184 e s.; igualmente, com várias referências Schönke-Schröder: *StGB*, *Kommentar*, 432 e s.

81. Nesse sentido Lackner-Kühl: *StGB*, *Kommentar*, 184 e s.; igualmente, com várias referências Schönke-Schröder: *StGB Kommentar*, 432 e s., citando, principalmente, as decisões BGH 36, 249; 39, 237 e s.; 40, 301; Fischer: *Strafgesetzbuch, mit Nebengesetzen*, 215, citando, ainda, a decisão do BGH 11, 271; compare, ainda, com várias referências Roxin: *Strafrecht*, II, 429; veja também Valdágua: *Início da tentativa do co-autor*, 62, citando, ainda, as decisões RGSt 77, 172-175, inclusive, desenvolvendo um interessante panorama da jurisprudência alemã.

82. Cf. Valdágua: *ZStW*, 98, 4, 1986. 839, 843, citando a RGSt 58, 279, de 23.09.1924; ademais Valdágua: *Início da tentativa do co-autor*, 61.

83. RGSt. 58, 279.

seriam igualmente puníveis como coautores no delito tentado, caso tivessem praticado seus próprios atos de tentativa.[84]

Esta solução foi representada na doutrina alemã particularmente por Küper, segundo o qual o § 25, 2, do StGB, ao dispor que é punido como autor cada um dos que "cometem o fato punível conjuntamente", tem uma função constitutiva, pois prescreve precisamente a imputação a cada coautor, das ações dos seus comparsas, sempre que se verifiquem os pressupostos do cometimento do fato por vários, conjuntamente.[85] Nesse sentido, nos casos de tentativa, a imputação de ações alheias aos demais coautores é uma consequência inevitável, na medida em que o coautor que pratica um ato de execução fundamenta, ao mesmo tempo, a punição de todos os outros, como coautores do delito tentado.[86] Assim, por força da imputação das ações dos demais participantes, cada coautor aparece como suporte do desvalor das ações praticas pelos demais.[87]

Como adverte Valdágua, deve assinalar-se, ainda, que Küper atribui à coautoria, neste contexto, características de uma forma de "comparticipação" dominada pelo princípio da acessoriedade, aproximando-se, nessa medida, da cumplicidade e da instigação, porém, o coautor é responsabilizado pela atividade de outros, tal como se ele mesmo a tivesse praticado – e não como simples partícipe em fato alheio –, devido ao peso que a sua atuação pessoal assume, no conjunto das atividades dos demais coautores.[88]

Ademais, como esclarece a penalista de Lisboa, os argumentos mais frequentemente utilizados pelos defensores da solução global são, por um lado, o de que, no âmbito da coautoria, se imputam a cada agente as ações dos seus comparsas (desde que correspondam ao plano criminoso comum), tal como se de ações próprias se tratasse, e, por outro lado, que só ela evita um tratamento desigual dos coautores, que é injustificado porque depende de circunstâncias meramente causais, nomeadamente da distribuição concreta de tarefas entre os coautores

84. RGSt. 58, 279.

85. Küper: *Versuchsbeginn und Mittäterschaft*, 60.

86. Küper: *Versuchsbeginn und Mittäterschaft*, 68 e s.; compare ademais Valdágua: *ZStW*, 98, 4, 1986, 841.

87. Küper: *JZ*, 23/24, 1979, 785 e s.

88. Valdágua: *Início da tentativa do co-autor*, 89.

e da descoberta do plano criminoso antes de algum ou alguns deles terem tido a oportunidade de prestar, ou mesmo começar a prestar a respectiva contribuição.[89]

b) A solução individual surge na jurisprudência do "Reichsgericht", em decisão de 7 de maio de 1883.[90] O caso que foi objeto da decisão compreendia a seguinte situação: A e B, marido e mulher, planejaram praticar furto em residência alheia, na qual adentrariam e subtrairiam, conjuntamente, os bens cobiçados, depois que A abrisse a porta com auxílio de um pé-de-cabra. Quando A já havia introduzido a ferramenta na fechadura e procurava abrir a porta, ao passo que B aguardava, inativa, ao seu lado, ambos foram surpreendidos pelo dono da residência, que os impediu de realizar o furto.[91] Entendeu o "Reichsgericht" que, na hipótese, somente um dos comparsas que havia concorrido conseguiu praticar atos executórios e não podia saber-se com segurança se o outro, cuja contribuição estava prevista para momento posterior, realmente prestaria a colaboração a que havia se comprometido. A punição, como coautores, de comparsas que nada chegaram a fazer seria, segundo o "Reichsgericht", uma punição pelo "simples dolo, sem a ocorrência do fato".[92] Para além disso, o Tribunal entendeu, inclusive, que nos casos de crime consumado, não pode ser punido como coautor aquele que, ao contrário do compromisso assumido no pacto criminoso, se manteve inativo, omitindo a intervenção que lhe estava destinada no plano criminoso comum.[93] Em síntese, a solução individual propõe que a tentativa seja

89. Valdágua: *Início da tentativa do co-autor*, 99, a qual afirma serem partidários da solução global: Baumann/Weber, Cramer, Eser, Gores, Gössel, Haft, Jakobs, Jescheck, Kienapfel, Kühl, Küper, Lackner, Maiwald, Otto, Samson, Schmidhäuser, Steinke, Stratenwerth, Tröndle, Vogler e Wessels, bem como Roxin (sobre o qual, há que observar ter mudado sua orientação já a partir de 1996, compare *infra* nota 97). Cabe mencionar aqui igualmente como partidários da solução global: Rengier: *Strafrecht*, 312; Murmann: *Grundkurs Strafrecht*, 393; Gropp: *Strafrecht*, 374; Ingelfinger: *JZ*, 14, 1995, 704 e ss.

90. RGSt 9, 3-10 (8); veja a respeito Schilling: *Der Verbrechensversuch des Mittäters und des mittelbaren Täters*, 4 e s.; para uma análise detalhada Valdágua: *Início da tentativa do co-autor*, 58 e s.; Küper: *Versuchsbeginn und Mittäterschaft*,15 e s.; ademais Kratzsch: *JA*, 1983, 587.

91. RGSt 9, 3-10 (8).

92. RGSt 9, 3-10 (6).

93. Valdágua: *Início da tentativa do co-autor*, 59.

decidida pela conduta de cada um dos coautores, separadamente, não coincidindo o início da tentativa em relação a todos.

Tal solução foi representada na doutrina alemã primeiramente por Frank[94] e desenvolvida, mais tarde, por Schilling, Rudolphi, Kratzsch e Bloy,[95] bem como, mais recentemente, obteve a adesão de Roxin[96] ("solução individual modificada"[97]).

O ponto de partida de Schilling consiste no rechaço à solução global. Segundo o jurista alemão esta se apoia ou na teoria do crime conjunto (*Lehre vom gemeinschaftlichen Verbrechen*)[98] ou na teoria da imputação da ação (*Lehre von der Handlungszurechnung*).[99] A primeira, a teoria do crime conjunto, vê a essência da coautoria num crime global que se compõe dos contributos de todos os coautores, mas que constitui um ente unitário, distinto tanto desses contributos quanto da simples adição de todos. Schilling rechaça esta teoria, sustentando, por um lado, ser pura ficção, e, por outro lado, contrariar o princípio da responsabilidade penal individual. Entende que

94. Cf. Frank: *Das Strafgesetzbuch für das Deutsche Reich*, 67 e ss.

95. Schilling: *Der Verbrechensversuch des Mittäters und des mittelbaren Täters*, 11 e s.; Rudolphi *et alii*: *Systematischer Kommentar zum Strafgesetzbuch*, 1, § 19a a 22; bem como Rudolphi: Zur Tatbestandsbezogenheit des Tatherrschaftsbegriffs bei der Mittäterschaft in Kaufmann: *Festschrift für Paul Bockelmann*, 369 e ss.; Kratzsch: *JA*, 1983, 587 e ss.; Bloy: *Die Beteiligungsform als Zurechnungstypus im Strafrecht*, 265-267; veja, ainda, com um panorama detalhado de tais posições Valdágua: *Início da tentativa do co-autor*, 74-100.

96. Cfe. Roxin: Zur Mittäterschaft beim Versuch in Böttcher et alii: *Festschrift für Walter Odersky*, 489, esp. 491 e ss.; também Roxin: *Strafrecht*, II, 430 e ss., onde afirma, inclusive, que a solução individual vem ganhando adeptos; segundo Fischer: *StGB*, 215, também segue a solução individual Stein: *Die strafrechtliche Beteiligungsformenlehre*, 318; bem como Günther: *GA*, 1983, 333.

97. Cfe. Heinrich: *Strafrecht*, 312.

98. Schilling: *Der Verbrechensversuch des Mittäters und des mittelbaren Täters*, 65.

99. Esta, segundo o jurista, foi desenvolvida e fundamentada pelos penalistas hegelianos Köstlin e Luden e têm em Schröder e Baumann seus mais recentes representantes, cfe. Schilling: *Der Verbrechensversuch des Mittäters und des mittelbaren Täters*, 79; compare também Valdágua: *Início da tentativa do co-autor*, 79.

tal concepção é sustentada por aqueles que, na esteira de Welzel,[100] constroem a figura da coautoria com base na ideia de domínio do fato e entendem que o domínio do fato pelo coautor tem por objeto não apenas a respectiva atuação, mas sim o *fato global*, integrado pelas contribuições de todos os participantes.[101] Segundo Schilling esta concepção só pode unificar as atuações dos vários coautores num fato global se admitir a existência de uma vontade coletiva dos coautores, traduzida na resolução comum de praticar o fato, o que é uma ficção (ao número de vontades envolvidas corresponde necessariamente o número de vontades realizadas).[102]

A segunda, a teoria da imputação da ação, parte de que os comportamentos dos coautores (desde que se mantenham dentro dos limites do plano criminoso comum) são objeto de imputação recíproca entre eles.[103] Entende Schilling que esta teoria assenta em fundamentos insustentáveis, a saber: a absorção do sujeito ativo (autor direto ou coautor), na sua qualidade de pessoa, por outro ou outros sujeitos (autor mediato, demais coautores); a implantação, naquele sujeito, da vontade deste ou destes últimos; ou a realização, pelo sujeito ativo, da vontade do outro ou outros, enquanto vontade alheia.[104] Adverte, Schilling, que não é possível implantar em outra pessoa a nossa própria vontade. Além disso, ressalta que o fato de alguém poder realizar a vontade alheia não fundamenta a imputação de ação alheia, pois é precedida de uma decisão, a qual é ato individual, em que não pode haver representação.[105]

Em vista disso, propõe Schilling uma solução individual, segundo a qual o comportamento que fundamenta a punição do comparsa, como coautor da tentativa, é a intervenção na celebração

100. A qual, como ressaltou à época, era sustentada por Welzel, Jescheck, Stratenwerth, Roxin, Bockelmann e Maurach, veja Schilling: *Der Verbrechensversuch des Mittäters und des mittelbaren Täters*, 65 e ss.

101. Schilling: *Der Verbrechensversuch des Mittäters und des mittelbaren Täters*, 73.

102. Schilling: *idem*, 73.

103. Cfe. Valdágua: *Início da tentativa do co-autor*, 79.

104. Cfe. Valdágua: *idem*, 79-80; bem como o próprio Schilling: *Der Verbrechensversuch des Mittäters und des mittelbaren Täters*, 90-92.

105. Schilling: *Der Verbrechensversuch des Mittäters und des mittelbaren Täters*, 93.

do pacto criminoso.[106] Para esclarecer sua solução, o penalista utilizou dois casos paradigmáticos. O primeiro caso, que foi objeto da decisão de 23 de janeiro de 1958 pelo BGH, entendeu a Corte por punir como coautor de tentativa de homicídio o participante que foi alvejado, por erro, por um dos seus comparsas, com os quais havia combinado que disparariam sobre quem os perseguisse, após a prática do furto planejado. Sustentou Schilling, igualmente, a punição como coautor da tentativa de homicídio, com base no acordo estabelecido entre os três agentes, no sentido de que disparariam sobre eventuais perseguidores. Assim, para Schilling, com esse acordo cada um dos coautores já teria utilizado os outros dois como instrumentos da sua vontade homicida e, assim, agiram com relevância causal em relação ao disparo.[107] O segundo caso, compreende a resposta ao exemplo de Valdágua – supra citado – do "envenenamento em prestações", e em relação ao qual Schilling considerou que o indivíduo que deveria ministrar a segunda dose não é punível por tentativa, por estar, temporalmente, demasiado afastado do termo da atividade que lhe cabia realizar segundo o pacto.[108]

Embora também parta de uma solução individual, Rudolphi utiliza outros fundamentos. Entende que o ilícito típico da tentativa é composto por dois elementos, a saber, a resolução de cometer o respectivo delito e a colocação em prática desta resolução por meio de atos que constituam um avanço em direção à realização imediata do tipo penal. Tais elementos, segundo Rudolphi, valem tanto para a autoria como para a coautoria. Logo, a punição de cada coautor por tentativa pressupõe que ele já tenha realizado ou, pelo menos, começado a realizar a sua resolução de cometer o fato delitivo em coautoria, por meio de atos que se manifestem como um avanço em direção à realização imediata do tipo.[109] Rudolphi complementa sua concepção com a teoria do domínio do fato, com o argumento de que "a punição, por tentativa, de cada coautor exige que ele tenha

106. Valdágua: *Início da tentativa do co-autor*, 83.

107. Schilling: *Der Verbrechensversuch des Mittäters und des mittelbaren Täters*, 112.

108. Schilling: *Der Verbrechensversuch des Mittäters und des mittelbaren Täters*, 114; bem como Valdágua: *Início da tentativa do co-autor*, 83-84.

109. Cfe. Rudolphi: Zur Tatbestandsbezogenheit des Tatherrschaftsbegriffs bei der Mittäterschaft in Kaufmann: *Festschrift für Paul Bockelmann*, 384.

avançado para a prestação imediata da contribuição que fundamenta seu domínio do fato".[110]

Kratzsch, por sua vez, entende, em sentido semelhante a Rudolphi, ser necessário para efeito de punição do coautor a título de tentativa, por força do § 22 do StGB, o avanço em direção à realização imediata do tipo. Porém, afirma ser imprescindível, para tanto, que se objetive um comportamento externo do agente com o acréscimo do desvalor da ação e do resultado. Nesse sentido, como as ações dos comparsas se fortalecem e se completam reciprocamente, é suficiente para considerar algum deles como coautor de delito tentado, a manifestação de qualquer comportamento que tenha por efeito fortalecer ou completar a ação dos demais coautores.[111] Para Kratzsch, portanto, como esclarece Valdágua, no citado caso julgado pelo "Reichsgericht", em 1883, a mulher deveria ser punida como coautora da tentativa de furto, uma vez que a "tendência fortalecedora" do seu comportamento, ao aguardar do lado do marido, que abrisse a porta da residência alheia com o pé-de-cabra para praticarem o furto, justificaria a imputação a ela a conduta dele.[112]

De forma mais objetiva, sustenta, ainda, Bloy, que a punição do coautor a título de tentativa exige que cada coautor atravesse, por si mesmo, a fronteira da tentativa, "prestando a sua contribuição para o fato na etapa de execução, pois só assim ele toma parte no domínio do fato".[113]

Mais recentemente e, principalmente, mudando sua posição, afirma Roxin que deve dar-se preferência à solução individual.[114] Entende o penalista que se, à luz da sua teoria do domínio do fato, é exigida para a coautoria no delito consumado uma contribuição baseada na divisão de trabalho na *etapa da execução*, de modo que os coautores precisam dominar conjuntamente tal etapa, deve exigir-se também para a coautoria no caso de delito tentado uma contribuição essencial de cada coautor na *etapa da tentativa*. Não se pode conceber

110. Cfe. Rudolphi: Zur Tatbestandsbezogenheit des Tatherrschaftsbegriffs bei der Mittäterschaft in Kaufmann: *Festschrift für Paul Bockelmann*, 384.

111. Kratzsch: *JA*, 1983, 587.

112. Valdágua: *Início da tentativa do co-autor*. 96.

113. Bloy: *Die Beteiligungsform als Zurechnungstypus im Strafrecht*, 263.

114. Roxin: *Strafrecht*, II, 432.

que para o resultado perigoso da tentativa valha algo diferente que para o resultado lesivo do fato consumado. A ideia de que o coautor que permanece na etapa de preparação tenha o codomínio da tentativa, por ser a realização de sua contribuição importante e talvez decisiva para a consumação do fato, é errônea. Pois o "poder de impedir", que fundamenta de qualquer modo o codomínio somente em conjunto com a própria contribuição positiva não tem qualquer efeito sobre a tentativa que o outro coautor pode realizar sozinho por meio de sua própria contribuição.[115] O codomínio na tentativa é exigível, portanto, apenas por meio do próprio agir na etapa de execução. Assim, exemplifica o jurista alemão: cinco coautores planejam um assalto a banco conjuntamente. Um deles, o X, não aparece no local do fato porque foi preso no caminho para lá, devido a outro delito. Apesar disso, os outros quatro realizam exitosamente o assalto sem ele. Em tal caso, afirma, é indiscutível que X não pode ser punido como coautor de um delito consumado; isso porque a participação no acordo (na decisão comum para o fato) não basta para a coautoria. Se o acordo não basta para a coautoria no delito consumado, igualmente não pode fundamentá-la na tentativa.[116]

Embora tais autores divirjam quando aos seus fundamentos, chegam ao mesmo resultado, de modo tal que coincidem quanto aos seguintes aspectos: 1) a rejeição de que a tentativa começa ao mesmo tempo para todos, tão logo um deles pratique o primeiro ato executório abrangido pelo tipo; 2) na determinação do início da tentativa de cada coautor, há que atender à atuação real do respectivo agente, assim: a) o comparsa que tiver iniciado a execução será punido como coautor da tentativa do delito em questão; b) o comparsa que não tiver chegado a iniciar sua contribuição deve ser punido como cúmplice, que é tida como uma forma de comparticipação subsidiária da coautoria e que aqui é repristinada justamente porque a tentativa do coautor não chegou a ocorrer em relação a ele.[117]

115. Roxin: *Strafrecht*, II, 432.
116. Roxin: *idem*, II, 432.
117. Valdágua: *Início da tentativa do co-autor*, 31.

4.1.2 A coautoria no começo da tentativa em Aníbal Bruno

Esclarecidas tais posições, é possível chegar a uma conclusão em relação à Bruno, no que diz respeito a esta problemática.

Ao tratar os aspectos gerais do concurso de delinquentes, referiu o penalista brasileiro que neste há um só crime e vários agentes que cooperam em convergência de esforços para o resultado comum. Ressaltou, por conseguinte, que disso resulta "que um agente que tenha apenas realizado o que seria, em outras circunstâncias, simples ato preparatório, em si mesmo não punível, responda pelo crime resultante da ação conjunta de todos".[118]

Esta afirmação é suficiente para concluir que Bruno teria partido de uma solução global, tendo por fundamento a imputação recíproca das condutas, uma vez que considera admissível a caracterização da coautoria e a consequente responsabilização do indivíduo pelo crime resultante da ação conjunta de todos, ainda que tivesse praticado *simples ato preparatório.*

Tal entendimento é corroborado pelo argumento de não haver "um fato principal de outrem, a que adira, como acessória, a atividade do co-autor", mas sim, que "cada um dos consócios participa da realização do fato punível na sua inteira configuração legal".[119] Embora o jurista pátrio forneça parcos elementos para se chegar a uma conclusão inequívoca, pode dizer-se que sua posição parece se inclinar pela solução global, posto que, se um indivíduo realiza um simples ato preparatório e outro um ato da etapa de execução, o qual é impedido por terceiro, já seria suficiente para que ambos respondessem "pelo crime resultante da ação conjunta de todos".[120]

Se A e B planejam um assalto a uma agência bancária com arrombamento, segundo o qual A deve invadir o porão da agência e perfurar o cofre, enquanto B somente ao final deve ser comunicado por telefone e assim comparecer aos fundos da agência para retirar as barras de ouro com auxílio de um aparelho especial e, após, carregar seu caminhão, B deve ser punido como coautor no caso de tentativa,

118. Cfe. *supra,* nota de rodapé 43 e o respectivo texto.
119. *Supra*, nota de rodapé 74, e o texto correspondente.
120. Cfe. *supra,* nota de rodapé 80, e o texto correspondente.

tão logo A ingresse na agência bancária?[121] É punível, portanto, por tentativa, embora ele ainda não tenha feito nada do que foi planejado? Segundo a solução global, no caso de A ser detido, antes de encerrar a perfuração do cofre, B será punido como coautor.

O mesmo ocorreria no entendimento de Bruno. Isso porque, ao afirmar que os coautores atuam de forma conjunta, cada um deles, com consciência da cooperação que prestam à obra comum, e que "é esta consciência de colaborar em fato coletivo que constitui o nexo psicológico que unifica as ações de todos e dá ao resultado o caráter de delito único", o penalista acaba por sustentar que para fins de coautoria não é necessária a existência de qualquer contribuição na etapa de execução e que, portanto, é suficiente o vínculo psicológico para punição a título de coautora.[122]

4.2 Autoria mediata

Baseando-se na concepção apresentada por Eb. Schmidt,[123] entendia Bruno que a autoria mediata ocorre "quando o agente realiza a ação típica por intermédio de outrem que atua sem culpabilidade".[124] De acordo com isso, para o penalista brasileiro, a autoria mediata ocorreria somente com o uso de um instrumento inculpável. Deve observar-se, porém, que o penalista seguia a teoria normativa da culpabilidade – desenvolvida, principalmente, por Frank, Goldschmidt e Freudenthal[125] – segundo a qual a culpabilidade era entendida

121. A hipótese é extraída de Roxin: *Strafrecht*, II, 430.

122. Bruno: *Direito Penal*, I, 2, 265.

123. Schmidt: Die mittelbare Täterschaft in August Hegler (dir.): *Festgabe für Reinhard von Frank*, II, 120: "Autor no sentido do nosso direito vigente é, portanto, aquele que realiza um tipo pela sua própria ação ou deixa outrem, que não atua dolosamente, realizar um tipo. Esta determinação conceitual abarca a autoria direito e mediata."

124. Bruno: *Direito Penal*, I, 2, 267; contudo, também neste aspecto Bruno adere integralmente à ideia de autoria mediata Mezger, o qual refere que "o autor mediato é autor quando ele provoca o resultado por meio de um agente inculpável", compare Mezger: *Ein Lehrbuch*, 429.

125. Com um breve panorama, mas demonstrando a relevância de Frank para o desenvolvimento desta concepção, veja Maurach: *Schuld und Verantwortung im Strafrecht*, 20 e ss.; em literatura mais recente Otto: *Grundkurs Strafrecht*, 207-210; veja também originariamente Goldschmidt: Normativer Schuldbegriff, in August Hegler (dir.): *Festgabe für Reinhard von Frank*, I, 428-468; Freuden-

como reprovabilidade, sendo o dolo e a culpa as suas formas.[126] Daí afirmar que o executor "serve sem consciência e vontade juridicamente válidas, à semelhança de um instrumento nas mãos do agente, e então a responsabilidade jurídico-penal se transporta dêsse executor, incapaz de suportá-la", justamente "por faltar-lhe o elemento psíquico da culpabilidade, sobretudo do dolo, ao agente mediato, que é o verdadeiro autor".[127] Como consequência disso, somente o autor mediato deveria sofrer as consequências penais do delito.

Porém, Bruno foi além, pois considerou que no caso de autoria mediata sequer se poderia falar em concurso de delinquentes, visto que o executor, enquanto sujeito inculpável, carecia do atributo moral necessário para que se lhe reconhecesse essa categoria. Binding há muito já havia rechaçado esta opinião, ao ressaltar que não cabe "confundir a ocorrência com aquela em que o agente se utiliza de um animal ou de um instrumento mecânico, porque ali se trata de um ser humano, embora não revestido de culpabilidade, o que não é sem importância para se julgar a criminosidade do autor".[128]

Sua concepção de autoria mediata, no entanto, mostrou-se frágil, pois, para fundamentar a responsabilidade do autor mediato, referia Bruno que se deve demonstrar que este "atua com ânimo de autor", "e assim deve conhecer as circunstâncias que excluem a culpabilidade do agente intermediário".[129] Com isso, acabou se reportando ao critério do *animus auctoris*, próprio da teoria subjetiva, para fundamentar a autoria mediata e, desse modo, adere à concepção que havia sido proposta pelo Tribunal do Reich alemão, por ocasião do julgamento do caso *Badewannen*, porém, Bruno o fez para delimitação do conceito restritivo de autor.[130]

THAL: *Schuld und Vorwurf*, 2 e ss.; FRANK: *Über den Aufbau des Schuldbegriffs*, 1907, 2 e ss.

126. BRUNO: *Direito Penal*, I, 2, 32 e ss.
127. BRUNO: *Direito Penal*, I, 2, 267.
128. BINDING: *GS*, 71, 1908, 5; também em BINDING: *GS*, 78, 1911, 8.
129. BRUNO: *Direito Penal*, I, 2, 269.
130. Cfe. ALFLEN: *Teoria do domínio do fato*, 63.

Em que pese isso, Bruno procurou sistematizar as situações nas quais admitia a autoria mediata, e elencou as três seguintes hipóteses:[131]

a) *Coação física absoluta*: nesta hipótese, entendia Bruno, que "não é só a culpabilidade que falta na pessoa do executor, mas a própria ação", porém, afirmou que "a esse caso pode reunir-se o da coação irresistível física ou moral, em que o executor atua, mas com a vontade irremissivelmente submissa à do coator, isento de culpabilidade, portanto".[132] Nesse tocante, deve observar-se que, por aderir à teoria normativa da culpabilidade, os elementos subjetivos do delito encontravam-se na própria culpabilidade, e, por conseguinte, o tratamento despendido à coação física e à coação moral acabava sendo o mesmo.

b) *Inimputabilidade*: este é o "caso em que o agente determina à realização da ação típica um doente mental ou um menor, a quem falta a imputabilidade, elemento da culpabilidade, e, assim, a culpabilidade mesma".[133]

c) *Erro excludente do dolo*: entendia Bruno que no caso de erro excludente do dolo, "é autor mediato ainda aquele que se serve, para a execução do fato punível, de alguém que atua em estado de erro, que exclui o dolo".[134]

4.3 Participação propriamente dita

Bruno entendia que a participação em sentido estrito, isto é, "a participação secundária é acessória da principal".[135] Opondo-se à ideia de acessoriedade extrema, predominante na doutrina alemã da época, adota a chamada acessoriedade limitada. Quanto a isso,

131. Tais hipóteses se assemelham àquelas apresentadas por Mezger, porém, este ainda é amplo em sua proposta, pois entende que há autoria mediata quando no instrumento: "falta capacidade de imputação", "falta dolo ou culpa", "existe uma causa de exclusão da culpabilidade"; bem como há autoria mediata quando o autor "dá causa ao resultado em um delito especial por meio de um instrumento não qualificado", conforme MEZGER: *Ein Lehrbuch*, 431-432.

132. BRUNO: *Direito Penal*, I, 2, 269.

133. BRUNO: *idem*, I, 2, 269.

134. BRUNO: *idem*, I, 2, 270.

135. BRUNO: *idem*, I, 2, 271.

apoiou-se em Bockelmann, e, nesse sentido, afirmou que "a participação é necessariamente acessória, isto é, dependente da existência de um fato principal", e que "esta acessoriedade não é produto da lei; assenta na própria natureza da coisa".[136] Desse modo, passou a distinguir apenas duas formas de participação, a saber, a do instigador e a do cúmplice.

4.3.1 Instigação

Instigador, para Bruno, é "aquêle que determina outrem à prática de um crime".[137] Esse outrem, no entanto, deve ser capaz de responsabilidade penal. Daí dizer Bruno que "é a hipótese que a doutrina menciona sob a denominação de autoria intelectual ou psíquica".[138] A questão que surge, aqui, radica, por um lado, no conteúdo do conceito

136. Bruno: *idem*, I, 2, 271; tal opinião, aliás, é expressada literalmente por Bockelmann: *Strafrechliche Untersuchungen*, 31 ("*Diese Akzessorietät ist kein 'Produkt des Gesetzes'. Sie liegt in der Natur der Sache*").

137. Bruno: *Direito Penal*, I, 2, 272.

138. Bruno: *idem*, I, 2, 272. A figura da "autoria intelectual" há muito é objeto de divergência pela doutrina alemã, compare a respeito Schmidt: *Die mittelbare Täterschaft*, 119-120, o qual afirma que: "a lei não oferece nenhum fundamento para que se possa dar, sobretudo, uma determinada imagem de atuação externa com a qual se possa falar de autoria. Se a lei desejasse isso, teria sido necessário uma indicação definitiva, ainda mais que a doutrina do século XIX, de Feuerbach a Berner, estava habituada a ver na 'autoria intelectual' precisamente a figura jurídica que nós hoje caracterizamos como autor, e nos casos nos quais nós construímos a muito custo a autoria mediata, sem qualquer consideração e sem qualquer necessidade de uma figura jurídica construída de forma especial, visualiza uma conduta de autoria direta"; veja, ademais, Feuerbach: *Lehrbuch*, 80-81, referindo: "Toda violação pressupõe uma determinada pessoa como causa eficiente, e a pessoa, em cuja vontade e ação está contida a causa suficiente, que leva ao crime como seu efeito, chama-se autor (*auctor delicti*), seja ela causa direta ou indireta do mesmo: aquela, quando ele comete a conduta que perfaz o conceito de crime (*autor físico, auctor physice talis*); esta, quando o crime é baseado na atividade intencional de outrem dirigida, enquanto causa, ao surgimento do crime. Essa última é possível (I) pela determinação intencional da vontade de outrem ao cometimento do crime (autor mediato direto, autor intelectual), ou (II) pela remoção intencional de obstáculos, sem a qual teria sido impossível, de modo geral ou sob circunstâncias especiais, a manifestação exterior da vontade de outrem determinada ao fato (autor mediato indireto, ajudante principal, *socius principalis*)". Em comentário a esta afirmação de Feuerbach, afirma Mittermaier que entre os próprios romanos não existia uniformidade entre aquilo que se caracteriza como instigador ou autor intelectual; em sentido seme-

de "*determinação*" e, por outro lado, no conceito de autoria intelectual.

Esclareceu Bruno que:

> "A posição do instigador não se apresenta como de fácil aplicação na velha doutrina. Põe êle a causa principal para a execução do fato punível, desde que faz nascer no espírito de outrem a deliberação criminosa. Seria êle, então, verdadeiramente autor e não mero partícipe. Para fugir a essa conclusão, recorreu-se ao livre-arbítrio do instigado, que faria do seu crime um ato da sua deliberação absolutamente livre, e com isso se rompia a corrente causal da instigação, ainda agora, Eb. Schmidt argumenta dizendo que a ação de instigação não pode ser considerada nunca como ação de autor, porque ela, acrescenta êle, citando Beling, é somente proposta e não assentamento de uma causa para o resultado. A relação causal, seguindo-se do resultado para trás, interrompe-se com a livre e consciente ação do instigado, decorrente de uma decisão independente, de modo que a corrente causal não pode ser continuada para trás dessa ação (...). Entretanto, o caso se resolve pura e simplesmente pela consideração de que autor é o que realiza a ação típica, seja embora tomando por instrumento um não responsável, que não é o caso do instigador."[139]

Bruno distinguiu, portanto, a instigação da autoria mediata ressaltando que "na instigação, o executor atua com vontade e consciência, fazendo do fato delituoso obra juridicamente sua e êste é que é verdadeiramente o autor".[140] Neste ponto a construção de Bruno também se demonstrou frágil, pois, mais uma vez, recorreu o penalista a critérios subjetivos como aquele do "fato próprio" e "fato alheio" e, neste ponto, assemelhou-se à construção há muito desenvolvida por Glaser.[141]

lhante também Berner: *Lehrbuch*, 177, nota 3: "os romanos chamavam o autor intelectual comumente de *auctor*".

139. Bruno: *Direito Penal*, I, 2, 272-273, nota de rodapé 15.

140. Bruno: *idem*, I, 2, 272.

141. Glaser: *GS*, 16, 1984, 33-34; ademais Alflen: *Teoria do domínio do fato*, 41, o qual refere que Glaser "esclarece que é necessário examinar também o lado subjetivo do crime para poder delimitar a ideia de autoria e, portanto, entende que é 'preciso traduzir o crime como a própria vontade' ('*das Verbrechen als das eigene Wollen*'), ou seja, 'querer no próprio interesse imediato' ('*im eigenen unmittelbaren Interesse*')."

Como a instigação se dirige a um fato punível determinado, a atividade do instigado deve tender à sua realização. Logo, para o penalista brasileiro, a punição do instigador estava diretamente ligada à desse fato. Portanto, "se o ato do executor não se configura como crime, nem chega sequer a constituir tentativa, não se pune a instigação".[142] Disso resulta, ainda, conforme Bruno, que "responderá o instigador pelo resultado, sempre que este se inclua na continuidade causal da sua instigação. Deixa de responder, portanto, se o executor rompe a corrente de causalidade que se origina da instigação e inicia outro curso causal".[143] Entretanto, salientou que se o instigador desiste da ação, não basta a simples comunicação para se eximir de "culpabilidade", é imprescindível que ele faça tudo o que estiver ao seu alcance para impedir o resultado criminoso, pois "só essa espécie de arrependimento ativo pode salvá-lo, interrompendo definitivamente o curso causal nascido da sua instigação e fazendo com que, daí por diante, tudo o que ocorrer seja obra de deliberação exclusiva do executor".[144]

Seguindo posição já manifestada pela doutrina brasileira, Bruno entendia que são vários os modos pelos quais se pode fazer a instigação, como, por exemplo, "o mandato, o comando, o conselho e a ameaça".[145] Cumpre entender, no entanto, o que caracterizam, para Bruno, estas hipóteses. Referiu o penalista brasileiro que:

> "(...) no mandato o instigador encomenda o crime no seu próprio interesse; não querendo ou não podendo executá-lo por si mesmo, incumbe da sua execução a outrem e com este participa da responsabilidade penal". "No comando, há entre instigador e instigado uma relação de superior a inferior, de que aquêle se vale por abuso de poder". "No conselho, o executor material pratica o crime no seu próprio interesse e o instigador apenas o convence da conveniência de praticá-lo." Já "na ameaça, enfim, o motivo determinante é o temor do mal que o instigador promete fazer ao ameaçado ou a alguém por quem este se interesse. Deve a ameaça apresentar-se com a aparência de seriedade suficiente para cons-

142. Bruno: *Direito Penal*, I, 2, 273.
143. Bruno: *idem*, I, 2, 273.
144. Bruno: *idem*, I, 2, 274.
145. Bruno: *idem*, I, 2, 274; fazendo diferenciação semelhante entre tais conceitos Bento de Faria: *Código Penal Brasileiro Comentado*, 248; com maiores detalhes Siqueira: *Direito Penal Brazileiro*, 214 e ss.

tranger o instigado à prática do fato punível, sem transformá-lo, porém, em simples instrumento do instigador, porque, então, já o fato não configuraria a instigação, mas a autoria mediata."[146]

Porém, à luz da concepção de Barreto, por exemplo, a ideia de mandato, comando e ameaça não caracterizavam hipóteses de instigação, mas sim, de autoria mediata.[147] Trata-se, portanto, de questão controversa e que fugiria aos estreitos limites deste estudo. Apesar disso, é conveniente trazer a lume um exemplo para elucidar a questão: supondo-se que *A* tenha pagado a *B* quantia determinada para matar o estuprador de sua filha, e *B* aceita o valor e pratica o ato; tal hipótese, segundo o Código Penal brasileiro, caracterizaria homicídio qualificado, conforme previsto no art. 121, § 2.º, I. Na opinião de Bruno, tal hipótese caracterizaria *mandato*, sendo, portanto, *A*, em qual caso, instigador, pois encomendou o crime no seu próprio interesse. Tal entendimento descartaria qualquer possibilidade de caracterização de *A* como autor mediato, ainda que este coordenasse o fato na sua integralidade, utilizando-se de *B* como um instrumento punível (uma marionete em suas mãos).[148]

4.3.2 Cumplicidade

Para Bruno, cúmplice é aquele que presta auxílio à atividade criminosa do autor principal. Distinguiu, por um lado, a chamada cumplicidade primária ou direta, que ocorre quando o auxílio prestado é indispensável à prática do crime; e, por outro lado, a cumplicidade secundária, se o auxílio apenas facilitar a execução do fato

146. BRUNO: *Direito Penal*, I, 2, 274.

147. BARRETO: *Mandato Criminal*, 239 e s.; compare, com detalhes ALFLEN: *Teoria do domínio do fato*, 47-49.

148. O parco setor da doutrina brasileira que discute a questão restringe-se a caracterizar aquele que efetua o pagamento como mandante, respondendo conjuntamente com o executor, porém, não é discutida a sua caracterização dentro do concurso de pessoas, compare, nesse sentido, HUNGRIA: *Comentários ao Código Penal*, 5, 163-164; divergindo GRECO: *Curso de Direito Penal*, II, 154, o qual adota posição insustentável, no sentido de que ao mandante não se aplica a qualificadora do art. 121, § 2.º, I, e, com isso, rompendo com sistema do concurso de pessoas (é suficiente observar que aquele que paga ou promete, no mínimo instigou o fato e, portanto, concorreu para ele, sendo, assim, inconcebível responder por fato diverso).

punível.[149] O cúmplice, assim como o instigador, coopera no fato de outrem. Nesse sentido, ressaltou Bruno, que a cumplicidade pressupõe a *consciência* de se cooperar no fato de outrem. Logo, para sua configuração é imprescindível que haja uma ação principal executiva de uma figura delituosa.[150] Contudo, "esta ação principal, a que adere a participação, deve possuir os caracteres de um fato punível, há-de ser uma ação típica, antijurídica e culpável".[151] Com isso, se falta a antijuridicidade, não há crime para nenhum dos participantes; agora, se falta a culpabilidade ao executor, este resta impune, enquanto "o cúmplice ou o instigador pode tornar-se autor mediato".[152]

4.4 Participação nas várias espécies de crimes

Afirmava Bruno que o concurso de pessoas pode dar-se em qualquer espécie de delito, mesmo nos crimes especiais (próprios e de mão própria), como aqueles que requerem no agente qualidades pessoais particulares, como a de ser funcionário público.[153] Esclareceu, no entanto, que mesmo pessoas não revestidas daquelas qualidades podem neles tomar parte, desde que pelo menos uma delas as possua.[154]

Ademais, considerou plenamente possível a ocorrência de concurso tanto nos crimes dolosos quanto nos culposos. Assim, nas formas dolosas, o vínculo está na consciência e vontade de participar no fato comum; enquanto que, nas formas culposas, resulta da situação ou comportamento dos agentes, cooperadores conscientes na imprudência ou negligência uns dos outros.[155] Para elucidar esta possibilidade de concurso em crimes culposos, Bruno formulou o seguinte exemplo: "nas proximidades de substâncias inflamáveis, A reúne lenha e B a acende, determinando a imprudência dos dois o incêndio resultante, cooperando ambos no ato imprudente, mas sem querer, ou mesmo prever, aceitando o risco, o resultado final".[156]

149. BRUNO: *Direito Penal*, I, 2, 274.
150. BRUNO: *idem*, I, 2, 275.
151. BRUNO: *idem*, I, 2, 275.
152. BRUNO: *idem*, I, 2, 275.
153. BRUNO: *idem*, I, 2, 276-277.
154. BRUNO: *idem*, I, 2, 277.
155. BRUNO: *idem*, I, 2, 277.
156. BRUNO: *idem*, I, 2, 277.

Contudo, advertiu não haver participação culposa em crime doloso, nem participação dolosa em crime culposo.[157] Isso se deve ao fato de que no concurso de pessoas há um só crime e, portanto, a diversidade de forma de culpabilidade para cada partícipe exclui a aplicação do instituto do concurso e obriga a considerar um crime distinto para cada um deles.[158]

4.5 Participação por omissão

Salientou Bruno que "a participação pode realizar-se, como a própria autoria, por ação ou por omissão, desde que nesta concorram os elementos de ser uma conduta inativa voluntária, quando ao agente cabia, na circunstância, o dever jurídico de agir, e êle atua com a vontade consciente de cooperar no fato".[159] De acordo com isso, afirmou que "a simples presença no ato de consumação ou a não denúncia à autoridade pública de um fato delituoso de que se tem conhecimento não pode constituir participação punível", esta, na sua opinião, caracterizava a chamada conivência.[160] Um exame minudente da questão, permite concluir que, em sendo imprescindível a "vontade consciente de cooperar no fato" (*de outrem*, afinal, quem coopera, o faz em obra de terceiro e não em própria), novamente Bruno fez sua concepção dependente do aspecto subjetivo, sobretudo, neste caso, em que o *animus socii* demonstra-se imprescindível.

Porém, advertiu que a atitude de quem assiste ao fato delituoso para intimidar a vítima ou prestar auxílio eventual ao agente, ainda que não pratique ato algum com esses fins, não caracteriza simples conivência, mas sim participação criminosa e ativa.[161]

4.6 Punibilidade

Afirmava Bruno que devido ao Código Penal ter adotado a teoria da equivalência das condições, tornou aplicável a todos os que concorrem para o crime a mesma pena a este cominada. Com isso,

157. Bruno: *Direito Penal,*, I, 2, 277.
158. Bruno: *idem*, I, 2, 277.
159. Bruno: *idem*, I, 2, 278.
160. Bruno: *idem*, I, 2, 278.
161. Bruno: *idem*, I, 2, 278.

inspirando-se no Código italiano vigente à época,[162] o legislador não considerou as condições objetivas ou subjetivas de graduação diversa que podem distinguir os participantes.[163]

Porém, advertiu que o Código abria a possibilidade de se alterar para mais ou para menos o *quantum* da pena, e o fazia por meio das agravantes e atenuantes que se aplicam à participação, e que tal aspecto restabelecia a necessária relação da pena com o grau real de colaboração.[164] Exemplo neste sentido era a regra da atenuante geral "de haver sido de somenos importância a cooperação do agente no crime (art. 48, II). O agente colabora com os demais na realização do mesmo fato punível, mas a sua ação foi de somenos importância, de mínima importância, como diz o Código italiano. Essa colaboração de somenos importância do agente deve deduzir-se de um conjunto de circunstâncias, entre as quais, é evidente, o grau de real participação objetiva do concorrente na realização do fato punível".[165] A admissão desta atenuante implica reconhecer menor importância causal à atividade do agente, logo, trata-se de grau objetivo, baseado na ideia de causalidade e que vai de encontro à teoria da equivalência das condições.

Contudo, também há uma série de agravantes de penas, como a relativa a quem promove ou organiza a cooperação no crime, ou dirige a atividade dos demais agentes (art. 45),[166] bem como do agente que coage outrem à realização material do fato punível, sendo que este, como afirma Bruno, é o caso da instigação por ameaça ou violência física. Porém, advertiu o jurista que "se a coação é irresistível, tolhe a responsabilidade do executor e, então, pelo crime responde só o que coage, segundo a regra da autoria mediata".[167]

Também agravava a pena "o comportamento de quem instiga ou determina a cometer o crime a alguém sujeito à sua autoridade, ou

162. Vide *supra*, nota de rodapé 17.
163. Bruno: *Direito Penal*, I, 2, 280.
164. Bruno: *Direito Penal*, I, 2, 280; tal aspecto, aliás, foi detidamente esclarecido, mais tarde, no âmbito no sistema unitário por Kienapfel: *NJW*, 41, 1970, 1827 e ss.; também em Kienapfel: *Erscheinungsformen der Einheitstäterschaft*, 21 e ss.; compare ademais Alflen: *Teoria do Domínio do Fato*, 165 e ss.
165. Bruno: *Direito Penal*, I, 2, 280.
166. Bruno: *idem*, I, 2, 280.
167. Bruno: *idem*, I, 2, 281.

não punível em virtude de condição ou qualidade pessoal".[168] Referiu Bruno que esta consiste na

> "(...) instigação praticada por abuso de autoridade, entendida esta não só como a resultante de hierarquia estabelecida por Direito público, como a que decorre de relações de dependência na vida privada, tal como a doméstica, docente, profissional, religiosa, desde que capaz de colocar o instigado em posição de sofrer a coação psicológica do instigador, por sentimento de obediência, respeito ou temor das consequências de sua recusa. É o sentido amplo que o Código italiano exprime nos têrmos – autoridade, direção ou vigilância".[169]

Bruno mencionou, ainda, a agravante relativa a quem executa o crime, ou nele participa, mediante paga ou promessa de recompensa. Ressaltou que "pune aí o Código mais severamente o criminoso mercenário, executor ou partícipe, destacando para consideração particular, no caso, a agravante geral do motivo torpe".[170] Ademais, esclareceu que "a razão com que se justificam estas causas especiais de agravação é a da maior perigosidade do agente que a sua atitude revela. Assim as justificava a *Exposição de Motivos* do Código italiano, donde foram elas transportadas para a nossa legislação".[171]

Entretanto, Bruno entende ser mais adequado ao sistema adotado pelo Código Penal o critério da culpabilidade e, baseando-se em Mezger, afirma que "segundo a concepção normativa, culpabilidade é reprovabilidade, e certamente é mais reprovável juridicamente a ação de quem organiza a cooperação no crime, vale-se da sua autoridade para determinar outrem a praticá-lo, ou instiga a cometê-lo um irresponsável".[172]

5. Conclusões

Da análise elaborada até aqui, verifica-se que Bruno se opôs veementemente contra o emprego do critério da causalidade *como elemento exclusivo* a ser utilizado para delimitar a autoria e a participação de muitos no fato delitivo.

168. BRUNO: *Direito Penal*, I, 2, 281.
169. BRUNO: *idem*, I, 2, 281.
170. BRUNO: *idem*, I, 2, 281.
171. BRUNO: *idem*, I, 2, 281; vide, ademais, *supra*, nota de rodapé 17.
172. BRUNO: *idem*, I, 2, 282.

Para além deste aspecto, demonstrou o jurista brasileiro, que a diferenciação ultrapassa a perspectiva meramente legal, no sentido de que, embora o Código Penal adote como critério a teoria da equivalência das condições – no tocante à causalidade –, assim como um sistema unitário (formal) – no tocante ao concurso de pessoas –, não se pode abrir mão da diferenciação, sobretudo, por razões extraídas da própria natureza da coisa. Nesse sentido, com acerto, optou pelo emprego de critérios tanto objetivos quanto subjetivos para delimitar o conceito de autoria. Daí ter demonstrado, inclusive, que o fato de o legislador ter optado por um sistema unitário não obsta a opção por um conceito restritivo de autor (e, portanto, em sua opinião, um conceito restritivo seria compatível com um sistema unitário) e, com isso, embora não o tenha feito expressamente, acabou adotando uma teoria subjetiva da participação, ao utilizar vez ou outra o critério do *animus*.

Apesar de sua declarada adesão à Mezger, restou inequívoco o fato de ter sofrido alguma influência do pensamento de Welzel, sobretudo por vários aspectos: por um lado, ao empregar a ideia de "divisão de tarefas" para efeitos de delimitação da coautoria, viu-se que Bruno apoiou-se claramente no critério welzeliano da "divisão de papéis" ou "de trabalhos". Ademais, no mesmo sentido da concepção delineada pelo finalista, Bruno ressaltou em relação à coautoria que "todos os atos são frações de um conjunto unitário". Aliás, dois outros aspectos demonstram esta influência: assim como Welzel, entende Bruno ser possível a coautoria pela prática de ato preparatório, bem como ser desnecessário um acordo prévio entre aqueles que concorrem para o fato. Embora não o tenha feito de maneira expressa – o que é plenamente justificável face à última edição da obra de Bruno datar de 1956 – pode afirmar-se que, em relação à problemática da responsabilização à título de coautoria na hipótese de tentativa, a concepção de Bruno estaria muito mais orientada à uma solução global, em sua vertente originária.

Por fim, ao definir o autor como sendo o "agente do fato principal", surpreendentemente, Bruno antecipou, *de forma aproximada*, a ideia de autor como "a figura central ("*Zentralgestalt*") de um acontecimento executório" ("*Ausführungsgeschehen*") ou "a figura chave ("*Schlüsselfigur*") do acontecimento mediado pela conduta", posteriormente utilizada por Roxin como um dos alicerces de sua teoria do domínio do fato.

Referências bibliográficas

ALFLEN, Pablo Rodrigo: *Teoria do domínio do fato*. São Paulo: Saraiva, 2014.

———. "Teoria do domínio do fato na doutrina e na jurisprudência brasileiras", *Universitas Jus*, vol. 25, n. 2, 2014, p. 15 e ss.

———. Domínio do fato como critério de delimitação da autoria e a Ação Penal n. 470 do STF, *ZIS*, 6, 2014, 274 e ss.

ALTAVILLA, Enrico: "L'opera scientifica di Arturo Rocco nella visione di un positivista", *La Scuola Positiva. Rivista di Diritto e Procedura Penale*, vol. VI, 1926, p. 337 e ss.

AMBOS, Kai: "Zur Zukunft der deutschen Strafrechtswissenschaft: Offenheit und diskursive Methodik statt selbstbewusster Provinzialität", *GA*, Heft 4, 2016, p.177 e ss.

ARAÚJO, João Vieira de: *Codigo Criminal Brasileiro. Commentario philosophico-scientifico*. Recife: Editor José Nogueira de Souza, 1889.

BARRETO, Tobias: "Mandato Criminal" (1882), em Tobias Barreto, *Estudos de Direito*. Rio de Janeiro: Laemmert & C. Editores, 1892.

BATISTA, Nilo: *Concurso de agentes*. Rio de Janeiro: Liber Juris, 1979.

BAUMANN, Jürgen: *Strafrecht*, AT. 3. ed., Bielefeld: Ernst und Werner Gieseking, 1964.

BELING, Ernst von: *Die Lehre vom Tatbestand*. Tübingen: J. C. B. Mohr, 1930.

BENTO DE FARIA, Antônio: *Código Penal Brasileiro (Comentado). Parte Geral*. 3. ed., Rio de Janeiro: Récord Editôra, 1961, vol. II.

BERNER, Albert Friedrich: *Lehrbuch des Deutschen Strafrechtes*. 4. ed., Leipzig: Tauchniß, 1868.

BINDING, Karl: "Die Formen des verbrecherischen Subjektes", *Der Gerichtssaal* (GS), vol. 78, 1911, p. 1 e ss.

———. "Die drei Subjekte strafrechtlicher Verantwortlichkeit: der Täter, der Verursacher (‚Urheber') und Gehilfe", *Der Gerichtssaal* (GS), vol. 71, 1908, p. 1 e ss.

BLOY, René: *Die Beteiligungsform als Zurechnungstypus im Strafrecht*. 1. ed., Berlin: Duncker & Humblot, 1985.

BOCKELMANN, Paul: *Strafrechliche Untersuchungen*, Göttingen: Otto Schwartz, 1957.

BRUNO, Aníbal: *Direito Penal. Parte Geral*. Rio de Janeiro: Forense, vol. I, t. I, 1956.

———. *Direito Penal. Parte Geral*. vol. I, t. 2, Rio de Janeiro: Forense, 1956 [e 1984].

BURI, Maximilian von: Über Kausalität und Theilnahme. *ZStW*, vol. 2, 1982. p. 251 e ss.

———. *Zur Lehre von der Theilnahme an dem Verbrechen und der Begünstigung*. 1. ed., Gießen: Ferber'sche Buchhandlung, 1860.

CUNHA LUNA, Everardo: "Aníbal Bruno, o Homem e a Obra", em *Homenagem a Aníbal Bruno*, Belo Horizonte: Coordenadoria de Pesquisa e Extensão da UFMG, 1978, p. 20 e ss.

DONINI, Massimo: Rechtstechnizismus und Strafrechtswissenschaft 100 Jahre danach, em Vormbaum, Thomas (dir.): *Arturo Rocco und der Rechtstechnizismus im italienischen Strafrecht*. Berlin: Lit Verlag, 2013. p. 73 e ss.

DOTTI, René Ariel: *Curso de Direito Penal. Parte Geral*. 2. ed., Rio de Janeiro: Forense, 2004.

FERRAZ, Esther de Figueiredo: *A co-delinqüência no direito penal brasileiro*. São Paulo: José Bushatsky Editor, 1976.

FEUERBACH, Paul Johann Anselm von: *Lehrbuch des gemeinen in Deutschland gültigen peinlichen Rechts*. 14. ed. (2. reimpr.), Giessen: Heyer's Verlag, 1847.

FISCHER, Thomas: *Strafgesetzbuch* (StGB), *mit Nebengesetzen*. 63. ed., München: Beck, 2016.

FRAGOSO, Heleno Cláudio: *Lições de Direito Penal. Parte Geral*. São Paulo: José Bushatsky Editor, 1973.

FRANK, Reinhardt: *Das Strafgesetzbuch für das Deutsche Reich*. Leipzig: C. L. Hirschfeld, 1897.

———. Über den Aufbau des Schuldbegriffs, München: Walter de Gruyter, 1907.

FREUDENTHAL, Berthold: *Schuld und Vorwurf*. Tübingen: J.C.B. Mohr, 1922.

GLASER, Julius von: "Ueber Thäterschaft und Beihilfe", em *Der Gerichtssaal* (GS), vol. 16, 1984, p. 33 e ss.

GOLDSCHMIDT, James: "Normativer Schuldbegriff", in August Hegler (dir.): *Festgabe für Reinhard von Frank zum 70. Geburtstag 16. August 1930*, vol. I, Tübingen: J.C.B. Mohr, 1930. p. 428 e ss.

GRECO, Luís, *et alii. Autoria como domínio do fato. Elementos introdutórios sobre o concurso de pessoas no direito penal brasileiro*. São Paulo: Marcial Pons, 2014.

GROPP, Walter: *Strafrecht, AT.* 3. ed., Berlin: Springer, 2005.

HEINRICH, Bernd. *Strafrecht. AT.*, 4. ed., Stuttgart: Kohlhammer, 2014.

HUNGRIA, Nelson: *Comentários ao Código Penal.* Rio de Janeiro: Forense, vol. 5, 1958.

HUNGRIA, Nelson; FRAGOSO, Heleno Cláudio: *Comentários ao Código Penal*. 5. ed., Rio de Janeiro: Forense, 1978, vol. I, t. 2.

———. *Comentários ao Código Penal.* 1. ed., Rio de Janeiro: Forense, vol. I, t. 2, 1948.

INGELFINGER, Ralph: 'Schein' Mittäter und Versuchsbeginn, *JZ* 14, 1995. p. 704 e ss.

KANTOROWIZ, Hermann: "Der Strafgesetzentwurf und die Wissenschaft", *Monatsschrift für Kriminalpsychologie und Strafrechtsreform* (MschKrim), 7. Jahrg., Apr. 1910/Mär. 1911.

KIENAPFEL, Diethelm: "Beteiligung" und "Teilnahme". Zum Verhältnis vom OWiG zum StGB, *NJW*, 41, 1970, p. 1826 e ss.

———. Erscheinungsformen der Einheitstäterschaft, in Heinz Müller-Dietz: *Strafrechtsdogmatik und Kriminalpolitik*, Heymanns, 1971, p. 21-58.

KLEINSCHROD, Gallus Aloys: *Entwurf eines peinlichen Gesetzbuches für kurpfalzbaierischen Staaten*. München: von Hübschmann, 1802.

KRATZSCH, Die Bemühungen um Präzisierung der Ansatzformel (§ 22 StGB) – Ein absolut untauglicher Versuch? *JA*, 1983, p. 587 e ss.

KÜPER, Wilfried: *Versuchsbeginn und Mittäterschaft*. 1. ed., Heidelberg: v. Decker, 1978.

———. Versuchs- und Rücktrittsprobleme bei mehreren Tatbeteiligten: Zugleich ein Beitrag zur Struktur der Mittäterschaft, *JZ* 23/24, 1979. p. 785 e ss.

LACKNER, Karl; KÜHL, Kristian: *Strafgesetzbuch* (StGB), *Kommentar*, 28. ed., München: Beck, 2014.

MAURACH, Reinhart von: *Deutsches Strafrecht. AT, Ein Lehrbuch*, Karlsruhe: C.F.Müller, 1954.

———. *Schuld und Verantwortung im Strafrecht.* Hannover: Wolfenbütteler, 1948.

MEZGER, Edmund: *Das Verstehen als Grundlage der Zurechnung.* München: Bayerischen Akademie der Wissenschaften, 1951.

———. *Strafrecht. Ein Lehrbuch.* Berlin: Duncker & Humblot, 1947.

———. *Deutsches Strafrecht. Ein Grundriß.* 3. ed., Berlin: Junker und Dünnhaupt, 1943.

———. *Moderne Wege der Strafrechtsdogmatik. Eine ergänzende Betrachtung zum Lehrbuch des Strafrechts.* 3. ed. Berlin: Duncker & Humblot, 1949.

MOMMSEN, Theodor: Römisches Strafrecht. Leipzig: Duncker & Humblot, 1899.

MUNHOZ NETTO, Alcides: "Aspectos da Reforma Penal", in *Homenagem a Aníbal Bruno*, Belo Horizonte: Coordenadoria de Pesquisa e Extensão da UFMG, 1978, p. 53 e ss.

MURMANN, Uwe: *Grundkurs Strafrecht.* 2. ed., München: Beck, 2013.

OTTO, Harro: *Grundkurs Strafrecht. Allgemeine Strafrechtslehre.* 7. Aufl., Berlin: Walter de Gruyter, 2004.

PIMENTEL, Francisco Mendes: *Lições de Direito Criminal.* 2. ed., Belo Horizonte: Universidade de Minas Gerais, 1954.

PUFENDORF, Samuel: *Elementorum jurisprudentiae Universalis.* Libri II (Photographic Reproduction of the Edition of 1672), Oxford: Clarendon Press, 1931.

PUPPE, Ingeborg: "Der Erfolg und seine kausale Erklärung im Strafrecht", in Ingeborg Puppe: *Strafrechtsdogmatische Analysen.* Göttingen: V&R, 2006, p. 101 e ss.

RENGIER, Rudolf: *Strafrecht, A.T.*, 6. ed., München: Beck, 2014.

ROTSCH, Thomas: *"Einheitstäterschaft" statt Tatherrschaft.* Tübingen: Mohr Siebeck, 2009.

ROXIN, Claus: *Strafrecht. A.T.* München: C.H.Beck, vol. II, 2003.

———. *Täterschaft und Tatherrschaft.* 9. ed., Berlin: Walter de Gruyter, 2015.

——— . Zur Mittäterschaft beim Versuch. Zugleich ein Beitrag zur Frage, ob Vorbereitungen Mittäterschaft begründen können, in Böttcher, Reinhard; Hueck, Götz; Jähnke, Burkhard (dir.): *Festschrift für Walter Odersky zum 65. Geburtstag am 17. Juli 1996*. Berlin: Walter de Gruyter, 1996, p. 489 e ss.

RUDOLPHI, Hans-Joachim *et alii*: *Systematischer Kommentar zum Strafgesetzbuch*. vol. 1, Allgemeiner Teil, §§ 1-79b, 2. ed., Frankfurt: Metzner, 1977.

RUDOLPHI, Hans-Joachim: Zur Tatbestandsbezogenheit des Tatherrschaftsbegriffs bei der Mittäterschaft, in Arthur Kaufmann (dir.): *Festschrift für Paul Bockelmann zum 70. Geburtstag am 7. Dezember 1978*, München: Beck, 1979, p. 369 e ss.

SAUER, Wilhelm: *Allgemeine Strafrechtslehre*. 3. ed., Berlin: Walter de Gruyter, 1955.

SCHILLING, Georg: *Der Verbrechensversuch des Mittäters und des mittelbaren Täters*. Köln: Heymanns, 1975.

SCHMIDT, Eberhard: "Die mittelbare Täterschaft" in August Hegler (dir.): *Festgabe für Reinhard von Frank zum 70. Geburtstag 16. August 1930*, vol. II, Tübingen: J.C.B. Mohr, 1930. p. 106 e ss.

SCHMIDT, Eberhard: *Militärstrafrecht*. Berlin: Springer, 1936.

SCHÖNKE, Adolf; Schröder, Horst: *Strafgesetzbuch* (StGB)*, Kommentar*. 29. ed., München: Beck, 2014.

SCHRÖDER, Horst: Anmerkung zu BGHSt 11, *JR* 1958, p. 427 e ss.

SCHROEDER, Friedrich-Christian: *Der Täter hinter dem Täter*. Berlin: Duncker & Humblot, 1965.

SEMINARA, Sergio: Die rechtstechnische Methode im italienischen Strafrecht, in Thomas Vormbaum (dir.): *Arturo Rocco und der Rechtstechnizismus im italienischen Strafrecht*. Berlin: Lit Verlag, 2013. p. 1 e ss.

SIQUEIRA, Galdino: *Direito Penal brasileiro. Parte Geral*. 2. ed., Rio de Janeiro: Livraria Jacyntho Editora, 1932, vol. I.

STEIN, Ulrich: *Die strafrechtliche Beteiligungsformenlehre*. Berlin: Duncker & Humblot, 1988.

STÜBEL, Christoph Carl: *Ueber die Theilnahme mehrerer Personen an einem Verbrechen*. Dresden: Hilscher'sche Buchhandlung, 1828.

VALDÁGUA, Maria da Conceição: *Início da tentativa do co-autor. Contributo para a teoria da imputação do facto na co-autoria*. Lisboa: LEX, 1993.

———. Versuchsbeginn des Mittäters bei den Herrschaftsdelikten, *ZStW*, vol. 98, 4, 1996. p. 839 e ss.

VASSALLI, Giuliano: Codice penale, in AA.VV., *Enciclopedia del diritto*. Milano: Giuffrè, vol. III, 1960. p. 272 e ss.

———. La riforma del codice penale del 1930, *La giustizia penale*, 1972. p. 517 e ss.

VORMBAUM, Thomas (dir.): *Arturo Rocco und der Rechtstechnizismus im italienischen Strafrecht*. Berlin: Lit Verlag, 2013.

WELZEL, Hans: *Abhandlungen zum Strafrecht und zur Rechtsphilosophie*. Berlin: Walter de Gruyter, 1975.

———. *Das Deutsche Strafrecht*. 11. ed., Berlin: Walter de Gruyter, 1969.

———. "Crítica à Teoria Subjetiva da Participação" [Tradução de Pablo Rodrigo Alflen], *Revista Eletrônica de Direito Penal e Política Criminal* (REDPPC), vol. 2, n. 2, 2014, p. 104 e ss., disponível em «http://seer.ufrgs.br/redppc».

ZAFFARONI, Eugênio Raúl; BATISTA, Nilo; SLOKAR, Alejandro; ALAGIA, Alejandro: *Direito Penal Brasileiro*. 2. ed., Rio de Janeiro: Revan, v. I, 2003.

ZIMMERL, Leopold: "Grundsätzliches zur Teilnahmelehre", *ZStW*, vol. 49, f. 1, 1929, p. 39 e ss.

Parte II

1

ANÍBAL BRUNO, O HOMEM E A OBRA[1]

EVERARDO DA CUNHA LUNA

(Catedrático de Direito Penal da Faculdade de Direito do Recife – UFPe.)

1 – Aníbal Bruno de Oliveira Firmo nasceu na cidade de Palmares, Estado de Pernambuco, às cinco horas da manhã do dia vinte e dois de março de 1890, numa casa da rua Assunção, filho legítimo de Gercino Parente de Oliveira Firmo e de dona Cândida Carmelinda Oliveira. Em Palmares, terra natal também de seus pais, Bruno fez, no Colégio Santa Isabel, o curso primário, vindo, aos onze anos de idade, para o Recife, onde, no Ginásio Pernambucano, cursou as humanidades. Órfão de pai, que faleceu em 1901, ainda muito menino começou a enfrentar a vida. A orfandade, nele, precipitou,

1. Texto transcrito pelo Prof. Dr. Marco Aurélio Florêncio Filho, com revisão por M.Iur. Diego Reis. Publicado originalmente em: LUNA, Everardo da Cunha *et alii*, *Aníbal Bruno, o homem e a obra – Homenagem a Aníbal Bruno,* 2. ed., Belo Horizonte: Editora Lemi/Faculdade de Direito da UFMG. 1978, 7-34.

no dizer de Berguedof Elliot, "a maturidade, a aquisição do senso de responsabilidade".[1] Nessa época encontrou, no Dr. Júlio Clemente de Faria, então secretário da Escola Normal de Pernambuco, um amigo inteligente e dedicado.

Casou, aos vinte anos de idade, em 1910, com dona Aurora Spencer de Oliveira Firmo, de família recifense, colando o grau de bacharel em ciências jurídicas e sociais, em quinze de março de 1913, na Faculdade de Direito do Recife.[(2)] Começou, então, a lecionar português em vários colégios da capital pernambucana, tendo sido funcionário da Administração dos Correios de 1909 a 1924. Em vinte e quatro de dezembro de 1925, com trinta e cinco anos de idade, formou-se em Ciências Médicas pela recém-fundada Faculdade de Medicina do Recife, conquista que fez pelo estímulo da presença de vários médicos em sua família. Não realizou, contudo, o sonho de seu pai, que o desejava, "pela sua inclinação para as Matemáticas", formado em Engenharia.[(3)]

No Recife, dedicando-se ao estudo de várias disciplinas, encontrou, no magistério e em atividades afins, o seu campo de ação social. Professor da Faculdade de Filosofia e Ciências Sociais de Pernambuco, da Escola de Aperfeiçoamento do Instituto de Educação de Pernambuco, da Escola Normal Pinto Júnior; Docente Livre da Faculdade de Medicina do Recife, Docente Livre do Ginásio Pernambucano, Catedrático de Língua Portuguesa da Escola Normal Oficial do Estado; Docente Livre de Direito Penal da Faculdade de Direito do Recife em 1938, e, em 1942, Catedrático de Direito Penal da referida Faculdade. Participante de várias comissões examinadoras para concurso de professor da Faculdade de Direito do Recife, Diretor da Escola Normal Oficial, Diretor do Departamento de Educação de Pernambuco, Diretor da Escola de Aperfeiçoamento do Instituto de Educação de Pernambuco, representante do Estado de Pernambuco em vários congressos nacionais de Educação. Fundador e Diretor da Universidade Popular do Recife. Como Diretor do Departamento de Educação de Pernambuco, propôs o plano de reforma da Escola Normal Oficial, criou os serviços de escoteiros e bandeirantes nas escolas primárias do Estado; apresentou o plano de criação das Escolas Normais Rurais; propôs a criação e organizou a Escola Experimental e Escola Modelo do Estado; criou o Seminário Pedagógico, a Biblioteca Central dos Professores, o Museu Pedagógico Central e o Boletim de Educação do Estado; promoveu a criação da Escola de Aperfeiçoamento do Instituto de Educação do Estado; criou o serviço de Educação Física nas escolas primárias do Estado; promoveu a criação de serviço de música e canto orfeônico nas escolas primárias do Estado, e organizou o serviço de Antropologia, Psicologia e Medicina Escolar anexo ao Departamento de Educação.(4) Foi membro da Academia Pernambucana de Letras, onde ocupou a cadeira cujo patrono é Paula Batista.

Resultado de seus concursos para várias cátedras e de sua atividade docente e pedagógico-administrativa são, além de outros estudos, artigos e conferências em jornais e revistas, os seguintes trabalhos, publicados no Recife, entre os anos de 1926 e 1939: "O Equilíbrio ácido-base do sangue"; "Das glândulas paratireóides em patologia"; "Chaucer na língua e na literatura inglesa"; "O exame Alfa" (Estudo de Psicologia e Psicotécnica)"; "O Romantismo"; "Interjeições e Onomatopéias"; "Um programa de Política Educacional"; "Contribuições ao Estudo da Fisiopatologia Constitucional (Estudo de biotipologia aplicada)"; "A Perigosidade Criminal"; "Tobias Barreto criminalista"; "Biologia e Direito (com particular referência ao Direito Penal)". Entre 1938 e 1940 publicou, em São Paulo, a "Língua Portuguesa", em quatro volumes.(5) Entre 1942 e 1945, publicou em Recife, os seguintes trabalhos: "A Faculdade de Direito do Recife e o pensamento jurídico-penal brasileiro": "Culpabilidade, Imputabilidade, Responsabilidade – Formas de Culpabilidade – o Dolo e a Culpa"; "Estado de Necessidade" e "Legítima Defesa". Na década de 1950, já aposentado da cátedra de Direito Penal da Faculdade de Direito do Recife, veio morar no Rio de Janeiro, onde, entre 1956 e 1966, lançou o "Direito Penal", em quatro volumes, compreendendo a "Parte Geral" e os "Crimes contra a pessoa", bem como, em 1969, o volume II dos "Comentários ao Código Penal", pela Editora Forense. Foi membro da Comissão Revisora do Anteprojeto Hungria. Faleceu aos dezessete de abril do ano corrente, no Rio de Janeiro.

2 – Aníbal Bruno afirmou-se como personalidade intelectual vigorosa, homem de vários talentos e vários saberes. A múltipla atividade de estudioso, porém, não era, nele, um sintoma de dispersão. Longe dele o diletante, o *poseur*. Movia-o uma força interna de concentração e de unidade, força mental e moral, a dedicação inabalável que tinha, ao magistério. Bruno era essencialmente professor,

magistério da sapiência,[(6)] mestre exemplar.[(7)] Como o orador, conforme o ideal de Cícero, deve tudo saber *sub specie orationis*, Bruno sabia tudo *sub specie educationis*. Nele, a cultura geral, fomentando uma determinada atividade da mente, atingiu a sua finalidade produtiva, qual a de enriquecer uma carreira especializada pelo uso dessa atividade.[(8)] A carreira especializada foi a carreira de professor. E Aníbal Bruno foi professor no sentido mais completo da palavra. Mestre que, de tanto interessar-se pelo progresso do saber no espírito dos alunos, constantemente progredia na conquista do saber. Mestre que sempre instruía conforme um processo de reversão, o saber, que conquistava, era saber unificado no sentido pedagógico, isto é, no sentido de elevação e de recuperação.

Quando, diante dos alunos, logo impressionava a sua presença, pela elegância do trajar e o porte de fidalguia. Falando, era a palavra espontânea e clara, a eloqüência que prende pela arte de dizer e que eleva pela ciência que contém. Comunicativo, aberto às discussões, Bruno era jovem precisamente porque não temia, mas procurava a juventude, olhando, com ela, na mesma direção.[(9)] Longe dele a dureza, o mau humor, o enfado, o orgulho, a ironia agressiva. Nele, a brandura no trato social só era igualada pela severidade na escolha das palavras e na construção dos conceitos. Mestre no estilo, mente disciplinada, espírito livre, eis o educador em Aníbal Bruno.

Uma atividade, assim tão intensamente vivida, naturalmente projetava-se noutras atividades, criando, recriando-se, novas diligências – e temos, então, o professor Aníbal Bruno como administrador da educação e investigador de ciência. De sua obra administrativa, dá-nos conta em um de seus trabalhos de investigação, exatamente aquele em que procura fazer a teoria da arte educativa, aquele em que a educação do espírito converte-se em espírito da educação. Estamos a defrontar, agora, a obra de Aníbal Bruno no campo da Pedagogia.

3 – O livro intitula-se *Um programa de política educacional.*[(10)] Trata-se de uma exposição apresentada pelo autor, como Diretor do Departamento de Educação, ao Secretário do Interior do Estado de Pernambuco. Na época, Pernambuco, governado por um homem idealista,[(11)] vivia os primeiros anos do novo regime político implantado no Brasil pela revolução de 1930. O clima era, portanto, propício às inovações, à experimentação de boas idéias. Deste modo, um espí-

rito como o de Aníbal Bruno havia de encontrar campo fértil para grandes realizações.

Ao meditar o *programa*, apoia-se Bruno no estado dos problemas educacionais da época, na responsabilidade cultura de Pernambuco e nas necessidades da população pernambucana no que respeita à educação. Fala-nos de uma *escola de educação integral*, afirmando que, nos tempos modernos, já não tem sentido a simples *escola de instrução*. É a escola, nesse sentido, acolhida não somente "na grande democracia americana", como na "escola sectária, a escola política", fascista, nazista e comunista". A escola como "órgão idôneo de educação integral, física, moral e intelectual do homem", em que haja educação física, com monitorias, campos de exercício e serviço médico; escoteiros e bandeirantes; merenda escolar, para combater a desnutrição dos educandos; arte no ambiente escolar, para sugerir harmonia e beleza; socialização como fundamento de vida comunitária; renovação dos métodos educativos, pelas escolas experimentais; diário de classe; projeção da escola na família dos educandos; programas escolares, nos quais se deve afastar " a preocupação de um ensino sistemático de ciências, que não pode caber na escola elementar" e em que se devem adotar "visões de conjunto, mais conformes com uma atitude mental que não deve perder de vista as realidades ambientais, as situações totais da vida, que não permitem a fragmentação da prática educacional em ramos distintos do saber", o que implica em evitar a "distribuição dos conhecimentos por matéria, à maneira clássica", devendo-se "ordená-los em grupos, segundo a correlação existente entre eles'; exames, em que se adote um progresso que permite ao mesmo tempo ter em conta o trabalho do aluno durante o ano, o julgamento pessoal do regente da classe sobre a capacidade de trabalho, a orientação e o espírito de iniciativa do educando e finalmente, a soma dos conhecimentos por ele adquiridos no período letivo", eliminando-se, "desta sorte, o que há de aventuroso nos exames".(12)

Essa orientação pedagógica encontra apoio nos autores que mais profundamente têm meditado sobre o problema da educação. Na educação da criança e do adolescente, deve-se ter em vista, sem dúvida, os *pendores individuais*, porque, pelo cultivo deles, o homem torna-se útil à sociedade e realizar-se profissionalmente. Mas a educação não pode ficar aí. É necessário que ela considere o homem, não só como indivíduo útil à sociedade e a si próprio, como também em sua mais extensa e profunda realidade pessoal. Os valores de utilidade não esgotam os valores humanos. Deste modo, deve-se cultivar, nesta criança e neste adolescente, habilidades humanas não reveladas, neles, como *pendores* e *tendências*. O mal do especialismo e do tecnicismo de toda época pode ser investigado, de uma parte na hipervalorização do utilitarismo social e individual, e de outra, no enriquecimento ou desprezo do homem como homem.

Tópico que merece especial atenção, no trabalho em estudo, é aquele em que Aníbal Bruno se refere à Universidade Popular do Recife, por ele fundada e que pouco tempo teve de duração. Vejamo--lo a seguir.

"Um dos problemas que preocupam a atenção dos educadores é a continuação da obra educativa realizada pela escola primária, para aqueles que, dela saindo, não podem prosseguir os seus estudos em institutos de educação secundária ou superior. A escola primária propõe-se a preparar o homem para a vida, mas, em realidade, o pequeno espaço de tempo que constitui o período escolar primário, a impossibilidade de introduzir nos programas o estudo de disciplinas cujo conhecimento a prática da vida reclama, a própria idade dos educandos na escola elementar, impedem que esta realize em plenitude a sua função de alto sentido humano e social. Diversas instituições têm sido sugeridas e existem mesmo em funcionamento em vários países, como órgãos complementares da ação da escola elementar. Entre nós a falta de verbas necessárias tornava impossível criar esses tipos de organização pré-escolar primária. Resolvi, assim, criar uma organização mais ou menos nos moldes das universidades populares que hoje florescem nos grandes países estrangeiros e denominá-la Universidade Popular do Recife. O princípio fundamental dessa organização era a gratuidade absoluta para alunos e professores; para os alunos a fim de que pudesse ter um caráter verdadeiramente popular e se conformasse com a idéia que tenho de que a educação em todos os graus deve ser dada gratuitamente, devendo fazer-se a seleção não pelos meios de fortuna mas pela capacidade rigorosamente verificada nos trabalhos escolares; para os professores, por ser essa a única maneira de se tornar possível a criação, sem recursos financeiros, de instituição dessa ordem. Para a sua organização, apelei

*para professores das escolas secundárias e primárias do Estado e pude registrar com prazer o entusiasmo com que de todos os lados me acorreram colaboradores para a obra. Concedeu o Governo em 1933 a subvenção mensal de 1:650$000, que foi diminuída, em 1934, para 950$000 e finalmente suprimida este ano. No decurso de 1934, funcionou a Universidade com oito centros de estudos distribuídos por vários pontos da cidade, com uma matrícula que se elevou a 1393 alunos. Este ano a falta de subvenção, que era o único recurso de que dispunha a Universidade para ocorrer às despesas de expediente e de uma pequena remuneração aos serventes dos centros de estudos e aos professores da secção técnico-profissional, impediu a abertura regular dos trabalhos, estando apenas em funcionamento três centros de estudos, que se vêm mantendo com o auxílio dos alunos. Destina--se a Universidade não só a estabelecer cursos de educação popular, de nível secundário, como a promover cursos de conferências, de caráter superior, para o estudo e a divulgação de aspectos modernos das ciências, sobretudo no que se refere ao país e, em particular, ao nordeste brasileiro. Os cursos populares compreendem seções de línguas, matemáticas, ciências da natureza, ciências sociais, saúde e higiene, belas artes, artes domésticas, ensino técnico-profissional. O centro n. 1, em funcionamento, tem caráter t*écnico profissional. O centro n. *8 é um curso de donas de casa, verdadeira escola doméstica, que subsiste, sem ônus para o Estado. Os outros centros, dos quais só um se encontra atualmente em função, compreendem as demais disciplinas, funcionando os outros de acordo com o interesse e a aptidão dos alunos. Essa Universidade, em bases populares, que reúne em torno de si boa parte dos professores primários e secundários do Estado, constitui um generoso movimento em prol da divulgação do ensino pós-escolar primário em moldes que o tornem acessível à maioria da população. Apoiando-o, o governo tem contribuído para a criação de um tipo de escola que o nosso sistema educacional reclama como órgão complementar da obra escolar primária."*(13)

A imprensa recifense acolheu a idéia e a realização nestes termos:

"Deve-se ao Dr. Aníbal Bruno, apaixonado propugnador dos trabalhos da nova pedagogia em Pernambuco, a criação desse brilhante instituto da educação integral do nosso povo. Foi por isso,

com inteira justiça, que o Conselho Universitário o elegeu diretor de nossa Universidade."[14]

De minha parte, vejo, nessa Universidade Popular de Aníbal Bruno, o movimento educacional precursor da *campanha do Ginasiano Pobre* de Felipe Tiago Gomes, que, fundada também no recife, no ano de 1943, hoje, sob a denominação de *Campanha Nacional de Escolas de Comunidade,* depois de muitos obstáculos e incompreensões, mantém mais de dois mil educandários gratuitos espalhados pelo Brasil inteiro, entre os quais quero lembrar a Faculdade de Direito de Santo Ângelo, no Rio Grande do Sul, onde, no segundo semestre de 1974, a convite de seu ilustre Diretor, tive a honra de dar uma aula sobre matéria penal. A educação, oferecida a todos, não significa que todos devem receber igual e superior educação. Não se trata de massificar o ensino. Trata-se de oferecer, a cada criança, a cada jovem, as condições para a formação da pessoa segundo as suas reais possibilidades. Também improcede a crítica, que condena tais processos de educação, sobre o fundamento de que são ilusórios e padecentes de dois vícios essenciais: a) – não resolvem os problemas da educação e b) – dificultam os processos educativos reais. São, numa palavra, meros paliativos. Mas crítica dessa natureza geralmente procede do espírito sistemático que apesar dos constantes fracassos, que teima em governar a vida pela imposição do *tudo ou nada.* Muitos frutos já deu a antiga *Campanha do Ginasiano Pobre*, como realmente também teria dado a Universidade Popular do recife, se o seu fundador tivesse encontrado continuadores.

Depois de lançar os fundamentos da *escola de educação integral,* Bruno enfrenta o problema de *formação do professorado.* Para ele, o professor primário deve ter orientação de ensino superior. E, apelando para o pensamento pedagógico nacional da época, bem como para o que de modelar já se havia realizado no Brasil, escreve:

"É essa preocupação em formar um professorado capaz, em fazer sair a escola primária de dentro de institutos de estudos pedagógicos de orientação superior, que caracteriza o pensamento e a atividade de todos os grandes educadores do país: Fernando de Azevedo, Lourenço Filho, Francisco de Campos, Anísio Teixeira, Carneiro Leão, Afrânio Peixoto, Gustavo Lessa, Noraldino Lima... *Com essa preocupação reformaram os Governos do Distrito Federal e de São*

Paulo os seus Institutos de Educação e criou o Estado de Minas essa admirável Escola de Aperfeiçoamento de Belo Horizonte, que é uma das mais belas instituições educacionais do país."[(15)]

Por sugestão de Aníbal Bruno, foi criado, pelo Decreto n. 182, de 25 de março de 1933, o Instituto de Educação do Estado, compreendendo órgãos escolares e órgãos de divulgação, quase todos já em princípios de funcionamento pela iniciativa de nosso autor: a) – órgãos escolares: Escola de Aperfeiçoamento, Escola Normal, Escola Normal Rural, Escola Experimental, Escola de Educação Física, Escola Rural Modelo, Escola para Anormais, e b) órgãos de divulgação: Seminário Pedagógico, Biblioteca Central dos Professores, Museu Pedagógico Central, Serviço Social de Educação e Boletim de Educação. Sobre o Instituto de Educação e Boletim de Educação. Sobre o Instituto de Educação de Pernambuco, escreve Bruno:

"E de notar que, posteriormente, grandes organizações educacionais do país vieram a criar instituições correspondentes a muitas das que fazem parte do nosso Instituto de Educação o que pela primeira vez eram organizados no Brasil."[(16)]

E, sobre todas essas realizações no campo de educação, afirma convicto:

"Pernambuco oferece hoje, ao país, uma organização escolar original e eficiente. Original na educação primária, porque criou o tipo da escola regional brasileira, para a zona rural, com a Escola Rural Modelo, que está servindo de padrão a instituições congêneres, em outros Estados. Original, porque o Instituto de Educação, com a Escola de Aperfeiçoamento, as Escolas Normais rural e urbana, a Escola Experimental, o Museu Pedagógico e o Boletim de Educação, representa a mais perfeita organização do país para formação dos professores primários."[(17)]

Da Paraíba, nos últimos tempos que precederam o Estado novo, veio um grupo de professorandas observar as realizações recifenses no campo da educação primária. Com as professorandas, alguns professores, entre os quais estava meu pai, que era professor de português e contabilidade, e que, ainda na capital pernambucana, escreveu um artigo de admiração sobre o que ouviu e viu, enviando-o para o jornal de sua cidade. Diz o articulista, depois de algumas observações de detalhe:

"Todas as modalidades de um ensino, essencialmente objetivo e servido por um aparelhamento pedagógico integral, foram colhidas quanto à sua prática pelas excursionistas."(18)

Na terceira parte do livro sobre a matéria pedagógica, em estudo, Aníbal Bruno ocupa-se da *escola regional*, que, ao lado da *escola normal urbana dos pequenos centros e da escola normal dos grandes centros do país*, constitui o tríplice modelo de escolas normais que deveriam instituir-se no Brasil. À *escola regional* e à *escola rural*, sob cuja inspiração propôs Aníbal Bruno, ao Governo do Estado, a criação da Escola Rural Modelo, que, depois de criada, passou a funcionar como um modelo, que o próprio nome sugere, refere-se no nosso homenageado deste modo:

"Pode-se dizer, sem exagero, que é em torno da Escola Rural Modelo de Pernambuco que gravita o todo o movimento que, no país, se processa atualmente em prol do ensino primário pré-vocacional agrícola, não só porque ela está servindo de tipo modelar para organizações congêneres, como dela têm nascido todas as iniciativas que em matéria de ensino regional na zona agrária, estão adotadas no país."(19)

A professora Isnar de Moura, estudiosa de pedagogia e mestra atuante na vida educacional de Pernambuco, depois de ressaltar os méritos da reforma Carneiro Leão, na década de vinte, escreve sobre o trabalho de Aníbal Bruno como Diretor do Departamento de Educação:

"Mais uma vez Pernambuco acompanhou a marcha do país em posição de pioneirismo, colocando à frente do Departamento Técnico de Educação o prof. Aníbal Bruno, médico e bacharel em direito, autor de outra reforma cujos frutos ainda hoje se fazem sentir

no sistema escolar do Estado, embora os principais objetivos tenham sido desvirtuados pelos que vieram depois.

"Num artigo de jornal seria impossível dar o destaque que o seu trabalho merecia. Basta porém consultar a série de Boletins daquela época e o volume – UM PROGRAMA DE POLÍTICA EDUCACIONAL – para ter idéia de quanto Pernambuco estava na vanguarda do movimento de renovação pedagógica nacional, de que a articulista dá o seu testemunho, também sinceríssimo, pois nenhuma vantagem de ordem financeira ou funcional lhe adveio com a revolução, apesar de ter rejeitado uma promoção da 1ª à 2ª entrância no ano letivo para não prejudicar os alunos preparados e à espera dos exames finais e de ter sempre cumprido os seus deveres além do que o regulamento determinava, pois, com exceção de São Bento do Uma com um próprio estadual que servia a todas as professoras, prolongava diariamente seu expediente a dois turnos de aulas em vez de um. Nada disto porém jamais passou a favor do magistério de Pernambuco e é contra isto que me venho batendo e fá-lo-ei até que não me faltem coragem e espaço na imprensa. Do ponto de vista cultural e humano, ainda destaco daquela época os cursos de férias e estágio promovidos pela Diretoria Técnica, continuando os de antes da revolução, participante que fui de todos eles, culminando o trabalho do Prof. Aníbal Bruno com a criação da Escola de Aperfeiçoamento de Pernambuco, da qual o próprio ditador chegou a afirmar, após visita feita em 5-9-33: "A Escola de Aperfeiçoamento pode constituir uma sementeira de professores para educar o resto do país, onde não houve organizações similares". (ass. Getúlio Vargas). Essa Escola de aperfeiçoamento, de que somente Minas gerais possuía coisa semelhante, aliás mantida até hoje em seu espírito e finalidade, fazia parte do Instituto de Educação, ao tempo uma organização educacional com o objetivo de formar técnicos para o magistério em suas diferentes modalidades, enquanto a Escola de Aperfeiçoamento considerada era "um centro de cultura pedagógica superior e de pesquisas bio-psicológicas para determinação das características do meio escolar (arts. 1.º e 4.º da Lei Orgânica do Instituto de Educação, p. 147 e 148, *Boletim de Educação,* março-junho, 1933)."[20]

Concluindo o livro de pedagogia, que escreveu com ciência e experiência, Aníbal Bruno faz uma incisiva referência à crítica indouta e malévola que nunca poupa as fecundas idéias e as realizações positivas. Como as suas palavras são de uma atualidade impressionante, transcrevemo-las:

"É freqüente, aparecerem homens que nunca ensinaram, que numa se puseram em contato com a alma da criança e do adolescente, que nunca meditaram anos a fio nos problemas da vida escolar, fecundando essa meditação com a experiência vivida nas classes, no trato diuturno de mestres e de alunos, a tentar sobrepor as suas visões teóricas à experiência dos que, muitas vezes, fizeram do estudo da educação e da prática do magistério, em todos os seus graus, a atividade quase exclusiva de uma vida inteira."[(21)]

Hoje, nos anos que foram vaticinados como a "década da educação", observa-se, no Brasil, um sistema de ensino com hipertrofia da máquina burocrática. E a idéia de Miguel Couto – *no Brasil só há um problema nacional: a educação do povo* – continua como idéia. No mesmo estado, a idéia de Dewey – *as falhas da democracia devem ser corrigidas, não pela redução, mas pelo aumento de democracia*,[(22)] porque, pelo menos no Brasil, o primeiro decisivo passo, para *aumentar* a democracia, consiste, precisamente, na educação do povo.

4 – A pedagogia, em Aníbal Bruno, está intimamente ligada com a medicina. Primeiro, por um fundamento que aproxima todos os pedagogos de todos os médicos, é que a pedagogia é uma medicina do espírito. Depois, por uma razão especial, originada da orientação que Bruno deu aos seus conhecimentos médicos. Com efeito. Quatro trabalhos foram por ele escritos como doutor em medicina e o essencial, que nesses trabalhos existe, expressa o interesse do autor pela psicologia, que é, como se sabe, a ciência dos fenômenos sobre os quais a pedagogia constrói um sistema de valores.

O primeiro livro de Bruno sobre medicina intitula-se *Das glândulas paratireóides em patologia,* tese para a livre docência da cadeira de Patologia Interna da Faculdade de Medicina do Recife. [(23)] Surge o endocrinologista preparando o futuro psicólogo, não se contendo o culto das letras quando, antes de estudar as sinergias e antagonismos endocrinianos, transcreve dois dos imortais versos que constituem o monólogo do Fausto:

"Wie alles sich zum ganzen webt,
Eins in dem andern wirkt um lebt."

Segue-se *O equilíbrio ácido-base do sangue*, tese para a docência livre de Química orgânica e biológica da referida Faculdade.[24] Nessa segunda tese, lembrado, talvez, de que, segundo Pavlov, medicina e fisiologia são inseparáveis quando estudadas em profundidade,[25] o endocrinologista penetra o estudo do sangue, que conduz os hormônios, os produtos das glândulas de secreção interna. Depois, surge, *O exame Alfa (estudo de psicologia e psicotécnica),* trabalho que recebe, da ciência psicológica, o nome e o conteúdo.[26] Agora, para completar a obra médica orientada no sentido da psicologia, aparece *Contribuição ao estudo da fisiopatologia constitucional (estudo de biotipologia aplicada)*, tese para a cadeira de Patologia Geral, em que o autor desenvolvendo a endocrinologia, situa-se num campo especializado da ciência psicológica – a biotipologia, uma das primeiras escolas da caracterologia.[27] Em síntese: um psicólogo apoiado em estudos médicos fisiológicos.

Como, em última instância, a psicologia é uma ciência compreensiva, podemos afirmar que a medicina e a biologia, em Aníbal Bruno, tiveram um valor instrumental, serviram de caminho a um culturalista por vocação. Deste modo, ao estudar medicina, Bruno revelou maior interesse pela compreensão de um ramo da cultura do que pela explicação de um reino da natureza. E maior convicção dessa afirmativa se tem quando se ouve o nosso homenageado dizer que o curso médico lhe deu "a complementação de estudos relativos a certos aspectos da ciência jurídica".[28] Levado à medicina pelas ciências da cultura, trouxe, às ciências da cultura, os frutos da medicina. Não só à ciência pedagógica, como ficou assinalado, nem só à ciência jurídica, como revelou Bruno, as também, como se verá a seguir, à filologia e à história da arte. Viveu Aníbal Bruno, a estudar a medicina e a biologia, a experiência vivida por Goethe, que confessou, certa vez, a Eckermann, que, sem o estudo das ciências naturais, não teria aprendido a conhecer os homens como realmente são.[29] Diante da regularidade das leis da natureza, talvez tenha sentido agudamente *a necessidade romano-germânica de ordem e classificação*,[30] que o levaria a cultivar uma especial psicologia de tipos e temperamentos – biotipologia, caracterologia, disciplinas que, ora considera ambígua,[31] ora acolhida como peça de uma concepção do mundo,[32] ora defendidas convictamente,[33] tem, em última instância, positivo valor hipotético, inegável mérito como investigação da gênese do caráter.[34] E também valor científico, se praticada e não apenas reduzida a preceitos, porque, nesse sentido, mesmo a alquimia tem valor de ciência.[35]

5 – Nos seus tempos de estudante de Direito, Bruno ensinou língua portuguesa. Cultivou-a, durante a vida, não só pela leitura dos grandes escritores vernáculos, como também pelo estudo da filosofia, tornando-se, depois, catedrático de Português da Escola Normal Oficial do Estado. Dessa atividade, resultaram os estudos *Interjeições e Onomatopéias*,[36] e *Língua Portuguesa.*[37]

Com *Interjeições e Onomatopéias,* tese para a cátedra de Português da Escola Normal, revelou seu interesse pela lingüística geral, essa nova e profunda investigação que bem renovando e vitalizando a filologia. Percebe-se, no escrito em questão, a presença do estudioso das ciências naturais, o investigador da linguagem como natureza. Primeiro, as interjeições como expressão da mentalidade pré-lógica e emotiva, sobre as quais se fundamenta a teoria emocional da origem da palavra ou do *puh-puh*,[38] ainda defendida na moderna ciência.[39] Depois, as onomatopéias, fundamento da teoria que explica a origem da linguagem como imitação dos sons da natureza, ou teoria do *bau-bau*,[40] também desenvolvida pela ciência moderna.[41]

Mas como, em Aníbal Bruno, já o vimos acima, o naturalista estava a serviço do culturalista, deve-se interpretar o escrito *Interjeições e Onomatopéias* como um trabalho preparatório do estudo intitulado *Língua Portuguesa.* Aqui, é o filólogo defrontando uma língua historicamente determinada, falada e escrita, um produto da cultura. Nos meus tempos de estudante de Direito, também dei lições de Português em vários colégios, e, nessa época, o livro de português adotado era precisamente *Língua Portuguesa* de Aníbal Bruno. Lembro-me de que dizia a meus alunos, com satisfação, que o autor do livro de português, que estudávamos, era meu professor de Direito Penal na Faculdade de Direito. Trata-se de um livro que expõe a gramática portuguesa com clareza e concisão, procurando oferecer, ao estudante e ao estudioso, os conhecimentos essenciais da língua materna. A gramática vem acompanhada da antologia, na qual, ao lado dos escritores clássicos, está apresentada uma seleção de escritores modernos e contemporâneos.

6 – Linguagem é expressão; arte é expressão: já foi definida a estética como ciência da expressão lingüística geral.[42] A uma inteligência livre, como a de Aníbal Bruno, ou seja, uma inteligência inteiramente devota à investigação,[43] o estudo da linguagem havia de conduzir ao estudo da arte e o estudo d arte ao estudo da linguagem. Não por acaso, mas por uma disposição interna de seu espírito, o primeiro trabalho, que escreveu, sobre a expressão, nem é especificamente sobre a linguagem, nem especificamente sobre arte, mas sobre uma e outra ao mesmo tempo, sobre língua e poesia – *Chaucer na Língua e na Literatura Inglesa.*[44] A seguir, escreveu *O Romantismo*, tese para a cátedra da Literatura no Ginásio Pernambucano.[45]

No estudo sobre o romantismo, Bruno manifesta a sua vocação literária e o seu amor à arte. É o culturalista que mais uma vez se afirma. Mas, pela escolha do tema, está implícito o naturalista, o médico preocupado com os males reais ou imaginários, o fisiopatologista enfim. De fato. Não definiu Goethe o romantismo como o *princípio de enfermidade?* E, no mesmo caminho apontado pelo poeta alemão, outro grande poeta da Alemanha não viu, no suicídio, o verdadeiro ato filosófico, o começo real de toda a filosofia?.[46] E um poeta inglês contemporâneo não afirmou que o romantismo só se *cura* pela análise?[47] Assim falam os artistas. Na mesma trilha, caminham os estudiosos da arte. Deste modo, o romantismo é uma fuga ao passado e ao futuro pelo temor do presente,[48] uma nostalgia,[49] ou, conforme o próprio Aníbal Bruno, uma *neurose da angústia.*[50] Eis o médico ocupado com um mal: precisamente o psicólogo ocupado, não com uma enfermidade no sentido próprio do termo, mas com uma concepção do mundo assentada numa *filosofia da enfermidade*, com uma visão artística em que o caráter utópico da arte se expressa de maneira mais pura e inquebrantável.[51] Mas, assim como o médico e o psicólogo conduziram, em Bruno, ao tema do romantismo, nele, conduziu à psicologia, essa ciência em cujo aprofundamento, pela psicanálise, descobre-se, modernamente, *uma espécie de romantismo.*[52]

Estuda Bruno o romantismo na Alemanha, onde encontrou "a mais completa expressão de seu ideal";[53] na Inglaterra, onde não encontrou "vibração combativa"[54] e na França, pátria do classicismo, "já existia ele no espírito da época e a sensibilidade exaltada dos românticos já se revelava na sociedade do declínio do século XVIII, contemporânea dos primeiros românticos ingleses e alemães". (55) Observações acertadas, que coincidem com a orientação da história da arte contemporânea, ao distinguir um romantismo alemão pré-romântico, um romantismo inglês contra-revolucionário e um romantismo francês pré-revolucionário.(56) Assinala, no romantismo italiano, o "aspecto nacionalista, sem dúvida o aspecto essencial num país a lutar pela liberdade política e a unidade nacional;(57) no romantismo espanhol, aponta o "caráter nitidamente nacionalista",(58) no romantismo português, "o elemento histórico".(59)

Dissertando sobre os românticos alemães, afirma que "escasseia em obras primas o período do apogeu do romantismo na Alemanha"; que passada a idade clássica com "as vozes eternas de Goethe e de Schiller, nem Tieck, nem Novalis, nem Hoelderlin, alcançariam aquelas altas culminâncias", e que "crítico melhor do que poetas, os românticos alemães se revelaram mais hábeis e mais profundos em formular princípios do que em exprimi-los em criações artísticas".(60) São afirmativas que dão lugar a muitas discussões, mas a natureza do presente trabalho não permite ir-lhes ao encontro. Diga-se, porém, ser improvável que Hoelderlin não tenha alcançado as culminâncias de Schiller, principalmente quando se tem em vista o par de Goethe, na famosa díade, tinha mais vocação filosófica que artística.(61) Quanto aos românticos franceses, detém-se em Chateaubriand, fazendo esta interessante observação:

"Se refletirmos na influência que a arte exerce sobre a arte e que excede muitas vezes o impulso determinado pelos demais fatores, poderemos julgar da projeção da obra de Chateaubriand sobre os destinos do romantismo na França."(62)

Nenhuma menção faz, porém, às *Mémoires d'Outre Tombe*, a obra fundamental do autor do *Génie du Christianisme*. No que respeita aos românticos ingleses, revela um conhecimento incomum da literatura inglesa, principalmente para a época em que escreveu o livro em exame. Fala, por último, sobre o romantismo nas artes plásticas e na música.(63) Na música romântica, inclui, conforme uma interpretação por muito tempo dominante e hoje devidamente corrigida,(64) a singular personalidade de Beethoven.(65) Observe-se que a música é, na história da cultura, a última criação espiritual a manifestar-se. Por isso, mesmo Brahms, estudado dentro da escola romântica, é, no fundo, um pós – ou epiclássico.(66) Nas artes plásticas, refere-se à "brilhante e vigorosa pintura romântica da França", na qual "encontramos uma das mais altas expressões do romantismo", e entre outros nomes, detém-se, particularmente, no estudo de Delacroix e Géricault.(67) Não se ocupa Bruno, ao estudar a música e as artes plásticas do romantismo, com as diferenças nacionais dos autores, mas com a época e a escola, ou seja, com o fundamental.(68)

Dedica um capítulo do livro ao que chama *predisposição romântica* do provo brasileiro, e por último, outro capítulo ao movimento romântico no Brasil e suas influências européias. Ao estudar as principais figuras literárias do romantismo brasileiro, diz, de Álvares de Azevedo, que "foi o menos brasileiro, mas também o mais completo dos nossos românticos".(69) E, sobre Castro Alves, escreve estas significativas palavras:

"E naquelas estrofes vulcânicas, de imagens amplas e hipérboles arrojadas, pulsa a alma imaginosa da nossa gente, que ainda não conquistou o sentido da medida e se agita, revolta e fascinada em um sonho de grandeza e na fé de prodigiosos destinos. Por isso nenhum poeta encarnou melhor a nossa alma coletiva. Ele foi o vate verdadeiramente nacional em quem os influxos das correntes literárias se uniam, em síntese harmoniosa, aos sentimentos instintivos, às aspirações incertas e misteriosas da consciência nacional. E o povo o amou e aplaudiu, repetindo-lhe os cantares que ainda hoje sobrevivem entre todos os da geração romântica."(70)

Aponta, certeiramente, do indianismo brasileiro, o motivo da tradição e da história, a procura de uma mediedade nacional,(71) percebendo-se, em suas palavras sobre Castro Alves, que se filia aos autores que vêm, no romantismo, o movimento mais autenticamente brasileiro. Não se preocupa, o que é admirável, em saber qual o maior poeta romântico, se Gonçalves Dias, se Castro Alves. Parece-nos que esqueceu a Manoel Antônio de Almeida. Te-lo-ia esquecido por ser Manoel Antônio autor de um romance realista, *Memórias de um*

Sargento de Milícias? O realismo, porém, é de todo o romance,[72] inclusive no romantismo.

Por fim, num arroubo que tem muito de romântico, porque o romântico "representa a parte emocional da expressão literária e uma qualidade humana permanente",[73] faz uma apreciação dos tempos modernos, à luz do espírito do romantismo, com estas palavras eloqüentes:

"Os tempos modernos nada tem de românticos. Certo o romantismo passou, realizada a missão que lhe incumbia e cedendo à transitoriedade necessária dessas formas orgânicas das características de uma época. Mas os homens dos nossos tempos, como os do século XVIII, também se afastam das fontes profundas das forças espirituais. Vivemos a inquietação de uma humanidade sem ideal. E em todas as literaturas levanta-se o clamor contra o 'século da máquina', contra o processo material que asfixia o homem, contra esta civilização sem alma 'que lhe roubou a candura e a sinceridade'. Mas, como, nas profundezas do século XVIII, ouvia-se a ressonância longínqua das vozes interiores, clamando pela vota às fontes primitivas da vida, hoje se escuta um rumor que vem crescendo do fundo da alma humana para a luz. O espírito moderno se agita como um vento inquieto. Um movimento intenso de renovação espiritual entra a agitar profundamente os homens. É o idealismo incerto e vago de novas correntes, a escolástica renascente no neotomismo, as inspirações que chegam da Índia milenar e se propagam com um sopro perturbador que do Oriente vem agitar os fundamentos da alma ocidental. Há um renascer e um concentrar de forças espirituais. A arte tateia incerta, na vida moderna, buscando em vão nas suas formas fugazes fixa os motivos estéticos que passam. Foi de um movimento destes que o romantismo nasceu. E se a arte não está morta, por esterilidade do gênio humano, na civilização do Ocidente; si a alma do homem ainda se pode exprimir nos rimos sagrados da Beleza gerada pelo seu poder criador; serão essas forças espirituais que hoje se agitam em caminhos indecisos, que hão de germinar e se expandir nas novas florações. Então, quando elas se revelarem em atos e se tornarem as formas de vida de uma época, os homens lhes atribuirão novo título, mas serão em sua essência, quaisquer que sejam os aspectos em que

se exprimam, o mesmo anelo de ideal, a mesma sede do infinito, que arrebataram as almas no romantismo."[74]

É interessante a comparação do século vinte com o século dezoito, o que nos traz à memória a engenhosa afirmativa de que os séculos ímpares *atam* e os pares *desatam*... Há, nas palavras de Bruno, a esperança de que está vivendo uma época de novo pré-romantismo. A menção de uma "escolástica renascente no neotomismo" é um novo apelo à Idade Média. E a indicação das "inspirações que chegam da Índia milenar e se propagam como um sopro perturbador que do Oriente vem agitar os fundamentos da alma ocidental" é a busca de um novo pré-romantismo. Lembre-se que Frederico Schlegal e Guilherme Humboldt foram não somente grandes estudiosos como grandes apaixonados da língua e da literatura sanscrítica. E, modernamente, observa-se, na "Índia milenar", *tudo é ilusão*[75] justamente porque *tudo é ilusão.*[76]

7 – O Direito é linguagem, e o primeiro processo da interpretação jurídica chama-se precisamente, interpretação gramatical. O filósofo Bruno, nos fins da década de 1930, começa a estudar, de modo especial, a ciência jurídica, devendo ter observado que, enquanto a interpretação filológica busca revelar, com fidelidade, um determinado pensamento, a interpretação jurídica procura construir, sobre um pensamento determinado, um novo pensamento,[77] ou seja, com outras palavras, enquanto a interpretação filológica *recria*, a interpretação jurídica *cria* o pensamento.

Mas, dentro dos vários ramos da árvore jurídica, Bruno havia de escolher, por destino, o Direito Penal. Era o pedagogo estendendo-se, porque, o que é o Direito Penal senão uma pedagogia heróica? Era, também, o médico alargando os seus horizontes, porque, o que é o Direito Penal senão um catálogo de males e malefícios?

As suas duas teses de concurso para catedrático de Direito Penal, na Faculdade do Recife, intitulam-se *A Perigosidade Criminal*[78] e *Medidas de Segurança.*[79] Pelos títulos, manifesta-se que Bruno penetrava o Direito Penal pelos caminhos da medicina e da pedagogia. Entre a primeira e a segunda tese, observa-se, o penalista, que surgia, escreveu o trabalho sob o título de *Biologia* e *Direito (com particular referência ao direito penal).*[80]

No estudo sobre a perigosidade criminal, defende duas teses principais: 1ª.) – a perigosidade como fundamento da sanção penal[81] e 2ª.) a perigosidade predelitual.[82] Depois vem o fundamento da própria perigosidade, em que se revela o biologista:

"Casos há em que nada mais além do fator social basta para explicar o delito. São os casos raros em que o ato delituoso surge como reação possível em indivíduos de são e perfeito equilíbrio físico e moral. Outras vezes fator exógeno e fator endógeno se equilibram como elementos causais de criminalidade. Vezes outras, porém, tão forte é a predominância do fato endógeno, que um fato trivial basta para desencadear a forte criminalidade latente no indivíduo."[83]

E em que se revela o psicólogo:

"A endocrinologia, a biotipologia, a psicanálise nos descortinam uma larga visão panorâmica da personalidade e das causas profundas, herdadas ou adquiridas, do comportamento do homem. Aí procuramos nós afirmar os grandes fundamentos gerais bio-psicológicos da perigosidade criminal. Excluímos da nossa exposição os casos clamantes de anomalia mental, que as técnicas psiquiátricas especificam. Mas fora dos casos mesmo de retardo ou de imaturidade do desenvolvimento psíquico ou de doença mental evidente, em que a causa da inadaptação claramente se patenteia, deve o médico criminalista juntar à análise daqueles grandes signos de personalidade normal ou patológica o exame psicológico geral e psiquiátrico, com que se completa a determinação da personalidade."[84]

Por último estuda o Projeto de Virgílio de Sá Pereira.

No estudo sobre medidas de segurança, prossegue na orientação metodológica e filosófica do estudo anterior. *Medidas de Segurança* são a conseqüência de que a perigosidade é a causa. No prefácio do livro, escreve:

"No primeiro concurso, versou a minha dissertação *A Perigosidade Criminal*, tema agudo e, sem dúvida, o mais fecundo do Direito Penal moderno. O assunto conduziu-me, então, à fórmula: perigosidade criminal – defesa social, como binômio entre cujos termos havia de desenvolver-se toda a dinâmica do Direito Penal. O primeiro desses termos fora ali tratado. De segundo, no seu aspecto mais relevante, sob o ponto de vista do Direito Penal, o das medidas de segurança, passo a tratar na presente. Não é um desses temas curiosos e originais, de rebuscas bibliográficas. E, como o outro, largo e arejado, e nele confluem todos os aspectos da ciência do delito, o filosófico, o jurídico, o criminológico."

No capítulo primeiro, dedicado à origem das medidas de segurança,[(85)] parte de que, enquanto a visão abstrata do delito conduz ao conceito de pena retributiva, a visão realista leva às medidas de segurança, *que nascem da vida*. No capítulo segundo,[(86)] estudando o fundamento das medidas de segurança, aponta-o na perigosidade, da qual *o delito é simples expressão*, e diz, incisivamente:

"Não seguiremos a Grispigni quando faz do delito o elemento primário, decisivo por si mesmo, do juízo da perigosidade e quase que absorve na consideração do ato, a consideração do autor, reduzindo, por assim dizer, a fórmula do estado perigoso a uma expressão não subjetiva, da personalidade, mas objetiva, do próprio delito, à maneira clássica."[(87)]

No capítulo terceiro,[(88)] sobre o conceito das medidas de segurança, afirma que:

"(...) a pena tende a configurar-se segundo o esquema da medida de segurança."[(89)]

No capítulo quarto,[(90)] sobre a natureza jurídica das medidas de segurança, afirma que tais medidas são penais e não puramente administrativas. E, no quinto capítulo,[(91)] terminando a primeira parte do trabalho, estuda a evolução das medidas de segurança. Por fim, na segunda parte, em cinco capítulos, estuda a sistematização das medidas de segurança, segundo o projeto Alcântara Machado.[(92)]

Como se vê, a presença do positivismo criminológico é manifesta. Não poderia acontecer de outra forma. Como vimos, Bruno, antes de especializar-se em Direito Penal, havia orientado a sua cultura no sentido pedagógico de instruir e educar, curar e recuperar. A idéia retributiva e punitiva, de raiz ética e teológica, era-lhe talvez, estranha, principalmente tendo-se em vista que a pedagogia moderna desenvolveu-se, anatematizando o castigo. Deste modo, atraído ao Direito Penal pelo que o Direito Penal tem de medicina e pedagogia, como medicina do espírito.

Entre a primeira e a segunda tese, agora examinadas, escreveu Tobias Barreto criminalista, conferência que pronunciou, em nome da Congregação da Faculdade de Direito do Recife, na sessão comemorativa do 1.º centenário de Tobias Barreto.(93) Aníbal, que fez história literária, começa, agora a fazer história do pensamento jurídico. Assinala, em Tobias, o crítico do classicismo penal italiano e o metafísico afastado da escola jurídica de orientação sociológico-naturalista, aplaudindo o crítico e explicando o metafísico.(94) Louva a posição do homenageado ao evitar, diante do problema da vontade, as contendas entre livre-arbitristas e deterministas,(95) e, ao analisar a questão da analogia, afirma que:

> *"(...) no estado atual do Direito Penal, não nos colocamos, na matéria, ao lado de Tobias."*(96)

Lamenta que Tobias Barreto tenha reprovado a obra de Lombroso, mas procura justificá-lo dizendo que:

> *"(...) não se pode, entretanto, reclamar de um homem de direito daquela época a idéia de que o puro jurista é incapaz de resolver os problemas da criminalidade."*(97)

Assinala, a seguir, que o homenageado filiou-se ao classicismo penal germânico, donde

> *"(...) parte freqüentemente para fazer incursões muitas vezes profundas nos domínios do positivismo sociológico-naturalista."*(98)

E, finalmente, elogia em Tobias Barreto, o penalista, dizendo, com muito acerto, que:

"(...) sobre culpa, sobre tentativa, sobre mandato, sobre delitos por omissão, as suas idéias, apoiadas nas fontes alemãs estavam muito além das que se conheciam no seu tempo, não só no Brasil, mas na França e mesmo na Itália."[(99)]

No trabalho que escreveu, já como catedrático de Direito Penal, e que se intitulava *A Faculdade de Direito do Recife e o Pensamento Jurídico-Penal Brasileiro*,[(100)] Bruno retoma o tema do trabalho sobre Tobias Barreto, apontando, no grande penalista, o seu ecletismo filosófico, produto da comunicação do classicismo penal germânico com o mecanismo absoluto de Haeckel, e diz, com justiça, que, nos temas técnicos:

"(...) poucas páginas se nos descobrem nas nossas letras penais tão seguras na doutrina, tão originais na exposição, tão originais na exposição, tão claras e expressivas naquela linguagem harmônica e colorida em que ele as soube lançar como as dos trabalhos que nos deixou na matéria."[(101)]

Continuando, na história do pensamento penal, evoca João Vieira e José Higino, dizendo que:

"(...) se apaziguaram os rudes conflitos entre clássicos e positivistas."[(102)]

E que o ecletismo entre o classicismo e positivismo foi transformado por Von Liszt:

"(...) em uma atitude pragmática diante dos problemas do direito penal."[(103)]

Nos dois escritos, agora analisados sobre história penal, observa-se que Aníbal Bruno mantém, no primeiro deles, a posição que tomou nas teses de concurso, e, no segundo, talvez por já ter formado o seu espírito de dogmata, considera fecunda a idéia do ecletismo de von Liszt, embora assevere que:

"(...) em doutrina é tão contestável como todos os outros ecletismos jurídico-penais."[104]

Deve-se observar, nesta altura, que é difícil compreender como, em Direito, que é uma *scienza della pratica*, uma doutrina contestável possa ser uma pragmática fecunda. Aqui, Aníbal cinde pensamento e realidade, doutrina e prática. Essa *cisão* é uma conseqüência lógica da afirmativa de que classicismo e positivo criminológico, em matéria penal, são inconciliáveis e até antagônicos.[105] Do ponto de vista filosófico, diga-se, porém, que princípios contrários e inconciliáveis, no campo do pensamento, podem coexistir e fecundar no campo da realidade.

Bruno, que havia iniciado a sua formação jurídica dentro do positivismo penal italiano, já estava aprofundado no estudo do positivismo jurídico alemão, como prova o seu primeiro e excelente escrito dogmático – *Culpabilidade, Imputabilidade, Responsabilidade. Formas de Culpabilidade – O Dolo e a Culpa.*[106] O choque das duas correntes, em seu espírito, tinha de ser fatal, não podendo conciliar-se, logo nos primeiros momentos, o criminologista e o penalista.

Num espírito equilibrado, porém como o seu, o choque também tinha de ser atenuado. E não tardou para sê-lo. No escrito *Criminologia e Direito Penal*,[107] está lançada a metodologia penal moderna, delimitados os campos vários das ciências penais e apontada a interpenetração que dá, a essas ciências, unidade e vida no constante combate ao crime. O naturalista, em Bruno, que, a princípio, tendia, na esfera jurídica, a englobar o culturalista, começa a funcionar em serviço da ciência cultural do Direito. É que o grande penalista, que surgia, verificou que a idéia de recuperação do delinqüente está também contida no Direito Penal como direito positivo e que só uma concepção estreita da magna disciplina pode levar a uma conclusão em contrário. E o pedagogo, o educador, o espírito ocupado com insuficiência, desvios e deficiências humanas, continuava fiel a sua vocação pela fidelidade ao Direito Penal. Em *Criminologia e Direito Penal*, a linguagem é esta:

"O Direito Penal é ciência jurídica. Nada mais certo. Mas apresenta características e objetivos que lhe são específicos e distinguem

dos outros ramos do direito. O seu caráter de instrumento de defesa social contra a criminalidade dá-lhe aspectos que o aproximam da ciência política e da ciência da administração e torna-lhe inaplicável a rigidez dogmática, dentro da qual se desenvolvem outras disciplinas jurídicas. Quer isso dizer que entre o Direito Penal de um lado, o Direito Administrativo e a Política Criminal, ou a Biologia e a Sociologia Criminal do outro, corre um processo necessário de interpenetração, que uma estrutura rigidamente dogmática, ou uma rigorosa fixação dentro de um sistema legislativo, não poderia favorecer, antes imobilizaria, contrariando o seu desenvolvimento natural. Ciência jurídica, é claro, particular aos juristas e por métodos jurídicos é que deve ser tratada. O domínio da atividade do criminalista é o Direito Penal em sentido estrito, os institutos jurídico-penais, os princípios e os critérios que o informam. Ninguém confunde Direito Penal com Ciências Penais, a sua natureza, os seus objetivos – ciência normativa uma, ciências interpretativas as outras. Mas entre aquelas e estas existe não só uma relação necessária, mas íntima e constante, essencial mesmo, alguma coisa como uma exigência fisiológica, condição de normalidade funcional e mesmo de vida desse ramo do Direito. Direito Penal, Filosofia Penal, Ciência Criminológica coincidem nos mesmos fins – o estudo e a disciplina do fenômeno do crime. Da colaboração entre elas é que pode resultar uma luta eficaz contra a criminalidade, que não é um problema de abstração jurídica, mas de áspero realismo, cuja solução só o estudo do homem e da sociedade poderá inspirar ao Direito."(108)

A seguir, publica o seu segundo e magistral escrito de dogmática jurídica, sob o título de *Estado de Necessidade e Legítima Defesa.*(109)

Esses dois escritos dogmáticos são os fundamentos sobre os quais escreverá a sua obra maior, o livro que iria projetá-lo, nacionalmente, como um dos grandes representantes da Ciência Penal no Brasil. Com o *Direito Penal,*(110) Aníbal Bruno revela-se um perfeito tratadista de Direito. Como diz Ruy da Costa Antunes, que foi seu assistente e o sucedeu na Cátedra de Direito Penal da Faculdade de Direito do Recife,

"O livro de Bruno, sem qualquer favor, foi a primeira e até agora inigualada exposição sistemática da Parte Geral do nosso

Direito Penal, realizada com incensurável rigor científico e apuro metodológico."[111]

Sobre a natureza do Direito Penal, escreve:

"O Direito Penal não é, assim, pura ciência de conceitos mas completa e fecunda os seus conceitos com uma orientação teleológica inspirada nos dados naturalistas e na realidade social onde a norma tem de atuar; põe-se em contacto com a vida, para que nela o Direito realize os seus fins, com a vida, que sugere novos problemas, quando a dogmática já tem encerrados os seus. Mas a construção da ciência do Direito Penal é sempre um trabalho de lógica, de técnica jurídica, em que se utilizam a análise e a síntese, a dedução e a indução, sobre a matéria específica, que é a legislação penal vigente."[112]

Sobre a natureza da Política Criminal, afirma:

"A Política Criminal é, como o Direito Penal, ciência normativa, ciência prática, ciência de fins e de meios. Como política, define os fins do Estado diante do problema do crime e formula os meios necessários para realizá-los. Mas, para isso, ela deve, como observa Exner, desempenhar dupla tarefa: determinar quais os fatos anti-sociais que devem ser definidos crimes e estabelecer as medidas de que o Estado se deve valer, diante deles, para a defesa social, não como função normativa estatal, mas como sugestão de aperfeiçoamento dos meios de combate à criminalidade. Mas deve-se ter em vista a limitação que justamente lhe dá von Liszt, atribuindo-lhe o objetivo de lutar contra o crime, atuando de modo individualizado sobre o delinqüente, o que a distingue da política social, que se dirige às condições sociais da criminalidade."[113]

Sobre a criminologia, disserta:

"Aproximando-nos das ciências criminológicas, entramos em um mundo metodologicamente diverso do da Política Criminal. Estas são ciências teleológicas, ciências de meios para alcançar determinados fins, ciências não do que é, mas do que deve ser, enquanto que

as ciências a que nos vamos referir são ciências do que é, pertencem, para dizermos com Stammler, ao reino da percepção. Elas têm por fim não a disciplina do fenômeno do crime, como ilícito jurídico, mas o estudo da natureza, das suas origens e do seu processo, como fato humano e social. Para elas o crime aparece como uma forma de comportamento do homem às condições fundamentais da coexistência social, tem de explicar-se em parte pela Biologia, em parte pela Sociologia. Temos, portanto, que essas ciências, a cujo conjunto se dá o nome de Criminologia, compreendem a Biologia Criminal e a Sociologia Criminal."(114)

Agora, como numa recordação de seus antigos estudos de endocrinologia e biotipologia, disserta:

"Novas conquistas da ciência moderna vieram rejuvenescer da Biologia Criminal clássica e dar confirmação a muitas das suas conclusões. Uma delas é a endocrinologia, que adquiriu influência definitiva nos estudos de personalidade e do comportamento, por força da interferência demonstrada das chamadas glândulas de secreção interna nos grandes processos vitais: na morfologia do indivíduo, no seu funcionamento orgânico e na sua maneira de ser e de agir psicológica, e, assim, no comportamento pessoal-social do sujeito. Ela nos instrui sobre a base orgânica permanente de certas condições de inteligência e do caráter que embaraçam o ajustamento do homem às normas da vida do seu grupo e podem conduzir ao momento crítico do fato criminoso. Outra é a Biotipologia, a construção e o estudo de certos tipos físicos e mentais, em que podem ser classificados os indivíduos, cada um dos quais apresenta determinadas configurações e determinadas tendências, muitas delas capazes de dar-nos a explicação do crime."(115)

E agora, a palavra do culturalista que fala sobre *conteúdo de valor que é da essência mesmo do Direito, como de qualquer outra ciência cultural* e do penalista, que pede a contribuição de ciências não simplesmente lógicas *para a solução dos nossos problemas*:

"É somente sobre bases criminológicas que o Direito Penal se pode tornar instrumento hábil de uma luta eficaz contra o crime, o

que, em última análise, é o seu fim e a sua verdadeira razão de ser. E ainda essa colaboração criminológica é indispensável à compreensão, livre de preconceitos, de noções, como a da perigosidade criminal, introduzidas no Direito moderno e cujo fundo naturalista não se pode seriamente contestar, ensejam embora transformadas em conceitos jurídicos, através dos quais o Direito comunica ao conceito naturalista um conteúdo de valor que é da essência mesmo do Direito, como de qualquer outra essência cultural. Somente esse entendimento entre as posições do jurista e do biologista e sociólogo pode corrigir essa disposição para conservar os nossos problemas dentro da pura elaboração lógica, sem considerar a verdadeira natureza do homem e do seu comportamento, disposição que os hábitos do pensamento jurídico tradicional, sobretudo do Direito privado, nos têm transmitido. E, enfim, não deslustra o penalista tomar a sério as ciências que não são simplesmente lógicas e pedir-lhes, com gesto amistoso, aquilo com que elas podem realmente contribuir para a solução dos nossos problemas."[(116)]

Como se pode verificar, a posição inicial, tomada por Aníbal Bruno nas suas duas teses de catedrático, evoluiu no seu *Direito Penal*, graças ao seu espírito sempre aberto às pesquisas. A periculosidade já não é o fundamento da sanção penal. E a periculosidade antedelito é vista com reserva:

"Observemos que no estado atual do Direito Penal, é justa uma atitude de reserva, que exija para aplicação da medida de segurança, como acontece nos Códigos vigentes a prática de um ato típico, ou, no mínimo, de um ato em caminho unívoco para a realização de um fato típico, que revele positivamente o caráter criminoso do agente."[(117)]

Referindo-se à pena diz que:

"(...) é de sua essência o caráter af*litivo e retributivo,*[(118)] *mas o conteúdo aflitivo da sanção penal, que, aliás, se apoia em exigências dificilmente redutíveis do inconsciente coletivo, vai sendo atenuado pela pressão de prevenção especial."*[(119)]

e que:

"(...) em todo caso, na pena se faz manifesta a reprovação social, que se transforma em exigência de castigo, a que a sanção penal dá satisfação, aplacando a indignação e a intranqüilidade pública."[(120)]

Fala-nos, a seguir, sobre o:

"(...) enfraquecimento progressivo de exigência de retribuição e a constante acentuação do pensamento preventivo."[(121)]

Como dogmata, Aníbal Bruno vê, no seu *Direito Penal,* a pena retributiva ao lado da pena preventiva, e, como estudioso do pensamento penal da atualidade, afirma que o caráter preventivo vai-se avantajando sobre o caráter retributivo. Desse modo, a inicial posição filosófica, orientada em sentido abstrato e sistemático, na qual a tônica recaia sobre o "pensamento dos juristas"[(122)], aprofundando-se, agora, com a visão histórico-doutrinária dos problemas, pela qual avulta a "reprovação social".[(123)]

Admite ele, porém, para o futuro, embora remoto, um Direito Penal sem pena retributiva, um Direito Penal puramente preventivo? Não di-lo expressamente. Implicitamente, porém, esse pensamento está contido no seu *Direito Penal.* De fato. Ao falar sobre o conteúdo aflitivo da pena diz que

"(...) se apóia em exigências dificilmente redutíveis do inconsciente coletivo."

o que equivale a dizer que essas exigências podem desaparecer um dia. E, ao falar sobre o conceito de periculosidade predelitual, julga-o inconveniente "no estado atual do Direito Penal", o que significa que pode convir a um futuro Direito.

Surge, aqui, o médico, o pedagogo, o educador, em cuja filosofia e concepção do mundo, a idéia de cura e ressocialização de delinqüente, *na sua pureza,* não deve compadecer-se com a idéia de castigo e aflição. Descobre-se, aqui, que Bruno pensa o Direito Penal do futuro à maneira platônica de conceber a República ideal: *difícil, mas possível.* Ilusão? Utopia? De qualquer forma, *idealismo* que revela largueza de espírito e alma generosa.

8 – Bondade e talento, assim foi Aníbal Bruno, uma vida dedicada à saúde moral do mundo,[(124)] um educador voltado para a saúde espiritual do país.[(125)] Jovem até o final de uma longa existência, refletia a juventude nos olhos cintilantes.[(126)] Nunca acomodado, uma carta, que me escreveu, se referia com espírito, aos "lastimáveis privilégios da velhice".

Filósofo, não o foi no sentido técnico do termo, mas os seus escritos estão penetrados de espírito filosófico, de filosofia, que tanto pode existir nos grandes sistemas, como nas ciências e nas letras.[(127)] Lembre-se que o fim de toda a verdadeira filosofia é a pedagogia em seu mais amplo sentido, como teoria da formação do Homem.[(128)] E Bruno foi pedagogo. Quase a filosofia é considerada uma ciência indispensável para uma segura orientação metafísica.[(129)] E Bruno foi fisiologista. Que, no estudo de uma língua real, encontram-se todas as idéias humanas sistematizadas.[(130)] E Bruno foi lingüista. Que a história da arte é história da filosofia.[(131)] E Bruno foi historiador da arte. Por último, que o Direito Penal, no conceito de Erik Wolf, é concreação da filosofia na vida. E Bruno foi penalista. Artista, também não o foi, no sentido estrito do vocábulo. Mas não participa da arte literária que exprime o pensamento com estilo pessoal de linguagem? Na arte de expor o Direito, escrevia como Lafayette.

Político, também não o foi, no sentido profissional ou militante da palavra. Mas revelou espírito público, de modo especial, como administrador de educação, em Pernambuco. No que respeita a regime político, era um democrata no sentido liberal e social defendendo as suas idéias com serenidade e altivez, sem a ânsia da auto conservação reacionária e sem a tendência da autodestruição revolucionária.[(132)] Saudando, certa vez, em nome da Congregação da Faculdade de Direito do Recife, um ministro de Estado Novo, que visitava a Faculdade, depois de proclamar "os princípios eternos da liberdade e do Direito", exaltou, principalmente, na vida pública do ministro, o tempo de um parlamentar, quando os parlamentares legislavam.

Religioso, também não o foi, no sentido confessional. Perguntei-lhe certa vez, se acreditava em Deus e na imortalidade da alma humana, ao que ele me respondeu que acreditava em Deus "como criador de todas essas cousas", mas que não acreditava na imortalidade da alma. Se, porém, a essência da educação é religiosa,[(133)] como não ter sido religioso um grande educador?

A imprensa do Recife, pela voz da maioria de seus mais autorizados representantes, logo após a morte de Aníbal Bruno, rendeu-lhe as homenagens merecidas.

José Luiz Delgado, professor de Direito, exaltou, nele o jurista; Leduar de Assis Rocha, professor de medicina, o endocrinologista; José Lourenço de Lima, professor de filologia românica, o vernaculista; Nilo Pereira, professor de história contemporânea, o historiador literário. Mauro Mota, poeta, o seu gosto inato pelas letras. Finalmente, o advogado Luiz Luna e jornalista Og Marques Fernandes recordaram, nele, o professor inconfundível.

Neste mês de novembro, uma semana cultural em homenagem a Aníbal Bruno realiza-se na Faculdade de Direito de Belo Horizonte. Louvável iniciativa dos professores Jair Leonardo Lopes e Marcos Afonso de Souza, apoiados pela Direção da Faculdade e pela Reitoria da Universidade Federal. Semana de cultura nacional, em que os mineiros comandam os brasileiros, manifesto o profundo reconhecimento pelo convite, que me foi feito, para iniciá-la. Acolho a missão honrosa com responsabilidade e simpatia.

NOTAS:

1 – Berguedof ELLIOT, *Aníbal Bruno – O Magistério da Sapiência* (Discurso de posse da cadeira 13, da Academia Pernambucana de Letras, em 21 de outubro de 1976).

2 – Termos de Collação de Grao de Doutor e Bacharel da Faculdade de Direito do Recife, fls. 244-verso a 245-verso.

3 – Berguedof ELLIOT, c. (1); Nilo Batista, *O Mestre Aníbal Bruno, in Ciência Penal* II, n. 1, 1975, p. 6; Octavio de Freitas, *História da Faculdade de Medicina do Recife*, 1943, p. 240.

4 – Aníbal BRUNO, *Medidas de Segurança,* 1940, p. 188 a 190.

5 – Aníbal BRUNO, c. (4), p. 188.

6 – Berguedof ELLIOT, c. (1).

7 – Ruy da Costa ANTUNES, BRUNO, *Mestre Exemplar* (Discurso proferido na sessão solene de homenagem à memória do Professor Aníbal Bruno de Oliveira Firmo, promovida pela Faculdade de Direito da Universidade Federal de Pernambuco, aos 23 de abril de 1976).

8 – Alfred N. WHITEHEAD, *Los fines de la educación y otros ensaios,* tradução de Dora Ivniski, Buenos Aires, 1961, p. 29.

9 – George GUSDORF, *Professores, para que? para uma pedagogia da pedagogia,* tradução de João Bernard da Costa e Antonio Ramos Rosa, Lisboa, 1970, p. 247.

10 – Aníbal BRUNO, *Um programa de política educacional,* Recife, 1935.

11 – Luiz DELGADO, *Carlos de Lima Cavalcanti, "Um Grande de Pernambuco",* Recife, 1975, p. 83 a 92.

12 – Aníbal Bruno, c. (9), p. 4 a 36.
13 – Aníbal Bruno, c. (9), p. 36 a 38.
14 – *Diário da Manhã,* 21 de junho de 1932.
15 – Aníbal Bruno, c. (9), p. 39 a 40.
16 – Aníbal Bruno, c. (9), p. 41 a 44.
17 – Aníbal Bruno, c. (9), p. 57.
18 – Mauro Lima, *A Embaixada do "Coll*égio da I*mmaculada Conceição" na encantadora Mauricéa, in Voz da Borborema*, Campina Grande, 13.10.1937.
19 – Aníbal Bruno, c. (9), p. 68 a 74.
20 – Isnar de Moura, *Ligeiros subsídios para a história da administração pública em administração pública,* III, *Jornal Do Commercio*, Recife, 06.12.1963.
21 – Aníbal Bruno, c. (9), p. 76.
22 – Johs S. Brubancher, John Dewey, *in Os grandes pedagogos,* tradução de Maria Emilia Ferroz Moma, Lisboa, sem data, p. 334 a 335.
23 – Aníbal Bruno, *Das glândulas parathyreoides em pathologia,* These, Recife, 1926.
24 – Aníbal Bruno, *O Equilíbrio Ácido-Base do Sangue (Em condições normais e pathologicas),* These, Recife, 1928.
25 – Doctor Emilio Beaulien, *Algunas consecüencias médicas de trabajos fisiológicos de Pávlov y sua escuela, in El aposte de Pávlov al desarollo de la medicina,* tradução de Dr. Ammón Jssacharoff, Buenos Aires, 1957, p. 257.
26 – Aníbal Bruno, *O exame Alpha (estudo de psicologia e psicotécnica),* Recife, 1930.
27 – Aníbal Bruno, *Contribuição ao estudo da fisiologia constitucional (estudo de biotipologia aplicada),* Recife, 1936.
28 – Berguedof Elliot, c.(1).
29 – Eckermann, *Gespraeche mit Goethe,* Freitag den 13. Februar, 1829.
30 – Wolf Middendorff, *Teoria y prática de la prognosis criminal*, tradução de José Maria Rodriguez Devessa, Madrid, 1970, p. 73.
31 – Karl Jaspers, Psicopatologia General, tradução Saubit – Santillan, Buenos Aires, 1963, p. 497.
32 – C. G. Jung, *Tipos Psicológicos,* Tradução de Ramón de la Serna, Buenos Aires, 1950.
33 – René Le Senne, *Traité de Caractèrologie,* Paris, 1949.
34 – Gemelli – Zunini, *Introduzine alla psicologia*, Milano, 1949, p. 446 a 450.
35 – Bosanquet, *História de la estética,* tradução de José Rovira Armengol, Buenos Aires, 1961, p. 189.
36 – Aníbal Buno, *Interjeições e onomatopéias,* Recife, 1933.
37 – Aníbal Bruno, *Língua Portuguesa,* São Paulo, 1938 – 1940.
38 – Mar Mueller, *Lectures on the Science of Language,* 1861, capítulo 9.
39 – Jespersen, *Language, its Nature, Development and Origin,* 1923, p. 488.
40 – Max Mueller, c.(38).
41 – Ernst Cassirer, *Die Philosophie der simbolischen Formen*, 1923-1932.
42 – Benedetto Croce, *Estetica come scienza dell'espressione a linguistica generale,* Bari, 1909.
43 – T.S.Eliot, *Selected prose,* London, 1975, p. 56.
44 – Aníbal Bruno, *Chaucer na língua e na literatura inglesa,* Recife, 1929.
45 – Aníbal Bruno, *O romantismo,* Recife, 1932.

46 – NOVALIS, *Los fragmentos,* tradução de Violeta Cané, Buenos Aires, 1948, p. 56.

47 – T.S.ELIOT, *The sacred wood,* London, 1953, p. 31.

48 – Arnold HAUSER, *Historia social de la literatura y el arte,* II, tradução de Tovar y Varas-Reyes. Madrid, 1969, p. 349.

49 – ORTEGA y GASSET, *Obras completas,* III, Quarta edicion, Madrid, 1957, p. 263.

50 – Aníbal BRUNO, c. (45), p. 24.

51 – Arnold HAUSER, c. (48), p. 361 e 368.

52 – Arnold HAUSER, *Teorias da arte,* Tradução de F.E.G. Quintanilha, Porto, 1973, p. 75.

53 – Aníbal BRUNO, c. (45), p. 33.

54 – Aníbal BRUNO, c. (45), p. 60.

55 – Aníbal BRUNO, c. (45), p. 75 a 76.

56 – Otto Maria CARPEAUX, *História da Literatura Ocidental,* IV, Rio de Janeiro, 1962, p. 1652.

57 – Karl VOSSLER, *História de la literatura italiana*, tradução de Manuel Montaliu, Barcelona, 1930, p. 148.

58 – Aníbal BRUNO, c. (45), p. 95.

59 – Aníbal BRUNO, c. (45), p. 96.

60 – Aníbal BRUNO, c. (45), p. 57.

61 – Benedetto CROCE, *La poésie,* tradução de D. Dreyfus, Paris, 1951, p. 188.

62 – Aníbal BRUNO, c. (45), p. 86.

63 – Aníbal BRUNO, c. (45), p. 95 a 104.

64 – Otto Maria CARPEAUX, *Uma nova história da música,* Rio de Janeiro, 1968, p. 129.

65 – Aníbal BRUNO, c. (45), p. 103.

66 – Alfred EINSTEIN, *Geatness in Music,* translated by Cesar Saerchinger, London, 1945, p. 114 a 115.

67 – Aníbal BRUNO, c. (45), p. 97 a 102.

68 – Etiene SOURIAU, *La correspondencia de las artes*, tradução de Margarita Nelkon, México, 1965, p. 21, nota 3.

69 – Aníbal BRUNO, c. (45), p. 152.

70 – Aníbal BRUNO, c. (45), p. 166.

71 – Aníbal BRUNO, c. (45), p. 145; Antônio Cândido, *Formação da literatura brasileira,* 2º v., São Paulo, 1964, p. 20.

72 – Antônio CÂNDICO, c. (71), p. 26.

73 – Otto Maria CARPEAUX, c. (56), p. 2073.

74 – Aníbal BRUNO, c. (45), p. 116 a 118.

75 – "Les Hindous, avec une morne obstination, ne cessent de nous répéter que tout est illusion: mais noius chrétiens, nous croyons que tout est allusion" (Paul CLAUDEL, *Introduction au "Livre de Ruth",* de l'Abbé Tradif de Moidrey, Paris, 1938, p. 60).

76 – "I am not a Buddhist, but some of the early Buddhist scriptures affect me as parts of the Old Testament do" (T.S. Elliot, *Selected prose,* London, 1975, p. 82); Edward CONZE, *Budismo,* tradução de Elza Bebiano, Rio de Janeiro, 1973, p. 16 e 57; Haridas CHAUDHURI, *Yoga integral,* prefácio de Pititim Sorokim, tradução de Noellini Souza, Rio de Janeiro, 1972, p. 8, 25, 29, 44, 64, e 97.

77 – Gustav RADRUBCH, *Vorschule der Rechtsphilosophie*, Heidelberg, 1948, p. 9.

78 – Aníbal BRUNO, *A perigosidade criminal,* Recife, 1937.

79 – Aníbal BRUNO, c. (4).

80 – Aníbal Bruno, *Biologia e Direito (com particular referência ao Direito Penal),* Recife, 1939.

81 – Aníbal Bruno, c. (78), p. 59.

82 – Aníbal Bruno, c. (78), p. 68.

83 – Aníbal Bruno, c. (78), p. 94.

84 – Aníbal Bruno, c. (78), p. 136.

85 – Aníbal Bruno, c. (4), p. 9 e seguintes.

86 – Aníbal Bruno, c. (4), p. 27 e seguintes.

87 – Aníbal Bruno, c. (4), p. 39.

88 – Aníbal Bruno, c. (4), p. 41 e seguintes.

89 – Aníbal Bruno, c. (4), p. 78.

90 – Aníbal Bruno, c. (4), p. 85 e seguintes.

91 – Aníbal Bruno, c. (4), p. 97 e seguintes.

92 – Aníbal Bruno, c. (4), p. 145 e seguintes.

93 – Aníbal Bruno, *Tobias Barreto criminalista, in Revista Acadêmica*, Recife, 1939, p. 425.

94 – Aníbal Bruno, c. (93), p. 427 e seguintes.

95 – Aníbal Bruno, c. (93), p. 432.

96 – Aníbal Bruno, c. (93), p. 434.

97 – Aníbal Bruno, c. (93), p. 436.

98 – Aníbal Bruno, c. (93), p. 439.

99 – Aníbal Bruno, c. (93), p. 443.

100 – Aníbal Bruno, *A Faculdade de Direito do Recife, e o pensamento jurídico -penal brasileiro, in Revista Acadêmica*, Recife, 1942, p. 41.

101 – Aníbal Bruno, c. (100), p. 46.

102 – Aníbal Bruno, c. (100), p. 49.

103 – Aníbal Bruno, c. (100), p. 54.

104 – Aníbal Bruno, c. (100), p. 53.

105 – Aníbal Bruno, c. (100), p. 53.

106 – Aníbal Bruno, *Culpabilidade, imputabilidade, responsabilidade – formas de culpabilidade – o dolo e a culpa, in Revista Acadêmica*, Recife, 1942, p. 171.

107 – Aníbal Bruno, *Criminologia e Direito Penal, in Revista Acadêmica*, Recife, 1943, p. 259.

108 – Aníbal Bruno, c. (107), p. 265, 266 e 269.

109 – Aníbal Bruno, *Estado de necessidade e legítima defesa*, *in Revista Acadêmica*, 1944-1945, p. 89.

110 – Aníbal Bruno, Direito Penal, quatro tomos. Rio, 1956-1966.

111 – Ruy da Costa Antunes, c. (7).

112 – Aníbal Bruno, c. (110), Tomo 1.º, p. 30.

113 – Aníbal Bruno, c. (110), Tomo 1.º, p. 33 a 34.

114 – Aníbal Bruno, c. (110), Tomo 1.º, p. 34 a 35.

115 – Aníbal Bruno, c. (110), Tomo 1.º, p. 37.

116 – Aníbal Bruno, c. (110), Tomo 1.º, p. 44 a 45.

117 – Aníbal Bruno, c. (110), Tomo 2.º, p. 196.

118 – Aníbal Bruno, c. (110), Tomo 3.º, p. 23.

119 – Aníbal Bruno, c. (110), Tomo 3.º, p. 22, nota 2.

120 – Aníbal Bruno, c. (110), Tomo 3.º, p. 25, nota 4.

121 – Aníbal Bruno, c. (78), p. 68.

123 – Aníbal Bruno, c. (110), Tomo 3.º, p. 25, nota 4.

124 – "... wenn ei *guter* Mensch mit Talent begabt ist, so wird er immer zum Heil der Welt sittlich wirken" (Eckermann, c. (29), den 12. Februar 1829).

125 – "The function of the Teaching Profession is to maintain the HEALTH OF THE NATIONAL MIND" (Elza Pound, Literary Essays, London, 1974, p. 59).

126 – Fritz Lange, *El lenguage del rostro*, tradução de Fermin Fernandes, Barcelona, 1957, p. 119 a 120 e 122.

127 – Dilthey, *Teoria de la concepcion del mundo*, tradução de Eugenio Imaz, México, 1945, p. 112.

128 – Dilthey, *Historia de la Pedagogia*, (sem nome do tradutor), Buenos Aires, 1952, p. 9.

129 – Sainte-Beuve, *Pensées et maximes*, Paris, 1954, p. 172.

130 – Alain, *Eléments de Philosophie*, Paris, 1949, p. 157.

131 – Gentile, *Teoria generale dello spiritto come atto puro,* Firenze, 1944, p. 214 e seguintes.

132 – Francisco Ayala, Tratado de Sociologia, Madrid, 1959, p. 142 a 143.

133 – Whitehead, c. (8), p. 34.

2

REFLEXÕES SOBRE O SISTEMA PENAL[1]

HELENO CLÁUDIO FRAGOSO

(Professor da Faculdade de Direito Cândido Mendes do Rio de Janeiro)

Quero iniciar expressando minha grande alegria por aqui estar, de novo, nesta sala, nesta noite, retornando fugazmente ao convívio de amigos, os professores e alunos desta Faculdade. Não faz muito, estive aqui mesmo, convidado pelos estudantes, num encontro memorável, de que guardo recordação carinhosa, pelas manifestações de apreço e simpatia que então recebi.

1. Texto transcrito e revisado por Mariana Marcon Cadorin (bolsista de iniciação científica do Curso de Direito da PUCRS) e Lucas Minorelli (Mestre em Ciências Criminais pela PUCRS). Publicado originalmente em: LUNA, Everardo da Cunha *et alii*, *Homenagem a Aníbal Bruno*, 2. ed., Belo Horizonte: Editora Lemi/Faculdade de Direito da UFMG. 1978, 35-42.

Nesta noite, minha alegria não é só por retornar a este ambiente e aqui estar, com estes amigos, mas também pela circunstância de que estou sendo chamado para homenagear Aníbal Bruno. Tive com o velho mestre larga e profunda relação de amizade, desde a sua vinda de Recife para o Rio de Janeiro, e acompanhei muito de perto as circunstâncias, melhor diria as vicissitudes, do último quartel de sua vida. Posso, assim, talvez melhor que outros, não só dizer sobre ele uma palavra de saudade e de profunda admiração, mas, também informar sobre a derradeira fase de sua existência, no Rio de Janeiro.

De Aníbal Bruno eu já disse, em conferência realizada na Faculdade de Direito da Universidade Estadual, no Rio de Janeiro, que ele era verdadeiramente um santo. Isso mesmo se tem dito de eminentes juristas, que viveram a sua vida realizando autêntica profissão de fé humanitária, com profunda humildade, sinal de sua verdadeira sabedoria, acompanhada de extrema pobreza material. Aníbal Bruno era um homem pobre, modesto e bom, arredio às solenidades e manifestações públicas que o pusessem em destaque. Nunca aceitava os convites que estudantes e colegas lhe faziam, e, por isso mesmo, poucos o conheceram pessoalmente.

Lembro-me de que a única vez em que o vi comparecer a um ato público, foi por ocasião do colóquio realizado pelo nosso Instituto de Ciências Penais do Rio de Janeiro, na Faculdade de Direito Cândido Mendes, em 1968. Tratava-se de colóquio preparatório ao X Congresso Internacional, que se realizaria em Roma, no ano seguinte. Havíamos convidado alguns professores estrangeiros de renome, além de vários colegas do Rio de Janeiro e dos Estados. Entre os estrangeiros estavam Sebastián Soler, provavelmente o maior penalista da América; o bravo professor chileno Eduardo Novoa Monreal, hoje exilado no México, e o professor Jean Graven, então presidente da Associação Internacional de Direito Penal.

Na sessão inaugural apareceu Aníbal Bruno no auditório, e eu, que presidia os trabalhos, assinalei a sua presença, convidando-o a participar da mesa, no que ele acedeu, com relutância. Nesta mesma sessão, quando falou o Professor Soler, começou por formular elogio excepcional a Aníbal Bruno, de cuja obra o mestre argentino se mostrou profundo conhecedor.

Tive, também oportunidade de ouvir, em Santiago do Chile, em 1963, do eminente Professor Álvaro Bunster, sem dúvida uma das figuras mais expressivas da universidade chilena, mais tarde embaixador na Inglaterra, e, hoje, ali exilado, a afirmação de que o livro de Aníbal Bruno era o que ele permanentemente consultava, para o preparo de suas aulas de Direito Penal.

Homenageamos, pois, nesta noite, jurista de reputação internacional, cujo nome figura com destaque na cultura jurídica do continente.

Como disse, viveu Aníbal Bruno, em situação de pobreza, tendo-se transferido para o Rio de Janeiro, depois de aposentado na Faculdade de Direito do Recife. Levou consigo o seu pequeno tratado de Direito Penal, para procurar editar o livro no Rio de Janeiro. A obra estava então incompleta e se referia à Parte Geral. Aníbal Bruno, homem de província, pouco conhecido na capital e no resto do país, a não ser em círculo pequeno de especialistas, encontrou dificuldades consideráveis. Havia ele, antes, escrito duas teses magistrais, disputando a cátedra de Direito Penal na Faculdade de Direito do Recife. A primeira, sobre perigosidade criminal, publicada em 1937, que ele reputava "tema agudo e, sem dúvida, o mais fecundo do Direto Penal moderno" deu-lhe a livre-docência. A segunda, publicada em 1940, sobre medidas de segurança, deu-lhe a cátedra, e era, realmente, o desenvolvimento natural do tema. Como explica o mestre, o assunto conduziu-o, então, à fórmula: perigosidade criminal–defesa social, como o binômio entre cujos termos havia de resolver-se toda a dinâmica criminal. Daí porque o atraía o estudo das medidas de segurança onde germina – dizia ele – o direto penal futuro, mais justo, mais humano, mais eficaz.

Nesses trabalhos, publicados no Recife, Aníbal Bruno mostrava o vigor de sua inteligência privilegiada e o perfeito conhecimento da matéria, que dominava por inteiro. Seus trabalhos revelam a informação precisa da bibliografia estrangeira, desde os clássicos estudos e proposições de von Liszt, do começo do século, particularmente na União Internacional de Direito Penal, até as obras mais recentes.

A obra de Aníbal Bruno sobre medidas de segurança vinha na esteira de outros trabalhos feitos sobre o assunto por Ary Franco, Ataliba Nogueira e Madureira de Pinho, entre nós, e também de outros estudos, publicados em nosso continente, destacando-se os livros de Jiménez de Asúa e do próprio Soler.

Essa preocupação da doutrina em torno da problemática do estado perigoso refere-se a questões que cumpriram seu ciclo histórico. Não se duvida hoje de que toda a privação ou restrição de liberdade, seja qual for o rótulo que lhe seja dado, é sempre *pena*. A margem de risco para a liberdade individual em qualquer sistema de reações a periculosidade pré-delitual, é intolerável, e significa sempre intervenção *punitiva* do Estado. A experiência da aplicação em numerosos países da América Latina das Leis "*de vagos y maleantes*", inspiradas na lei espanhola de 1933, e anteriores a ela, foi deplorável. Essas leis são quase sempre inconstitucionais, pela definição vaga que adotam de estado perigoso, sendo em geral aplicadas pela própria polícia. No Peru, por exemplo, a "medida de segurança" por vadiagem, pode ir até cinco anos de prisão, excluindo o *habeas corpus*. Esse tipo de leis, que vieram na linha da inspiração doutrinária da velha União Internacional de Direito Penal, são, hoje, teoricamente insustentáveis, sendo inequivocamente negativa a experiência de sua aplicação. Estamos hoje convencidos e bem conscientes dos riscos e da inutilidade que representa a intervenção repressiva do Estado, no que constitui um problema social e não punitivo.

Aníbal Bruno havia-se dedicado a esses problemas como um jurista de seu tempo, afinado com as preocupações de sua época. Chegou ele ao Rio de Janeiro com os originais de seu livro, e os levou a um grande editor de obras jurídicas. Passados alguns dias, devolveu-os o editor, dizendo que nenhum interesse tinha na publicação. Guardou, então, o mestre por quase dois anos, a obra que representava toda a sua experiência no magistério e no estudo da matéria, apresentando-a, então a outro editor, que também não o conhecia. Depois de algum tempo, esse segundo editor trouxe uma segunda resposta negativa, tendo pedido opinião ao mesmo professor consultado anteriormente pelo primeiro. Desolado, esperou o mestre até 1956, quando uma pequena empresa, a Editora Nacional de Direito, que não mais existe hoje, decidiu publicar, em dois tomos, o "Direito Penal".

O livro a respeito do qual estou contando essa história – que me foi narrada pelo próprio Aníbal Bruno – é uma das obras mais importantes de nossa literatura jurídico-penal em todos os tempos. Trata-se de um pequeno tratado, com o qual se sistematiza, por primeira vez, o Direito Penal brasileiro, de forma magistral. Surpreendentemente bem informado a respeito da moderna dogmática jurídico-penal, Aníbal Bruno apresenta, com limpidez de linguagem a expressão perfeita, a doutrina de nosso direito nesse setor, revelando o que de transitório e inconsistente havia na estrutura repressiva retribucionista de nosso código penal.

Alcançou, logo, o livro, grande sucesso, projetando o nome de Aníbal Bruno no país e no exterior. Recomendado por professores e adotado nas faculdades, destacou-se imediatamente, no quadro paupérrimo de nossa literatura especializada. Em 1948, haviam sido publicados os volumes dos "Comentários ao Código Penal" escritos por Nélson Hungria, grande amigo e mestre, cuja memória evoco com emoção. Os "Comentários" constituem, ainda hoje, a obra fundamental e mais importante em nosso Direito Penal, tendo exercido enorme influência na aplicação da lei. Essa influência provinha da autoridade incontentável de Nélson Hungria, que decorria de sua participação extraordinária na feitura do código e na redação de sua exposição de motivos. Todavia, a circunstância de estar a obra de Hungria sob forma de comentários, seguindo a ordem – melhor diria, a desordem – do código, impedia uma tratação sistemática da matéria. Por outro lado, Hungria estava, de certa forma, comprometido com a feitura do código e assumiu o papel de guardião e grande defensor das soluções legislativas. Esse papel ele desempenhou com o talento que Deus lhe deu e a grande capacidade de enfrentar os adversários que lhe dava o espírito vivaz e polêmico que possuía. Já Aníbal Bruno era um homem manso, criticando as doutrinas, mas omitindo o nome dos que criticava. Ele não invocava o nome de outros autores senão quando aprovava a opinião que manifestavam.

A obra de Aníbal Bruno foi importante porque sistematizou, de forma descompromissada, o nosso direito penal, examinado em seguríssima perspectiva crítica.

Aníbal Bruno vendeu os direitos autorais do livro, e disso se lamentou sempre. Este foi um de seus grandes equívocos. De um lado, a sua penúria financeira, e, de outro, a sua imensa modéstia, que o levava a não atribuir ao livro o valor que tinha e a não avaliar suas possibilidades comerciais, explicam a decisão infeliz.

Completou, depois, Aníbal Bruno a Parte Geral do tratado, com um terceiro volume (publicado em 1962), relativo às consequências jurídicas do delito, e publicou também um primeiro volume da Parte Especial, relativo aos crimes contra a pessoa, em 1966. Estes dois últimos volumes, no entanto, sobretudo o relativo à Parte Especial, aparecem numa fase em que já não sobrava nem vigor nem entusiasmo ao velho mestre, de saúde abalada. Queixava-se ele, então, de não poder acompanhar a evolução da doutrina, pois não possuía os modernos livros estrangeiros. Revelava também interesse preponderante pela literatura e pela filosofia. Nessa fase, escreveu também um novo segundo volume dos "Comentários ao Código Penal", na coleção de Nélson Hungria, publicado em 1969. Esse volume havia sido escrito pelo Professor Roberto Lyra e estava esgotado, sem que este grande mestre autorizasse a reedição. Atendendo a solicitação do editor, Aníbal Bruno preparou o volume, que, com sua grande modéstia me ofereceu dizendo, na dedicatória, ser obra "pouco significativa".

Aníbal Bruno foi convidado, em 1964, pelo então Ministro da Justiça, Milton Campos, para presidir a comissão revisora do anteprojeto de Código Penal, elaborado por Nélson Hungria, de que este fazia parte e que eu mesmo integrava, por indicação do Professor Roberto Lyra. Tivemos assim oportunidade de conviver durante mais de um ano, em reuniões semanais, examinando o anteprojeto. Nélson Hungria era espírito exuberante, e de inteligência privilegiada. A circunstância de estarem sendo submetidas à análise as propostas de solução legislativa que ele havia feito, em sua presença e com a sua participação, foi para Aníbal Bruno, homem polido e tímido, muito constrangedora, a ponto de levá-lo a retrair-se sempre que se punham em debate problemas nos quais havia discrepância de opiniões. É justo que se diga que o comportamento de Nélson Hungria foi sempre incensurável e dele jamais poderiam ter, os seus companheiros de comissão, queixa alguma. Ele sempre foi amável, paciente e cordato, examinando com boa vontade as objeções e críticas e muitas vezes tomando, ele próprio, a iniciativa de reformulações. A crônica da elaboração do código de 1940, em vigor, é diferente. Do próprio Hungria ouvi notícia das discussões acaloradas e das divergências de opinião, que entravaram e estiveram a ponto de comprometer os trabalhos de revisão do projeto. A convocação do Desembargador Vieira Braga, segundo Nélson Hungria, foi o grande fator de progresso e entendimento, por seu espírito ponderado e conciliador. Nosso trabalho comum, no entanto, como disse, foi diferente.

Como todos sabem, depois dos trabalhos de revisão, numa primeira leitura do anteprojeto, em 1964/1965, o projeto dormiu um sono hibernal, até 1969, quando, sem estar completa a revisão, decidiu-se editar o novo código penal por decreto, aproveitando-se o recesso do Congresso, com o lamentável Ato Institucional n. 5. Aníbal Bruno manifestou-se, mais de uma vez, insatisfeito, com as soluções do malogrado projeto, e dele ouvi, em mais de uma oportunidade, em meu escritório, a afirmação de que desaprovava a orientação geral sobre as penas e sua aplicação, e de que gostaria de desvincular seu nome da reforma penal. Convidado, em 1969, após a morte de Nélson Hungria (ocorrida em março daquele ano), pelo novo coordenador da reforma da legislação, o Professor Alfredo Buzaid (que, no governo seguinte seria Ministro da Justiça, o apagado Ministro da Justiça de uma ditadura militar), escusou-se o mestre, alegando razões de saúde, mas, em verdade recusando colaboração que não lhe agradava.

Desejaria, ainda, mencionar, a título de curiosidade, a surpresa que, certa feita, fizemos a Aníbal Bruno, pelos idos de 1970. Em seu aniversário, preparamos, sem que ele soubesse, em meu escritório, uma pequena festa, convidando numerosos colegas, que nem sequer o conheciam. Tínhamos arranjado para Aníbal Bruno uma vinculação puramente simbólica com nossa Faculdade, que lhe rendia uma pequena remuneração. E, a propósito desse assunto, que o interessava, lhe pedi que viesse ao meu escritório, naquele dia e à hora da programada reunião, mandando buscá-lo em casa por um colega. Quando ele chegou e encontrou aquela situação de festa, com um bolo de aniversário e bebidas, para celebrar a ocasião, com a presença de várias pessoas, Aníbal Bruno ficou comovido e perturbado. Guardo, com carinho, a grata lembrança da alegria que, então, proporcionamos ao velho mestre, os que o amaram e admiraram.

Na homenagem que o Departamento de Direito e Processo Penal desta grande Faculdade presta, nesta noite, a Aníbal Bruno, posso falar como quem teve íntimo contato com o velho mestre, transmitindo aos que não o conheceram um pouco da experiência humana admirável de seu convívio.

Em 1965, com a ajuda de Eraldo Gueiros, então Procurador-Geral da Justiça Militar e de outros amigos, inclusive Nélson Hungria, conseguimos que o Governo do Estado de Pernambuco instituísse modesta pensão, em favor de Aníbal Bruno, minorando, assim, talvez um pouco, as dificuldades de sua velhice.

Peço desculpas por me haver detido, mais do que imaginava, falando de Aníbal Bruno, pois com isso excedo, certamente, o tempo que me foi concedido. Meu propósito era o de lhes apresentar, nesta noite, uma visão das perspectivas de evolução do Direito Penal brasileiro, tomando como ponto de partida as inquietações do próprio Professor Aníbal Bruno.

Na obra de Aníbal Bruno encontramos um capítulo inteiro dedicado à perigosidade criminal, o que não é comum nos livros de doutrina. O propósito de introduzir a personalidade do delinquente no sistema está ao centro dos debates que procuram focalizar a influência da política criminal sobre o direito punitivo.

A ideia mais constante, nas linhas e entrelinhas da obra de Aníbal Bruno, é a da evolução no sentido e no fim da pena criminal, salientando-se o que há de efêmero e provisório nas soluções de natureza retributiva. É exatamente neste ponto que se situam as preocupações e inquietações dos juristas de nosso tempo.

A dogmática jurídico-penal (ou seja, a técnica do Direito Penal) evoluiu vertiginosamente, desde o início do século, tendo alcançado notável grau de perfeição com a teoria finalista ação. Essa evolução se processa a partir da obra de Beling e von Liszt, e, sobretudo com os trabalhos de Frank e de outros pioneiros, como Radbruch e Kohlrausch. O sentido geral dessa evolução foi no sentido de substituir conceitos puramente naturalísticos e descritivos, por conceitos de valor e normativos.

Isso fica bem claro se tomarmos, por exemplo, o conceito de culpabilidade. Como se pode ver pelas primeiras edições do tratado de von Liszt, escritas no final do século passado, e que aparecem na tradução brasileira de José Higino, a culpa se apresenta como relação psicológica entre o agente e o resultado (responsabilidade pelo resultado), tendo no dolo e na negligência (culpa em sentido estrito) as suas *formas*. Dolo é representação da importância do ato voluntário como causa, e culpa em sentido estrito era a causação ou o não impedimento, por ato voluntário, de um resultado que não foi previsto, mas que podia sê-lo. A ideia que se tem de culpabilidade hoje, nada tem a ver com isso. A culpabilidade não se esgota numa simples relação psicológica, determinada com critérios puramente descritivos, através de mera verificação sensorial. Esse conceito puramente naturalístico, desde a obra de Frank foi abandonado. Entende-se por culpabilidade a reprovabilidade do comportamento, fundada na realização antijurídica dolosa ou culposa da conduta típica, por parte de quem é imputável e tem (ou pode ter) consciência da ilicitude. O conceito puramente naturalístico transformou-se em conceito de valor, que tem sua essência na realização de comportamento *censurável.* Esse fenômeno ocorreu em todos os setores da teoria do delito, que a doutrina moderna levou a alto grau de refinamento técnico.

A questão que hoje nos preocupa é, precisamente, a da significação prática e do valor que apresenta essa sofisticada Ciência do Direito Penal moderna. Põe-se em dúvida se realmente atende às conveniências da realização da justiça uma refinada elaboração da teoria do delito, levada a alto grau de acabamento. Eu mesmo sou responsável por isso, como certamente sabem os que leram as minhas "Lições de Direito Penal", cuja Parte Geral apareceu não faz muito tempo. O questionamento que faço, portanto, se aplica, inclusive, ao que eu mesmo ando fazendo, como professor de Direito Penal.

Passam hoje ao primeiro plano as questões de política criminal e a realização de um Direito Penal mais justo e igualitário, como parte da política social do Estado, quer dizer, um instrumento através do qual o Estado realiza meios para alcançar fins socialmente valiosos. Pode-se ver, nesse sentido, as incisivas observações de Roxin, que estão na linha do pensamento de Aníbal Bruno.

E, como ainda há pouco falei na realização da justiça criminal, convém mencionar as suas vicissitudes e o questionamento que se faz de um autêntico abuso do Direito Penal, estabelecido em nome de determinadas posições de ordem moral, partindo-se da posição assumida pelos que têm o poder de fazer a lei, em discrepância com o entendimento da maioria, desprezado em favor de preconceitos e de supostos imperativos éticos. Exemplo disso é a anacrônica incriminação do adultério e de alguns dos chamados "crimes sem vítimas". Exemplo também desse abuso aparece no recurso ao sistema punitivo para impedir a livre manifestação do pensamento e proscrever a oposição política, como é o caso da legislação penal de vários países africanos e de regimes ditatoriais. Nessa legislação aparecem inclusive, normas que permitem ação punitiva realizada pelo Executivo, como é o caso da internação administrativa, de que abusam as ditaduras. A repressão política violenta, arbitrária e injusta, em matéria de crimes contra a segurança do Estado, será o aspecto mais alarmante desse abuso do Direito Penal a que me referi.

Dentro desse quadro temos também as deformações provocadas pelas penas privativas de liberdade. Hoje ninguém mais duvida de que a pena de prisão, que é a pena *par excellence,* necessariamente deforma, avilta e corrompe, criando um sistema de poder e de pressão psicológica a que se adapta o preso, numa deformação inevitável da personalidade. A pena de prisão entrou em colapso, comprometendo todo o sistema. Hoje estamos todos de acordo em que a prisão deve ser a *ultima ratio*, o derradeiro recurso do sistema, a ser aplicado quando não haja outra solução. Deve-se assinalar que, embora os professores estejam dizendo essas coisas, não é isto o que os juízes andam fazendo, na aplicação de uma lei profundamente repressiva como é a nossa. O problema é, aliás, universal. A reforma legislativa progride lentamente e é muito violenta a força de inércia das velhas concepções retribucionistas dos sistemas punitivos clássicos. Isso se deve, em boa parte, também, à mentalidade conservadora dos magistrados e dos que integram o corpo judiciário, aferrados à dogmática jurídica e muitas vezes insensíveis aos problemas humanos.

Nessa mesma linha de ideias, é bom repetir o que disse, há pouco, na VI Conferência Nacional da OAB, invocando Eduardo Novoa Monreal: o Direito Penal é direito dos pobres e desfavorecidos. Basta visitar as prisões e verificar que a clientela do sistema é constituída de pessoas em desvantajosa posição social, cuja perseguição corresponde à ideologia do sistema. Na hora de procurar o autor do crime, a suspeita recai sobre os desvalidos, que moram nos bairros pobres, que se apresentam mal vestidos, correspondendo a certos estereótipos sociais que o sistema reputa negativos, característicos dos marginais. Estamos convencidos de que as desigualdades sociais tornam puramente formal e ilusória a igualdade perante a lei.

Impõe-se, assim, a *humanização* do Direito Penal, pondo-se em questão as largas e inúteis disputas doutrinárias e a necessidade de um mecanismo policial-judiciário mais justo. Isto não significa que a dogmática jurídica está ultrapassada, como alguns ingenuamente supõem: o conhecimento técnico e sistemático do Direito Penal é insubstituível. Respondendo à indagação de Gimbernat Ordeig, devemos reconhecer que a dogmática jurídico-penal terá sempre um futuro.

Essa humanização, no entanto, é dificultada porque o sistema penal está em crise, mas a criminalidade aumenta, particularmente a criminalidade violenta contra o patrimônio. Esse aumento da criminalidade leva o legislador a supor ingenuamente que pode reagir eficazmente, aumentando a severidade das punições, como se a ameaça penal tivesse efeito preventivo. É a mesma mentalidade medieval que havia em nossas Ordenações do Reino e que transparece claramente na vigente lei de segurança nacional.

Trata-se de uma dupla ilusão. Em primeiro lugar porque as penas desproporcionadas e injustas, que ferem a consciência do julgador, não se aplicam. Os exemplos, com a vigente lei de segurança nacional, são numerosos. Em segundo lugar, porque não está demonstrado o efeito preventivo da ameaça penal. Imaginar que se controla a criminalidade através do Direito Penal é grave erro e grande ilusão que hoje não mais se pode validamente manter. Evidentemente, quando se incrimina determinadas ações ou omissões, o que se pretende é tutelar juridicamente bens e interesses da vida social, mas essa tutela não se faz visando efeito intimidativo, mas como reafirmação de valores importantes para nosso estilo de civilização.

A criminalidade está aumentando – inclusive, em taxa proporcionalmente maior, a criminalidade feminina – e provavelmente continuará aumentando. Ela se deve a causas e fatores que estão fora do alcance do sistema policial-judiciário repressivo.

Pedindo escusas pelo desalinho das ideias e das palavras improvisadas, espero que as recebam como expressão sincera de minha homenagem ao mestre Aníbal Bruno que foi, em vida, tão caro ao meu coração, e cuja memória reverencio com saudade.

3

ELEMENTOS ACIDENTAIS DO DELITO[1]

LUIZ VICENTE CERNICCHIARO

(Professor na Universidade de Brasília – UnB
e no Centro de Ensino Unificado de Brasília – CEUB)

1 – A história das idéias e instituições penais revela uma constante – adaptar a sanção ao fato delituoso, procurando apreendê-lo em todos os seus aspectos.

A superação do período da Vingança Privada representou esforço para retirar do ofendido ou de sua família a arbitrariedade na resposta ao ofensor. A Vingança Pública, realçando a preponderância do interesse coletivo, afasta o individual, a fim de a pena não corresponder ao mal praticado pelo delinqüente. O *talião* e a *compo-*

1. Texto transcrito e revisado pelo Prof. Dr. Pablo Rodrigo Alflen. Publicado originalmente em: LUNA, Everardo da Cunha *et alii*, *Aníbal Bruno, o homem e a obra – Homenagem a Aníbal Bruno*, 2. ed., Belo Horizonte: Editora Lemi/Faculdade de Direito da UFMG. 1978, 43-57.

sição, institutos que representam o momento de transição entre esses períodos, atenderam à tentativa de sanção objetiva e proporcional à ofensa – "o dente por dente, olho por olho..." no contexto histórico e político em que predominou, representa indiscutível avanço na busca do ideal referido embora, em nossos dias, não encontre clima em virtude da tábua de valores que atualmente governa nossa sociedade. A composição, por seu turno, desloca o objeto da pena, até então, dirigida ao corpo do homem, compreendendo até a sanção capital, para conferir-lhe caráter patrimonial.

A Revolução Francesa daria mais um passo adiante, como conclusão lógica das filosofias que a inspiraram. A presença do direito de liberdade como meta principal apareceria no campo penal. Antes de se manifestarem os penalistas, Beccaria lançava no "Dos Delitos e das Penas" as bases políticas e filosóficas de nova ordem jurídica no terreno penal. Lançada estava a semente e o ambiente era propício à sistematização do Direito Penal, que, por razões de preeminência do instituto – crime, recebeu preferencialmente a denominação – Direito Criminal. Daí as obras de Carmignani, Carrara e Romagnosi, entre outros na Itália, como também Feuerbach na Alemanha.

A concepção de pena é reelaborada, e a sua intensidade, em proporção a ofensa causada, foi solenemente consagrada. A responsabilidade moral é estabelecida como pressuposto da responsabilidade penal, surgindo o livre-arbítrio como um dado indiscutível, e a enunciação do delito como um ente jurídico. A definição de Carrara retrata a nova orientação – "A infração da lei do Estado, promulgada para proteger a segurança dos cidadãos, resultante de um ato externo do homem positivo ou negativo, moralmente imputável e politicamente danoso".

Entre nós, O Código Criminal do Império, de 1830, sob a influência da Constituição liberal de 1824, modificaria o quadro posto pelas Ordenações Filipinas, cujo Livro V tratava o tema nos moldes do Período da Vingança Pública. *Bernardo Pereira de Vasconcelos*, como fizera o seu inspirador de Coimbra, *Melo Freire*, lança as bases de um Direito Penal liberal, concretizado no texto legal, cujo projeto recebeu influência de *Clemente Pereira*. O novo Código somente não acompanhou todas as diretrizes das reivindicações da época porque, no Parlamento, o Partido Conservador obtém maioria para aprovar emenda de instituição da pena de morte, justificada como forma indispensável ao combate da criminalidade dos escravos. Refletiria o imperativo do art. 179 da Constituição, de que são exemplo os parágrafos seguintes: "Desde já ficam abolidos os açoites, a tortura, a marca de ferro quente e todas as mais penas cruéis" (19); "Nenhuma pena passará da pessoa do delinqüente... nem a infâmia do réu se transmitirá aos parentes em qualquer grau que seja (20).

Do período humanitário passa-se ao período científico ou criminológico. Nesta fase, a influência das chamadas ciências exatas provocaria impacto nas bases do Direito Penal. O Positivismo – então filosofia florescente – seria responsável por novas concepções. O delito é visto como fato social e humano e as suas causas poderiam ser determinadas e explicadas pela lei da causalidade material.

O decantado livre arbítrio dos clássicos seria ilusão, cuja negativa precisava ser proclamada. A idéia do determinismo conduziria à responsabilidade social como antecedente necessário da responsabilidade penal. Nesse contexto, fatalmente surgiria, como surgiram, as classificações de criminosos, tomando-se como referência a causa da criminalidade; isso explica todos os autores positivos que se preocuparam com esse aspecto, entre os quais sobressaíram os trabalhos de LOMBROSO e FERRI, e o conceito de – delito natural – de GARÓFALO.

No período Criminológico ganhou corpo e hoje constitui uma das metas prioritárias do cientista do Direito Penal – a individualização da pena. O tema por sua importância objetiva preocupação também da Criminologia e da Ciência Penitenciária. Sem exagero dir-se-á: é o momento culminante de adaptação da pena ao fato delituoso.

2 – A individualização da pena é uma conquista paulatina do Direito Penal, cujo desenvolver se manifesta em todos os períodos de evolução dos respectivos institutos; entretanto, o apogeu se manifesta com a Escola Positiva, sendo, com justiça, uma das grandes conquistas desse movimento cultural. Como foi dito, deslocaram o centro de atenção dos penalistas, do crime, para o delinqüente, e antológica se tornou a imagem de FERRI de que o criminoso não pode ser visto como simples manequim para ser aplicado um artigo do Código Penal. As preocupações antropológicas de LOMBROSO e a perspectiva sociológica de FERRI determinariam análise, até então, desenfocada, do agente da infração penal, a fim de serem conhecidos em porme-

nores. Essa pessoa passa a ser examinada com maior preocupação, por ser mais importante do que o impacto do resultado, no bem juridicamente tutelado.

Não se pode, no entanto, deixar de realçar o correcionalismo – idealizado por ROEDER. A pena teria função eminentemente pedagógica.

E a originalidade reside na afirmação de que a sanção deverá ser *indeterminada*, cuja execução ficará condicionada ao tempo necessário a obter a recuperação social do indivíduo. O corolário dessa doutrina é de efeitos extremos; a pena seria perpétua se persistisse a periculosidade; por outro lado, não deveria ser executada se o agente demonstrasse potencialidade para reincidir.

O correcionalismo – observado em plano teórico – exprime a solução ideal no tocante ao fundamento e fim da pena; entretanto, no campo político, torna-se instituto de delicada aplicação, podendo, se mal utilizado, anular a garantia do direito de liberdade.(1)

Os correcionalistas afirmam que a missão da justiça penal é "completamente análoga" à dos médicos. O delinqüente não merece castigo, mas *cuidados* e *remédios,* porque a sociedade é a causa de seu mal. A missão que o correcionalismo reservou ao Direito Penal, pode ser sintetizada no título dado à obra fundamental de DORADO MONTERO, "El Derecho Protector de los Criminales".(2)

3 – A individualização da pena se desenvolve em três planos: legislativo, judiciário e executivo.

Na aplicação da lei, definindo o ilícito penal e cominando a sanção e em atenção ao princípio da reserva legal – o Poder Legislativo manifesta a primeira preocupação de adaptar a pena ao fato delituoso. Isso explica a riqueza de figuras delituosas na Parte Especial do Código Penal, embora a sua principal sub-divisão conste somente de onze títulos. Quatro são os crimes contra a vida – aspecto do bem jurídico – Pessoa; nada impediria que um só tipo reunisse todas as hipóteses, com pena cominada única. Se isso ocorresse, porém, estaria frustrada a individualização, porquanto, ações diferentes, de gravidade distinta e de efeitos políticos diversos estariam desenvolvidas em tratamento idêntico; a fim de estabelecer terapêutica individualizada, as sanções do Homicídio não são as mesmas do Infanticídio, e da Instigação, Induzimento ou Auxílio ao Suicídio, não repetem as estabelecidas para o Aborto.

Em seguida, manifesta-se o Poder Judiciário, no momento da aplicação da pena, a mais complexa e delicada operação do juiz criminal; neste instante, cumpre-lhe realizar a tarefa de identificação do fato delituoso – no sentido amplo do termo – envolvendo a conduta em si mesma, o agente e também a pessoa do sujeito ativo para serem apreendidos todos os detalhes da motivação, da dinâmica e da finalidade do comportamento proibido. O Código Penal, no art. 42, exemplificativamente, estatui, estabelecendo as diretivas mínimas a serem obedecidas pelo magistrado: "Compete ao juiz, atendendo aos antecedentes e à personalidade do agente, à intensidade do dolo ou grau de culpa, aos motivos, às circunstâncias e consequências do crime: I – determinar a pena aplicável, dentre as cominadas alternativamente; II – fixar, dentro dos limites legais, a quantidade da pena aplicável". O Código Penal de 1969 estabelece no art. 52: "Para fixação da pena privativa de liberdade, o juiz aprecia a gravidade do crime praticado e a personalidade do réu, devendo ter em conta a intensidade do dolo ou grau da culpa, a maior ou menor extensão do dano ou perigo de dano, os meios empregados, o modo de execução, os motivos determinantes, as circunstâncias de tempo e de lugar, os antecedentes do réu e a sua atitude de insensibilidade, indiferença ou arrependimento após o crime". Apesar de prolixa, a norma continua exemplificativa, embora o seu *nomen juris* seja – Fixação da pena privativa de liberdade – alcança também a – Fixação da pena de multa (art. 53).

Outra conclusão, escrevemos no artigo: Responsabilidade Penal – *in* "Notícia do Direito Brasileiro 1975" 1976 (revista publicada pelo Departamento de Direito da Universidade de Brasília) padeceria de inconstitucionalidade. "O art. 42 do Código Penal de 1969 é literalmente mais rico (art. 52); registra as diretrizes mínimas a serem obedecidas pelo juiz na fixação da pena: embora a rubrica lateral e a redação do artigo do texto novo mencionem que o são para a "pena privativa de liberdade", interpretação sistemática, em particular o aspecto teleológico, obrigam a conjugá-lo com o art. 53, relativo à multa. Se assim não fosse, inexistiria a individualização, quando se tratasse da sanção pecuniária, implicando em incontestável vício de constitucionalidade".

A individualização da pena é garantia constitucional, inscrita no capítulo dos Direitos e Garantias Individuais (art. 153 § 13, da Emenda Constitucional n. 1 de 17 de outubro de 1969), estabelecendo que será regulada por lei. A *pena*, mencionada nessa passagem inclui qualquer sanção criminal em virtude do que, a multa não poderá ser excluída. É de se observar, o art. 53 não cria obstáculo a esta interpretação, cujo imperativo, não deixa dúvida: "Na fixação da pena de multa, o juiz deve ter em conta, principalmente, a situação pessoal e econômica do condenado".

A investigação judicial é ampla, sem olvidar os subsídios que a vitimologia oferece, em particular para ressaltar a influência do comportamento do sujeito passivo no contexto delituoso.

Em terceiro lugar, temos a fase executiva, própria do Direito Penitenciário. A execução da pena, entre nós, se desenvolve sob garantia judiciária; entretanto, a orientação do condenado é realizada através de medidas de caráter administrativo.

A Itália representa, no tema, uma das legislações mais avançadas, através da Lei n. 354, de 26 de julho de 1975 e o recente Regulamento expedido pelo Decreto n. 431, de 26 de abril de 1976.

Institucionalizou-se o exame de personalidade destinado a determinar as eventuais carências fisio-psíquicas, afetivas, educativas e sociais, responsáveis pela dificuldade de uma normal vida de relacionamento. Para tais fins, buscam-se dados biológicos, psicológicos e sociais, referentes a cada pessoa, para o estabelecimento de um programa individual de tratamento.

Completa-se, dessa forma, a individualização da pena, com o que se procura combater, em cada condenado, os fatores que o compelem a uma conduta de indisciplina social, olhando-se, com atenção, os elementos endógenos e exógenos que concorrem para a formação da personalidade. A cada indivíduo um tratamento próprio! O art. 29 do Regulamento – Programa individualizado de tratamento – estabelece que a formação do programa de terapia é efetuada por um grupo presidido pelo diretor e composto de pessoal especializado em exame de personalidade.

4 – O princípio da legalidade consagrou a prévia descrição do ilícito penal, em virtude do que será "observada a lei anterior, no relativo ao crime e à pena" (Emenda Constitucional n. 1, de 17 de outubro

de 1969, art. 153, § 16) e "não há crime sem lei anterior que o defina. Não há pena sem prévia cominação legal" (Código Penal, art. 1.º).

A descrição legal da conduta delituosa, tipo, ou modelo legal, no tocante a sua estrutura, representa um dos temas mais polêmicos, notadamente, depois do conceito de BELING (1906), reformulado (1930) e, em seguida, com as conclusões de MEZGER e de WELZEL.

O conceito de tipo interessa diferentemente ao estudo das circunstâncias, quando se propõe analisar a posição das mesmas na *fattispecie* criminosa.

Antes de tudo, porém, cumpre ressaltar a função dogmática das circunstâncias, ponto de partida indispensável para a colocação do tema em seus devidos objetivos.

As circunstâncias – também chamadas elementos acidentais da infração penal, exercem a função de aumentar ou diminuir a sanção, em plano abstrato, ou concreto. Toda infração Penal é composta de elementos essenciais – *essencialia delicti*, e eventualmente de elementos acidentais – *accidentalia delicti* – conhecidos também como circunstâncias porque, enquanto os primeiros compõem a estrutura, a essência, constituem o delito; os segundos atuam como dados facultativos, não tocam o núcleo do ilícito, giram em volta dos estruturais, como satélites em relação aos planetas, *circum stare*.

A função das circunstâncias ressalta com clareza, a intimidade com a individualização da pena; corresponde aos elementos da captação dos pormenores da conduta delituosa a fim de que a pena seja adequada ao caso concreto e situações desiguais não tenham o mesmo tratamento.

Duas infrações penais, ainda que capituladas no mesmo dispositivo legal nunca são iguais. Quanto ao resultado, dois homicídios se identificam, isto é, correspondem à morte de uma pessoa; todavia, examinadas em todos os seus aspectos, não revelam as mesmas características. O modo de execução não é o mesmo, a motivação é diferente, a finalidade é díspar, o local, a hora da conduta típica, também não são as mesmas. Ainda que se trate de co-autoria, a conclusão é verdadeira – os antecedentes dos autores, a personalidade de cada um, os motivos que os impulsionaram, a insensibilidade diante da vítima, a atuação dos atos executórios, o arrependimento e tantos outros fatores recomendam a fixação da pena em graus diferentes. A sensibilidade do legislador, em sede normativa, e a do juiz diante do fato em julgamento, determinam ponderar esses aspectos e os demais que envolvem o crime. A individualização da pena renega a cama de Procusto, cuja medida não se adaptava às pessoas, mas as pessoas a elas eram amoldadas, inclusive com o corte das pernas do que nela se deitassem.

No Código Penal brasileiro as circunstâncias podem ser reunidas em dois grupos:

1) – *grupo de majoração de pena*:

1.1 – qualificativa (qualificação) – acarreta aumento *in abstrato* da Pena, implicando, pois, cominação própria, Exemplo: Art. 155 § 4.º – o furto qualificado comina a pena de reclusão de dois anos a oito anos, e multa, de dois cruzeiros a doze cruzeiros, enquanto a sanção estabelecida para o furto simples é de reclusão de um a quatro anos, e multa de cinqüenta centavos a dez cruzeiros.

Observa-se, o legislador nem sempre foi coerente com essa classificação doutrinária, como acontece no art. 258, denominado – formas qualificadas – o que, em verdade, constitui hipótese de causa especial de aumento de pena.

1.2 – *Causa especial de aumento de pena* – aumenta *in abstrato* a penam implicando, porém, no que chamamos, cominação derivada. O legislador majora a sanção estabelecida para a modalidade não circunstanciada, em quantidade fixa, ou dentro de certos limites. Exemplos: o art. 209, parágrafo único, estabelece que a pena "é aumentada de um terço", isto é, a cominada à modalidade simples do crime de impedimento ou perturbação de cerimônia funerária – detenção, de um mês a um ano, ou multa, de cinqüenta centavos a três mil cruzeiros.

1.3 – *Agravante* – aumenta *in concreto* a pena, dentro dos limites da cominação legal. Enquanto as duas primeiras hipóteses constituem operação do legislador, esta é atribuição do juiz no momento de aplicação da pena. A relação compõe o art. 44, embora interpretação sistemática dispensasse a ressalva de as hipóteses atuarem como circunstâncias agravantes "quando não constituem ou qualificam o crime".

Note-se, polêmica é a inclusão de – reincidência – nesse rol; como adiante será demonstrado, as circunstâncias dizem respeito às características da conduta delituosa, ao passo que a reincidência se relaciona com o modo de ser do agente, dado que, indiscutivelmente, não poderá ser esquecido no instante da fixação da pena, mas que não abrange aspecto particular do comportamento proibido.

2) – *grupo de redução da pena*

2.1 – *Causa especial de diminuição da pena.* – O conceito é o mesmo de a – causa especial de aumento de pena; a distinção reside somente no efeito, isto é, reduz a sanção. Exemplo: o art. 221 estabelece que a pena é diminuída de um terço, se o rapto é para fim de casamento, e de metade, se o agente, sem ter praticado com a vítima qualquer ato libidinoso, a restitui à liberdade ou a coloca em lugar seguro, à disposição da família.

2.2 – *Atenuante.* É o mesmo conceito de agravante, e também aqui, a distinção se delimita ao efeito, ou seja, diminui a pena. A relação genérica está no art. 48 do Código Penal. Ao contrário do contido no art. 44, não estabelece que atuam como tal quando não integrantes do crime; a referência explícita é desnecessária à vista de não se confundirem os elementos integrantes do ilícito e as circunstâncias.

Estes dois grupos (outros há de classificação elementos acidentais), por si sós, ressaltam a intimidade dos *accidentalia delicti* com a individualização da pena; são, na expressão feliz de SALGADO MARTINS, a modelagem do fato delituoso, com o que desejava mencionar que todos os pormenores são por eles abrangidos. A sensibilidade do julgador recorre a eles para que a *sanctio iuris* não se reduz a uma operação formal, mas cumpra a finalidade a que se propõe a pena, além de tratar desigualmente situações desiguais.

5 – A estrutura do tipo é o ponto de observação indispensável no estudo das circunstâncias. Não desejamos, porém, enfrentar a teoria geral do tipo, o que nos conduziria a variantes indesejadas.

O tipo representa – por razões políticas – conquista do chamado Direito Penal Liberal, e hoje, continua como instituto de preservação do direito de liberdade; significa a prévia descrição da conduta proibida. Em sendo assim, enuncia a ação delituosa – é uma unidade complexa, em que se reúnem todos os elementos da infração penal.

A ação, por sua vez, é o comportamento humano; como tal, conjunto de atos (excepcionalmente a ação se reduz a um ato), impulsionados por um motivo e voltados para um fim. Tudo o que fazemos tem um "por quê" e um "para quê". A ação, no dizer de HANS WELZEL, é exercício de atividade final. A ação é, portanto, um acontecer *final* e não somente *causal*. A atividade final, por seu turno, é atividade dirigida conscientemente em função do fim.[3] Esse conceito de ação implicou no surgimento da – teoria finalista da ação – responsável por outra perspectiva da culpabilidade, visto o dolo deixar de ser espécie da relação de causalidade psíquica para permanecer no núcleo da ação.[4]

A teoria causalista (dolo e culpa – espécies da culpabilidade) também não renega o elemento subjetivo na economia do ilícito; a divergência está na colocação desse elemento.

Ambas as posições concordam com a presença de dados objetivos e subjetivos na composição do delito; enquanto a literatura penal registra os causalistas preferirem mencionar – elemento objetivo e subjetivo – os finalistas, também sem sacrificar a unidade, se referem ao – tipo objetivo (ou fase objetiva do tipo) e tipo subjetivo (ou fase subjetiva do tipo).

6 – O delito, foi ressaltado, abrangerá sempre os elementos essenciais, podendo revelar também os elementos acidentais.

As circunstâncias compõem o tipo, ou são alheias a ele? Se positiva a resposta, em que parte do tipo se situam?

O tema não é pacífico na doutrina. Algumas sugestões foram aventadas, sem resolver definitivamente a polêmica. Antes de lançarmos nossa conclusão, convém, para ordenação do pensamento, enunciar algumas teorias, em cujo percurso acompanharemos GAETANO CONTENTO.[5]

A primeira posição inclui as circunstâncias no conteúdo do preceito da norma, concebida como imperativo, isto é, comando imposto à observância de todos. É o entendimento de SANTORO, tendo como antecedente a impostação de CIGNA. Segunda esta conclusão, as circunstâncias consistiriam em uma especificação do conteúdo do comando, no sentido de que a norma que veda o fato, veda também as modalidades particulares de sua manifestação. Assim exemplificando, no furto, com elemento acidental, o preceito seria assim: "não furtar coisas expostas à fé pública", ou "não furtar introduzindo-se em casa alheia", ou ainda "não furtar nem mesmo coisas de pequeno valor", "não furtar, nem mesmo por motivos de particular valor social".

SANTORO afirma que o crime e as circunstâncias constituem uma "unidade modal".

GRISPIGNI, analogamente, afirma que as circunstâncias se inserem no preceito primário, e precisa que o preceito não se limite a estabelecer que, em caso de realização do fato, é cominada uma pena, mas prevê em seu seio que também as causas pelas quais a pena é cominada deveriam ser de uma certa espécie ou de um certo grau. Daí decorre, as circunstâncias compõem o tipo já em sede abstrata.

Em outro plano, e negando as posições expostas, menciona-se SABATINI, no sentido de que as circunstâncias não influenciam o preceito, mas se referem à esfera da ação exclusivamente no momento da punibilidade, isto é, a sanção. Na mesma linha, COSTA, segundo o qual a função das circunstâncias é de determinar modificação da sanção típica, ou seja, circunstância é causa de modificação da pena.

FROSALI, por seu turno, hipotiza a *fattispecie* de qualquer infração como indefinidamente capaz de absorver em si mesma, indeterminado número de elementos facultativos, que girariam em torno ao núcleo essencial (elementos constitutivos), representando a possível forma de expressão específica em relação a um determinado caso concreto.

GALLO examina o tema através de ótica diferente – enuncia autonomia entre a infração simples e a infração circunstanciada. Posta a norma como nexo pensado entre uma hipótese de fato (*fattispecie*) e determinadas consequências jurídicas, o Autor afirma decisivamente que toda vez que se verifica a integração entre ambos, nasce uma nova norma, autônoma a respeito da relativa apenas à situação base. Em outros termos, as circunstâncias constituem uma nova *fattispecie*.

Moro entende que as circunstâncias são o resultado e a manifestação de um particular procedimento de técnica legislativa, especializando determinadas *fattispecie* de infrações penais. O delito circunstanciado não difere do simples na forma (permanece sempre a essência do delito-base), mas modifica o último em seu conteúdo, operando autêntica especialização; representa o papel de elemento de valor da *fattispecie* criminosa.

Contento, o que comprova a complexidade da matéria, sustenta outro ponto de vista; parte da idéia de *fattispecie*, distinguindo-a em *abstrata* e *concreta*, como de resto o faz a doutrina. A primeira referente à descrição do ilícito penal, a segunda ao fato – infração penal. Acrescenta, e aqui, surge a inovação, subdivide a *fattispecie concreta* em provisória e definitiva. Provisória quando o juiz estabelece a pena-base, considerando a norma do art. 133 do Código Penal da Itália; todavia, somente se torna definitiva depois de o magistrado ponderar também as circunstâncias disciplinadas, fundamentalmente, nos artigos 59 a 70 do mencionado diploma de lei. Os elementos acidentais comporiam a segunda *fattispecie*, própria e restrita aos elementos que não são essenciais do crime.

Encerrado o percurso com o ilustre Professor da Universidade de Bari, cumpre expor, sucintamente, a tese de Delogu, desenvolvida no curso de especialização em Direito Penal e Criminologia, no Instituto de Direito penal e Criminologia da Universidade de Roma, no ano acadêmico 1975/1976. O eminente Diretor do Instituto sustenta brilhante raciocínio. As circunstancias não se situam no preceito, ou na sanção da norma; exercem a função de efetivar a individualização da pena – compõem o ordenamento jurídico, porém, alheias à descrição do ilícito. O art. 133 do texto penal italiano relaciona os pormenores a serem levados em conta pelo juiz, no exercício do poder discricionário para aplicar a pena; todavia genericamente (agravantes e atenuantes comuns), ou especificamente (agravantes e atenuantes restritas a determinados ilícitos), a lei enuncia um elenco de elementos, eventualmente presentes, que aumentam, ou diminuem a pena, que o magistrado aplicaria se não fossem presentes no caso concreto. A preocupação do legislador foi ao extremo de estatuir na primeira o art. 62 *bis*: "O juiz, independentemente das circunstâncias previstas no art. 62, pode tomar em consideração outras circunstâncias, quando entender que justifiquem a diminuição da pena". Evidentemente, não inclui as agravantes, porque estas devem ser expressamente descritas, em atenção ao princípio de carecer de legitimidade a aplicação da pena, sem prévia descrição legal, quando prejudicar o réu. Essas circunstâncias, afirma o autor, constituem – *standards* – a que o juiz está vinculado para alcançar perfeita individualização da pena no tocante às atenuantes, meramente enunciativas, ao passo que, exaustivas em relação às agravantes.

7 – A infração penal é sempre uma conduta contrária ao Direito; daí a marca da antijuridicidade (entendido o termo no sentido de contrastante com as normas jurídicas, e não como algo fora do âmbito do Direito).

A estrutura lógica da norma jurídica, enunciada por HANS KELSEN, revela que, dado o fato temporal, deve ser a prestação; dada a não-prestação, deve ser a sanção, ou seja – Dado *Ft* deve ser *P*; dado *NP*, deve ser *S*.

O ilícito penal será sempre o *NP*, visto o agente não realizar a prestação, isto é, o seu dever jurídico, aquilo a que está obrigado.

8 – O delito, sublinhou-se, é conduta humana descrita no tipo. Este é o ponto de partida para solucionar a questão quanto à posição dos elementos acidentais.

O tipo, sabe-se, é uma conquista política, cuja finalidade é solucionar o comportamento do homem, a fim de não ser surpreendido com uma condenação, sem que antes o Estado haja dado relevância penal à referida conduta.

De outro lado, a sanção é cominada em função do dano, ou perigo que o crime ocasiona aos valores juridicamente consagrados. O legislador, examinando a tábua de valores de um dado momento histórico, gradua as sanções, reservando as mais severas para as hipóteses de efeitos mais negativos. Isso explica a diversidade de tratamento entre o homicídio e a lesão corporal, punidas diferentemente. O magistrado, por sua vez, sopesará as características do caso em um julgamento para a pena aplicada concretizar a finalidade visa pela lei. Daí, a cominação, nas legislações modernas, obedecer ao critério de se mencionar o grau mínimo e o grau máximo, dentro de cujos limites se manifesta o poder discricionário do juiz. O Código Penal de 1969, com a preocupação de facilitar ao máximo a individualização, inclui também a – pena indeterminada; embora esse seja o *nomen iuris* do parágrafo 1.º do art. 64, trata-se de pena relativamente indeterminada, porque a sua duração "não pode exceder a dez anos, após o cumprimento da pena fixada na sentença".

Conseqüentemente, cada sanção "in concreto" corresponde a uma *conduta determinada*, ou seja, compreensiva dos elementos essenciais e acidentais da infração penal.

9 – O tipo – correspondendo a ação delituosa, compreende todos os atos em que se desdobra a realização do ilícito penal, abrangendo o aspecto objetivo e o aspecto subjetivo.

O lado objetivo da ação – modificação do mundo externo – é representada por um verbo – palavra que representa o fazer, ou o não fazer do homem. Além disso, indica o resultado (pelo menos do ponto de vista jurídico) porque embora conceitualmente possamos distinguir a ação do resultado, ambos forma o fato delituoso, indispensável à descrição para a fixação do momento consumativo – porque, consoante a redação do art. 14, I do Código Penal, diz-se o crime consumado quando nele se reúnem todos os elementos de sua definição legal, isto é, contidos no modelo descritivo.

Acontece, porém, em muitos casos, os elementos integrantes da infração penal não se esgotam com a indicação do verbo e do resultado; estes dois dados vêm acrescidos de pormenores, conhecidos como modalidades da ação, de que é exemplo o crime de Exposição ou Abandono de recém-nascido, cujos verbos reitores – expor e abandonar – somente se tornam relevantes se o forem "para ocultar desonra própria" (art. 134).

Além disso, considerando o ordenamento penal, o tipo implicitamente alberga outros elementos, confirmando que um artigo de lei há de ser interpretado sempre em função do sistema; por isso, decorrem referências ao:

a) sujeito ativo. A infração penal é sempre realização humana, em virtude do que se subentende, salvo disposição expressa em contrário (ser Mãe, no crime de infanticídio, funcionário público, no peculato, por exemplo), que a conduta será realizada por qualquer pessoa imputável.

b) objeto material, isto é, a pessoa ou coisa sobre a qual incide a ação delituosa.

c) tempo da ação. Em princípio, o tipo não se preocupa com o momento dos atos executórios, entretanto, em algumas hipóteses, incluem referências dessa natureza, como no crime de – infanticídio (art. 123) – "Matar, sob influência do estado puerperal o próprio filho, durante o parto ou logo após".

d) lugar da ação. Também este pormenor, regra geral, é dispensável para a formação do tipo; razões de combate à criminalidade faz com que, muitas vezes, o legislador se preocupe com ele e o inclua entre os elementos essenciais. "Praticar ato obsceno em lugar público, ou aberto ou exposto ao público" (art. 233).

e) maneira de execução. "Causar epidemia, mediante a propagação de germes patogênicos" (art. 267).

A moderna literatura menciona que o legislador arrola elementos descritivos, isto é, aferíveis mediante simples operação cognoscitiva, de que são exemplos – homem, mulher, animal, casa, mesa, etc. e, em outras ocasiões, alude a noções normativas, cuja compreensão requer uma valoração (legitimamente, coisa móvel, indebitamente, abuso, boa-fama). Fala-se, assim, de elementos descritivos e normativos do tipo.[(6)]

De outro lado, registre-se, o elemento subjetivo abrange e envolver o aspecto objetivo. No Direito Penal brasileiro, o Código Penal de 1969, preocupado em fixar-se no Direito Penal da Culpa, visou a eliminar qualquer resquício de responsabilidade objetiva, e de maneira terminativa, estatuiu que o crime é doloso, ou culposo (art. 17, I e II) e menciona no art. 19: "Pelos resultados que agravam especialmente as penas só responde o agente quando os houver causado, pelo menos, culposamente".

O elemento subjetivo do injusto corresponde a circunstâncias do mundo interior do agente, e comparecem expressamente nos tipos quando o legislador considera esse aspecto relevante para a formação do ilícito penal. No Estelionato, encontramos uma ilustração: "Obter, para si ou para outrem, vantagem ilícita, em prejuízo alheio, induzindo ou mantendo alguém em erro, mediante artifício, ardil ou qualquer outro meio fraudulento" (art. 171). No furto, a destinação da coisa subtraída – para si, ou para outrem – revela aspecto especial da vontade do agente.

Na doutrina jurídico-penal alemã, reconhece-se hoje, geralmente a existência dos elementos subjetivos do injusto. Discutível resta apenas a questão de se o *dolo*, como elemento subjetivo do tipo, também pertence ao campo do *injusto da ação*, ou se corresponde à teoria tradicional, só determina a *forma da culpabilidade*.[(7)]

10 – Essa ligeira referência ao tipo teve por finalidade sublinhar que a conduta delituosa é descrita, ora de maneira simples, vale dizer, somente a ação e o resultado (não se esqueça, ilustres autores admitem a existência de crime de pura ação, sustentando, pois, crimes sem resultado, entendido este no sentido material), ou, acrescentando outros elementos, seja para qualificá-los, ou especificar a conduta, em vários aspectos, como, por exemplo, a motivação, a finalidade, o modo de agir, o meio empregado, o lugar do crime, o sujeito passivo e outros. Além disso, o sistema penal, preocupado ainda com a conduta delituosa, relaciona longa série de elementos que podem agregar-se ao comportamento, dado ser impossível prever todas as modalidades do agir humano, ou não serem axiologicamente relevantes para sua inclusão expressa no modelo legal.

A inclusão expressa de elementos no núcleo tem grande importância – faz com que sejam elevados à categoria de elementos essenciais (*essentialia delicti*). Isso não exclui, contudo, que implicitamente o tipo não esteja impregnado de outros elementos, dado que as normas da Parte Geral – normas de extensão – conjugam-se com todas as normas da Parte Especial do Código, formando um todo harmônico e indivisível.

Os elementos implícitos do tipo, por exercerem a função de graduar a pena – e não afetarem os elementos integrantes do ilícito – constituem os elementos acidentais (*accidentalia delicti*). Ilustrativamente, tomemos como paradigma o crime de Injúria (art. 140), à cuja descrição legal podem agregar-se algumas circunstâncias arroladas no art. 49 (agravantes) e no art. 48 (atenuantes). Assim, o *sujeito ativo* – qualquer pessoa imputável – poderá ser reincidente (anote-se, reina divergência na doutrina quanto à natureza jurídica desse instituto, sustentando, e com melhores argumentos, não tratar-se de agravante); *sujeito passivo* – poderá ser ascendente, descendente, irmão, ou cônjuge (art. 44, II, f). Embora não esteja expresso, o *tempo da ação* poderá ser importante para perfeita identificação da conduta, para realçar sua desvaloração, ou amenizar a reprovabilidade – "em ocasião de desgraça particular do ofendido" (art. 44, II, k); da mesma forma, dever-se-á raciocinar com o *lugar da ação*, a *maneira de execução* e outros pormenores.

De outro lado, correspondendo ao que a literatura consagrou como – circunstâncias especiais, isto é, relativas a determinadas infrações, em contraposição às circunstâncias comuns – aderentes a todos os delitos, os elementos acidentes vêm explícitos na lei, porém, por uma questão de técnica legislativa, implícitos (integrantes) do tipo. Ainda valendo da Injúria, a qualidade do *sujeito passivo* – Presidente da República, chefe de governo estrangeiro, ou funcionário público, em razão de suas funções (art. 141, I e II) repercutirá na pena, aumentada sempre de um terço (art. 141), o mesmo acontecendo quanto ao *lugar da ação* ("na presença de várias pessoas" - art. 141, III), e à *maneira de execução* ("por meio que facilite a divulgação da... injúria – art. 141, III). No sentido de amenizar a sanção, o art. 121 § 1.º estatui – "Se o agente comete o crime impelido por relevante valor social, ou moral, ou sob o domínio de violenta emoção, logo em seguida a injusta provocação da vítima, o juiz pode reduzir a pena de um sexto a um terço".

Em se repetindo considerações anteriores, frise-se, os elementos acidentais formam com os *essentialia delicti*, a conduta delituosa, aderentes, portanto, aos elementos expressos do tipo – e correspondentes a todos os atos em que se desdobre a ação criminosa. Dessa forma, não há dúvida, os elementos acidentais compõem o preceito (primário) da norma jurídico-penal; provocam seus efeitos (majoração, ou redução da pena) no preceito (secundário) – sanção – porque esta reflete individualizadamente o perfil do comportamento do delinqüente. A sanção é efeito de que o delito é causa.

A adesão dos elementos acidentes se opera de modo expresso, ou implícito. Na primeira hipótese, de duas formas: *especificamente*, ou seja, em relação a determinada figura delituosa (art. 155 § 1.º – "A pena aumenta-se de um terço, se o crime é praticado durante o repouso noturno"); *genericamente*, isto é, referíveis a qualquer infração penal (art. 44, II, *a* – "Ter o agente cometido o crime por motivo fútil ou torpe"), encontrando limite somente quando incompatíveis com os elementos integrantes da infração penal, ou já previstos na categoria anterior.

O modo implícito – circunstâncias judiciais – acontece quando contemplados de maneira expressa na lei, são chamados à colação, em decorrência do princípio da individualização da pena, em virtude do que todas as nuances dos atos da conduta são analisados e sopesados a fim de ser bem definida a figura delituosa diante do Direito. Aqui, devem ser separadas as hipóteses que beneficiam o réu dos que agravam a sua situação. As primeiras independem de serem relacionadas no texto legal porque não afetam o direito de liberdade do réu, visto somente beneficiá-lo; sucede, porém, o contrário quando, de qualquer modo prejudicar o delinqüente, uma vez que nenhuma pena pode ser irrogada sem prévia definição legal.

A individualização da pena é resultante da soma de individualização do fato e da individualização do agente.

A individualização do fato corresponde à ação e ao resultado, vale dizer, a todos os atos da conduta (envolvendo o aspecto subjetivo) e o respectivo efeito típico, esquematicamente sintetizados no *iter criminis*. Neste plano, nada se inclui que não seja diretamente relacionado com o comportamento delituoso, e sem o que, não se caracterizaria um ilícito penal.

A individualização do agente diz respeito às características do sujeito ativo; a presença, ou ausência não importa para a configuração de um crime; retratam um homem, todavia as características não são necessárias à tipicidade da ação.

A reincidência, por exemplo, não tem nenhuma importância para o surgimento do homicídio, da lesão corporal, da calúnia, do furto, ou de peculato; qualquer desses crimes pode ser praticado da mesma forma por um delinqüente primário, ou reincidente. O mesmo não se diga da lesão corporal, por motivo torpe, ou para assegurar a vantagem de outro crime, porque poderá existir o mencionado ilícito, sem essa motivação, ou finalidade.

De outro lado, "procurado por sua espontânea vontade e eficiência, logo após o crime, evitar-lhe ou minorar-lhe as conseqüências, ou ter, antes do julgamento, reparado o dano" (art. 48, IV, *b*) não dizem respeito aos atos da ação criminosa, visto serem característicos de um comportamento *post-delictum*. Diferentemente, se o crime for cometido "por motivo de relevante valor social ou moral" (art. 48, IV, a), considerando essa motivação poder comparecer em algumas infrações penais.

A reincidência e a hipótese do art. 48, IV, *b*, do Código Penal embora não entrem na economia do delito, constituem faceta da personalidade do agente, revelam insensibilidade diante das ações criminosas, ou desejo sincero de repor o objeto jurídico afetado.

Cumpre, pois, distinguir os *fatos anteriores* e os *fatos posteriores*, do *fato delituoso.* A conexão é evidente, entretanto, não se identificam. Os fatos anteriores e posteriores não podem ser incluídos no rol dos elementos acidentais, por não comporem os atos da ação proibida.

O *fato delituoso* compreende o que estiver entre a cogitação, e o exaurimento (aproveitamento, ou conseqüência natural da consumação porque vinculado à ação pela causalidade material; fora desse limite, ingressa-se no âmbito dos fatos anteriores e posteriores, importantes para a fixação da pena, contudo, não participantes da conduta delituosa em si.

11 – Os elementos essenciais estão para os acidentais numa relação de gênero e espécie, isto é, a infração circunstanciada contém todos os elementos da infração simples e acrescenta outros, o que constitui o *quid* diferenciador. Nesse ponto é correta a posição de SANTORO ao afirmar que "a norma que veda o fato, veda também as modalidades particulares de sua manifestação". Daí, decorre uma série de conseqüências, entre as quais vulta a homogeneidade do elemento subjetivo, visto a infração circunstanciada não dispensar a estrutura da infração simples.

12 – O Código Penal brasileiro arrola sob o *nomen iuris* de agravantes e atenuantes (espécies de elementos acidentais) hipóteses que não devem ser incluídas nessa categoria porque alheias ao fato delituoso, no sentido anunciado ao nº 10. Cumpre, nessa visão dogmática, distinguir o elemento acidental em sentido técnico, e os casos que a lei confere o mesmo efeito. Assim, a "reincidência", atrás referida (agravante) e "ser o agente menor de 21 anos e maior de 70 anos" (atenuante – art. 48, I). Estes dois casos, no momento da fixação da pena, devem ser levados em conta, bem como considerados no critério de "bilanciamento", como se expressam os italianos,

para indicar a resultante dos fatores que retratarão o grau exato da desvaloração do ilícito.

NOTAS:

1 – CERNICCHIARO, Luiz Vicente – Estrutura do Direito Penal, 2. ed., p. 168.

2 – BALESTRA, Fontán – Derecho Penal, p. 80.

3 – WELZEL, Hans – El Nuevo Sistema del Derecho Penal, p. 25.

4 – Na literatura penal brasileira, nessa linha de pensamento: Luiz Luisi, Alcides Munhoz Neto, João Mestieri, Miguel Reale Jr., Ricardo Andreucci, Helen Cláudio Fragoso, Damásio De Jesus.

5 – "Introduzione allo Studio dele Circonstanze del Reato", p. 8 e seguintes.

6 – CURY, Enrique – Orientación para el estúdio de la teoría del delito, p. 67 e seguintes.

7 – WESSELS, Johannes – Direito Penal – Parte Geral, p. 35.

4

ASPECTOS DA REFORMA PENAL[1]

ALCIDES MUNHOZ NETTO

(Professor da Faculdade de Direito da Universidade Federal do Paraná)

Introdução

1 – Participo, com satisfação, desta série de conferências em homenagem a Aníbal Bruno. É uma grata oportunidade de, uma vez mais, externar a grande admiração e respeito que sempre devotei ao insigne mestre. Sua notável obra assinala decisiva etapa na evolução da moderna literatura jurídico-penal em nosso país. Ninguém, antes dele, havia, no Brasil, versado temas penais, com o sistema, a

1. Texto transcrito e revisado pelo Prof. Dr. Pablo Rodrigo Alflen. Publicado originalmente em: LUNA, Everardo da Cunha *et alii*, *Aníbal Bruno, o homem e a obra – Homenagem a Aníbal Bruno*, 2. ed., Belo Horizonte: Editora Lemi/Faculdade de Direito da UFMG, 1978. 58-72.

profundidade e o rigor científico que caracterizam os seus escritos. Confesso-me seu discípulo, entre tantos outros em quem seu trabalho despertou ou estimulou a vocação para o Direito Penal. Aníbal Bruno fez, realmente, do magistério superior o seu destino, como sempre pretendeu. (Nilo Batista, O Mestre Aníbal Bruno, *Ciência Penal*, vol. I, p. 5, 2ª série). Se mais não produziu, foi porque a nação para isso não lhe deu meios materiais. Trago, a respeito, testemunho pessoal. A instâncias minhas, o Prof. Everardo Luna, em 1967, levou-me a conhecê-lo. Encontramos Aníbal Bruno em modestíssimo apartamento, no Rio de Janeiro. Há muito aposentado, vivia dos minguados proventos de catedrático e dos parcos direitos autorais, destinados, no Brasil, a livros científicos. Conversamos longamente. Era uma satisfação usufruir de seus conceitos precisos acerca de filosofia, literatura, política e direito. Indaguei-lhe, a certa altura, sobre a conclusão de seu Tratado de Direito Penal. De seus lábios ouvi, entre pesaroso e estarrecido, que a sua honestidade científica o impedia de ultimar o livro. Por nunca ter se deixado seduzir por ambições econômicas, desprezando a advocacia e outros encargos que o desviassem da pesquisa e do estudo, Aníbal Bruno confessava-se sem recursos para adquirir as novas edições de autores estrangeiros, que não mais poderia continuar citando, ante o risco de haverem modificado suas originárias concepções. Promessas de subvenções oficiais lhe tinham sido feitas, mas delas já descria o mestre. Mal posso acreditar, ainda hoje, exista, em nosso país, tamanho descaso por homens de pensamento do quilate de Aníbal Bruno, que, dos poderes públicos, teria de receber todas as condições, à continuidade da inestimável contribuição ao progresso das letras jurídicas brasileiras.

Dogmática e política criminal

2 – Nada mais adequado, num preito de gratidão e de saudade ao inesquecível penalista pernambucano, do que focalizar-lhe a atualidade do pensamento. E, numa época em que se cogita da reforma de nossas instituições penais, parece oportuno proceder o confronto das idéias de Aníbal Bruno acerca do direito *constituendo*, com as atuais tendências de aperfeiçoamento do direito punitivo.

Na primeira edição, de seu Direito Penal, escrito "*com o pensamento voltado para os jovens estudiosos*" (ed. de 1956, tomo I, Prefácio), Aníbal Bruno destacava a importância da crítica e da política criminal, incluindo-as na própria ciência penal. A posição da política criminal – afirmava –

"é sempre adiante do Direito vigente, cujas reformas oportunas sugere e orienta, recebendo inspiração, por um lado, da filosofia e da história, e por outro, e sobretudo, das ciências criminológicas. Embora distinto do Direito Penal, penetra nele intimamente através da crítica, fornecendo a ela os mais importantes subsídios... A maioria dos dogmáticos refutariam essa posição da crítica dentro da ciência do Direito Penal. Mas é ela *que concilia, como vimos, o rigor da técnica com o sentido das forças empíricas que movem o fenômeno do crime, e, sem deformar o Direito como ele realmente existe, estabelece uma relação entre o presente e o futuro, útil à compreensão, que poderíamos chamar evolutiva, do Direito vigente e hoje mais do que nunca justificada, quando os códigos penais, com as concessões que têm feito às exigências fundamentais da corrente de inspiração naturalista, revelaram que o Direito Penal está dentro de uma renovação profunda nesse sentido. E assim ela evita o perigo maior do tecnicismo, que é fazer perder ao jurista o sentido do histórico, cerrando o Direito vigente como coisa acabada e entorpecendo-lhe o movimento para a sua evolução e transformações oportunas, o que nos levaria, por fim, por caminhos diversos, à idéia de um código ideal, perpetuamente válido, contra a qual valeria renovar a batalha que Savigny conduziu através do historicismo*" (op. cit., tomo I, p. 41, nota 19, e 47).

Esta inclusão da Política Criminal na ciência penal, que Aníbal Bruno defendeu na década de 50, está hoje em voga na Alemanha. Com efeito, Claus Roxin, catedrático na Universidade de Munique, e um dos mais acatados penalistas germânicos da nova geração, defende idéias semelhantes. Procurando dar novos rumos à dogmática jurídico-penal, em crise ante a polêmica entre finalistas e causalistas, proclama Roxin, que as soluções penais devem ser conjugadas com a política criminal, sem abandono da função do ordenamento jurídico de "*assegurar a igualdade na aplicação do Direito e a liberdade individual, frente ao ataque do 'Leviathan' do Estado*", (Política Criminal y Sistema del Derecho Penal, Munich, 1972).

Pensa Roxin que as concretas categorias do delito-tipicidade, antijuridicidade e culpabilidade devem se sistematizar, se desenvolver e se completar sob o prisma de sua função politico-criminal (op. cit., p. 40).

Assim, em relação à tipicidade, para uma interpretação restritiva que atualize a sua função de magna carta do Direito Penal e sua natureza fragmentária, deve-se recorrer, como critérios auxiliares, a princípios como o da *adequação social*, que restringe o teor literal do tipo, pelo acolhimento de formas de conduta socialmente admissíveis e ao princípio da *insignificância*, que permite, na maioria dos tipos, excluir danos de pequena monta. Maus tratos, desta forma, não seriam quaisquer danos à integridade corporal, mas só aqueles relevantes, da mesma forma que a difamação só seria a lesão grave à pretensão social de respeito (op. cit., p. 53).

No que toca à antijuridicidade, para estabelecer o âmbito das causas de justificação, alcançando-se, em conseqüência, uma correta solução social dos conflitos, tem de se jogar, alternativamente, com os princípios da prevalência do direito, da auto-proteção, da proporcionalidade, da ponderação dos bens e da autonomia. Na legítima defesa, por exemplo, os princípios de auto-proteção e de prevalência do direito são os que servem de base a sua regulamentação legal. Isto significa que todo o mundo tem o direito a defender-se de ataques proibidos, de maneira a que não sofra nenhum dano. Ainda que possível ao agredido subtrair-se ao ataque, a legítima defesa é permitida. O princípio da prevalência do direito (a idéia, portanto, de que o direito não tem ceder ante o injusto) vai mais longe aqui que os interesses de auto-proteção... A auto-proteção e a prevalência encontram, porém, seus limites comuns num princípio, reitor de todo o ordenamento jurídico, o princípio da proporcionalidade, que conduz à denúncia da legítima defesa, nos casos de absoluta desproporcionalidade dos bens que estão em conflito (isto é, nos casos em que se infringem lesões corporais graves para se defender de danos de pequena importância). Ademais, do ponto de vista político criminal, o princípio da prevalência do direito não pode reger para as agressões de crianças e enfermos mentais, porque o ordenamento jurídico não necessita *impor-se* a pessoas que não podem se motivar pelas normas que infringem e que, precisamente por isso, ficam impunes (op. cit., p. 57 a 60).

Quanto à culpabilidade, deve a mesma ser relacionada, de um ponto de vista político-criminal, com a teoria dos fins da pena. Neste sentido, cumpre indagar se o autor da ação típica e antijurídica merece ou não ser punido, isto é, se a pena, no caso, se faz necessária, seja para castigar o mal praticado (retribuição), seja para intimidar terceiros e evitar que pratiquem ações análogas (prevenção geral), seja para corrigir o próprio autor (prevenção especial). Com este critério, através da culpabilidade, limita-se a incidência da pena. Com efeito, se, *verbi gratia*, alguém – por qualquer razão que seja – não pode evitar o injusto típico que praticou, não há fundamento para puni-lo: qualquer que seja a teoria da pena adotada, não se pode querer retribuir uma culpabilidade inexistente, nem afastar a generalidade das pessoas da causação de conseqüências inevitáveis, nem é necessário um efeito de prevenção especial, a quem não se pode censurar a conduta (op. cit. pág. 67).

A trilogia das reformas penais

3 – Correspondem às atuais tendências evolutivas do Direito Penal, as idéias de não incriminar infrações insignificantes, de evitar a incidência de penas, sobretudo as privativas de liberdade, se desnecessárias à retribuição e à prevenção e de emprestar à culpabilidade função de garantia individual, erigindo-a em indeclinável pressuposto das sanções criminais.

Com efeito, atualmente, todo o movimento de renovação legislativa, no campo punitivo, procura dar efetividade à trilogia: descriminalização, despenalização e limitação da responsabilidade penal pela culpabilidade.

Pois bem, destes anseios, hoje gerais, já compartilhava o nosso Aníbal Bruno, há vinte anos passados. Era ele, na verdade, adepto da idéia de excluir do direito punitivo as infrações de bagatela, que só sobrecarregam os juízos criminais e comprometem a dignidade do magistério punitivo. Também preconizava evitar-se as penas privativas de liberdade, substituindo-as por outras providências jurídico-penais. E ao princípio da *nulla poena sine culpa*. Aníbal Bruno emprestara importância fundamental.

Acerca da descriminalização, escrevia o grande penalista pátrio: "*a pena é um recurso extremo de que se vale o legislador, quando de outro modo não lhe seria possível assegurar a manutenção da ordem jurídica* (op. cit., tomo I, p. 286)... *Na evolução das legislações, algumas figuras penais podem perder esse caráter, como tende a ocorrer hoje com o adultério, por exemplo*". (op. cit., tomo IV, p. 29)

Era incisivo o pronunciamento de Aníbal Bruno sobre a despenalização:

> "*Tem-se revelado uma crise na pena privativa de liberdade, reclamando-se uma redução ao mínimo dessa privação, falando-se em prisão sem muros ou mesmo em trabalho livre obrigatório para substituí-la, a fim de evitar ao condenado restrições que embaracem o seu ajustamento à vida normal na comunidade de Direito. Esta é a mais grave das crises que têm afetado a pena, a que a atinge nas suas características tradicionais de retribuição e aflição... O que se torna evidente é que a Penologia (atual, inspirada na decisão de reajustar o delinqüente à vida social dentro do Direito), se encaminha cada vez mais para restringir a privação de liberdade ao mínimo, substituindo--a por um regime que realize ou imite as condições da existência livre. Porque realmente se trata é de criar no delinqüente o hábito de reagir conforme ao Direito, em meio às provocações e estímulos malsãos que a vida em sociedade oferece, mas um hábito para o qual concorra a vontade do próprio criminoso, não uma rotina superficial imposta pelas condições do modo de viver na prisão e que só aí teria eficácia.*"

Condenava, também, as penas curtas de prisão, nas quais "*não é possível exercer sobre o delinqüente nenhuma ação contínua e duradoura capaz de modificar a sua personalidade, corrigindo a deformação criminógena que nela se manifestou. Ao contrário, o criminoso, muitas vezes primário, vai reunir-se na prisão a outros criminosos, que afinal se corrompem mutuamente, cada qual com a sua própria experiência do crime, a vaidade das suas façanhas e os projetos de novos extravios. A sugestão do ambiente para fortalecer a perseverança no caminho do delito e aperfeiçoar a técnica do delinqüente.*" (op. cit., tomo III, p. 23, nota 2, 65, nota 9 e 66)

À função limitativa da culpabilidade, o mestre pernambucano emprestava a maior ênfase, fruto naturalmente, de sua liberal concepção acerca do direito punitivo.

"O Direito Penal é um sistema jurídico de dupla face, que protege a sociedade contra a agressão do indivíduo e protege o indivíduo contra os possíveis excessos de poder da sociedade na prevenção e repressão dos fatos puníveis. Toda a sua atuação se faz sob o critério regulador da justiça... A lei punitiva, não só promove a defesa social pela proteção que confere, por meio dos rigores da sua sanção, às condições existenciais da sociedade, nos termos em que ela se acha constituída, mas assegura e delimita o campo de ação do Estado na repressão e prevenção direta da delinqüência, e com essa delimitação garante as liberdades individuais em geral e os direitos fundamentais que subsistem no próprio delinqüente." (op. cit., tomo I, p. 32 e 199)

Especificamente sobre o princípio do *nulla poena sine culpa*, que considerava "imperiosa exigência da consciência jurídica", asseverava:

"O Direito Penal de hoje é conceitualmente um Direito Penal da culpabilidade. M. E. Mayer pode dizer que a dignidade do Direito Penal reside na reprovação da responsabilidade pelo resultado e no reconhecimento da responsabilidade pela culpabilidade... Persistem, entretanto, nas legislações vigentes, casos em que se faz sentir o pensamento da responsabilidade pelo resultado, o que mostra que a evolução do princípio ainda não se encerrou. Esses resíduos das velhas concepções objetivas, que existem mesmo nos códigos mais modernos, como o nosso, mostram-se, sobretudo nos chamados crimes qualificados pelo resultado, fatos puníveis em que se exacerba a pena quando neles se produz involuntariamente um resultado mais grave, casos que von Liszt diz muito bem que não correspondem nem à consciência jurídica de hoje, nem aos princípios de uma política criminal racional". (op. cit., tomo II, p. 407 e 410, nota 1)

4 – Demonstrada ainda que suscintamente, a atualidade do pensamento de Aníbal Bruno, cumpre, numa segunda parte deste trabalho, examinar a utilidade das idéias enunciadas e, em balanço panorâmico, verificar quais os seus reflexos no Código Penal brasileira de 1969.

Descriminalização

5 – Descriminalizar significa colocar determinado comportamento fora do sistema punitivo. Isto não implica, necessariamente, em proclamar a licitude das condutas postas à margem da repressão penal. Traduz, também, o entendimento de que certos ilícitos jurídicos, definidos como infrações penais, podem ser mais racionalmente conjurados com sanções de outra natureza (administrativas, civis ou tributárias), ou com medidas meramente preventivas.

O Estado, ao estabelecer os crimes e contravenções, tem de se ater a certos limites. Por um lado, restringe-lhe a atuação a própria filosofia sob a qual se organizou, pois, "*todo sistema de Direito assenta em bases filosóficas*". (A. Bruno, op. cit., tomo I pág. 45) Ora, a filosofia ocidental rejeita o Estado totalitário, propondo-se a dar efetividade às declarações universais de direitos, que garantem certas liberdades individuais, como a liberdade de consciência. Por outro lado, na seleção dos fatos a serem considerados crimes, o legislador, até por questão de economia, deve partir sempre do princípio de que o Direito Penal "*só deve intervir como ultima ratio da política social.* "É o que, invocando W. Maihofer, proclama Jorge de Figueiredo Dias: *Importa que o legislador tome verdadeiramente a sério a imposição de só colocar sob ameaça de pena aquelas condutas que impedem ou põem em perigo, de forma intolerável, a livre realização da personalidade ética do homem na comunidade em que vive.*" (*A reforma do Direito Penal português*, p. 39, Coimbra, 1972)

Infelizmente, entretanto, nas últimas décadas, o legislador não tem sabido resistir ao que o mesmo penalista denomina de "*sedução de uma tão inconveniente como perigosa* inflação incriminatória." (ob. e loc. cits.) Fatos de escassa importância, através de impressionante sucessão de leis, vem sendo erigidos à categoria de infrações penais, por meras razões de conveniência momentânea. A pretexto de regular novas relações, decorrentes do próprio desenvolvimento e da civilização, ou de sofrear abusos, o Estado cria, incessantemente, novos tipos penais. É que lhe é mais fácil e barato criminalizar do que prevenir. Custa muito menos, por exemplo, transformar infrações de trânsito em ilícitos penais, através de leis que nem necessitam conter a especificação de recursos orçamentários, do que construir obras de engenharia de tráfego, capazes de atenuar os riscos da circulação de veículos.

Paralelamente a este fenômeno, conservam os velhos Códigos figuras penais anacrônicas, fundadas em concepções morais ultrapassadas ou em fatos que a consciência social deixou de considerar criminosos. Nascidas de exigências de determinado momento da cultura, certas normas penais revestem-se daquela precariedade a que aludia Aníbal Bruno, "*sobretudo nos períodos históricos de crise social e política, como o que hoje vivemos. A consciência desse caráter provisional é o que se faz sentir nas recentes criações legislativas penais*" (op. cit., tomo IV, p. 30, nota)

Na verdade, a hipertrofia da legislação penal criou a necessidade de uma "*tarefa de purificação do autêntico Direito Penal*", que lhe restaure a dignidade e a eficiência. A descriminalização, assim, apresenta-se como necessidade inadiável, sentida em todos os quadrantes. Entre nós, a Sociedade Brasileira de Criminologia, apreciando o novo Código Penal e o projeto de Código de Processo Penal, fez notar que a crise da Justiça brasileira, tem como causa preponderante o grande número de processos sobre fatos sem importância, que nossos juízes são obrigados a apreciar. O relatório de Evandro Lins e Silva, aprovado pela entidade, consigna: "*questões patrimoniais e criminais inteiramente irrelevantes, quer sob o aspecto jurídico, quer sob o prisma social ou econômico, convocam a atenção de ministros, desembargadores e juízes para decidi-las, exigindo, até o julgamento, uma organização burocrática dispendiosa e um papelório inteiramente dispensável. Contravenções e outras infrações levíssimas, cobranças irrisórias, assuntos de nonada constituem a massa de serviço dos juízes e tribunais do país. A máquina judiciária é emperrada e não caminha e até se decidir um processo banalíssimo decorrem muitos meses e não raro muitos anos de andamento e de espera, nas prateleiras dos cartórios, nos escritórios dos* advogados e nas casas dos juízes. Isso, evidentemente, está errado e carecendo de uma reforma de fundo, especialmente nos grandes centros, onde um juiz recebe centenas e às vezes mais de mil processos por ano, devendo instruí-los e julgá-los. De ano para ano os autos se vão amontoando sem ser possível dirimir, com razoável presteza, as causas submetidas ao Poder Judiciário. Para manter em dia o serviço de uma Vara é preciso um esforço inaudito. O juiz despacha o expediente, que não é pequeno, ouve várias testemunhas, interroga acusados, atende as partes, fiscaliza o cartório, preside os debates das audiências de julgamento e ainda tem de proferir uma ou duas sentenças por dia. A crise da justiça está fundamentalmente na sua base, no atraso com que são julgados os feitos, pela impossibilidade em que se vêem os juízes de dar solução à mole imensa de casos grandes e insignificantes – que lhes são distribuídos sem cessar, como uma espécie de *motu contínuo*. Isto acarreta desprestígio para a própria Justiça perante a opinião pública, insuficientemente informada desses percalços e estorvos. Espalha-se uma desconfiança generalizada no aparelho judiciário, que não tem condições de reparar, com prontidão e eficácia, a violação dos direitos dos membros da comunidade." (Sobre a Reforma dos Códigos, *Jornal do Brasil*, ed. 21.09.1975, p. 20, 2.º caderno)

6 – Se é fácil perceber a utilidade em reagir à hipertrofia da lei penal, através da descriminalização, mais delicada é a tarefa de escolha dos ilícitos penais a serem abolidos. Os conclaves de Direito Penal e de Criminologia, internacionais ou locais, como o IX Congresso Internacional de Direito Penal, Haia, 1964, (R.B.C.D.P., n. 7, p. 124 a 126) e o Seminário de Direito Penal e Processo Penal de Belo Horizonte, 1974, (R.D.P., n. 15/16, p. 92), entre outros fornecem subsídios à descriminalização, indicando as figuras ou as categorias de delitos a serem suprimidos.

Certamente com base em dados de tal natureza, foi que L. H. C. Hulsman apontou os setores a descriminalizar (Descriminalização, *R.D.P.* n. 9/10, p. 7 a 26). Tais setores são: 1) *as infrações fundadas* exclusivamente *na preocupação de tornar dominantes certas concepções morais*, como, por exemplo, a blasfêmia, o adultério, o incesto, a sodomia, o homossexualismo ou a prostituição sem envolvimento de menores e sem escândalo público e certas espécies de delitos decorrentes de intolerância política. Trata-se de infrações sem graves danos sociais, que não ofendem bens ou interesses de outros membros da comunidade, traduzindo, antes, o desejo da maioria, ou dos detentores do poder, de impor coativamente suas idéias aos dissidentes, prática incompatível com sistemas de liberdade. Nas autênticas democracias, há que se respeitar o direito das minorias de terem concepções divergentes, em matéria de moral, de política ou de comportamento sexual. Como salienta Jorge de Figueiredo Dias: "*O Direito Penal está aí para proteger interesses socialmente relevantes, bem jurídicos, e de nenhum modo para impor qualquer concepção moral em sentido estrito*" (op. cit., p. 40); 2) *as infrações inspiradas pelo desejo de ajudar o delinqüente*, como o uso de drogas, o alcoolismo, a mendicância e a vadiagem. O tratamento compulsório e comprovadamente ineficaz, ainda mais quando se pretenda realizá-lo através da pena, estigmatizante e de duvidoso valor recuperativo. Melhores são as medidas de assistência, que despertem nos destinatários o desejo de regenerar-se e a consequente colaboração a este objetivo; 3) *as infrações em relação às quais a ameaça penal comprovadamente não funciona.* Em si, a eficácia intimidativa da pena está hoje em franco descrédito. No último Congresso da Associação Internacional de Direito Penal, Budapest, 1974, foi aprovado o relatório de Kirali, consignando ser altamente improvável a prevenção geral através da pena (*R.D.P.*, n. 15/16, p. 81/82). Com maior razão o duvidoso efeito intimidatório das sanções penais não existirá quanto às infrações socialmente toleradas, como casa de prostituição, certas modalidades de aborto e o nosso brasileiríssimo jogo do bicho; 4) *as infrações de bagatela*, como muitas das contravenções penais, que melhor se situariam como meros ilícitos administrativos. Pitorescamente, observou Nilo Batista, o paradoxo a que, no Brasil, pode conduzir um simples desrespeito a sinal de trânsito: "*por avançar um sinal, dirigindo seu veículo, qualquer cidadão será sumariamente multado pelo guarda de trânsito, em importância considerável, que pode alcançar meio salário mínimo; pela contravenção de direção perigosa, que consiste em dirigir veículos pondo em risco a segurança alheia (art. 34, L.C.P.), será mobilizada uma delegacia de polícia (delegado, escrivão, agentes). ouvidas testemunhas, formalizado um procedimento, acionado um tribunal (juiz, promotor, advogado, escrivão, oficial de justiça), com audiências e prazos, para afinal ser o cidadão condenado à multa de Cr$ 2,00. Aquele que supusesse corrigir o absurdo dessa sentença elevando a pena pecuniária cominada à contravenção, é, seguramente, um amante dos caminhos tortuosos.*" (Algumas Palavras Sobre Descriminalização, *R.D.P.*, vol. 13/14, pág. 38) Aliás, em matéria de ilícitos de trânsito, é sensível a tendência de não abusar da incriminação. Os países que as criminalizaram em excesso estão retrocedendo, como se verificou nas II Jornadas Latino-Americanas de Defesa Social, Brasília, 1975.

7 – No Brasil, há evidente excesso de incriminação. Além das figuras típicas do Código e da Lei de Contravenções Penais em vigor, existem as definidas em abundante legislação complementar. Consoante Reale Júnior, a tipificação surge como "*recurso para que o direito valha enquanto ordena sob ameaça penal e não como via extrema para a tutela de valores, cuja positividade deva ser necessariamente respeitada.*" (Descriminalização, *Revista do Instituto dos Advogados Brasileiros*, n. 29, p. 189)

Mais de cinco dezenas de leis extravagantes, consideram ilícitos penais violações jurídicas insignificantes ou fatos que só afetam interesses secundários da administração pública. Assim é que se incrimina: produzir açúcar acima da quota autorizada (Dec. Lei 16/1966); vender sob o nome de couro produtos que não sejam obtidos da pele animal (Lei n. 4.888/1965); paralisar o incorporador de edificação em condomínio a obra por mais de 30 dias (Lei n. 4.591/1964); deixar de restituir à autoridade licenças extintas pelo decurso do prazo (Lei n. 4.771/1965); atuar como instituição financeira sem autorização do Banco Central (Lei n. 4.595/1964); instalar ou utilizar estação ou aparelho rádio-elétrico sem observância de disposição legal (Código de Comunicações) e, até, pescar sem autorização da Sudepe (Dec. Lei 221/1967).

Ao legislador de 1969 oferecia-se o ensejo de corrigir estas demasias, bem como o de abolir tipos anacrônicos, universalmente ultrapassados. O novo Código, entretanto, nem só manteve toda a legislação sobre crimes especiais (art. 401), como conservou e aumentou o elenco de fatos cuja incriminação não mais se justifica.

Quanto aos delitos fundados em meras concepções morais, manteve-se a incriminação do adultério (art. 264) e da casa de prostituição (art. 252), acrescentando-se-lhes os delitos de incesto (art. 258), ressuscitado das Ordenações do Reino e de inseminação artificial (art. 267), de objetividade jurídica truncada e tratamento absurdamente mais grave do que o de adultério (é inexplicável que o delito haja sido incluído entre os crimes contra o estado de filiação, quando se trata, de ofensa ao casamento, tanto que não subsiste se o marido consente na inseminação. Nem faz sentido que a pena e as condições de procedibilidade sejam mais desfavoráveis que as do adultério, único crime configurável em caso de inseminação, fora do casamento, por *meio natural*).

Apesar de reconhecida ineficácia da ameaça penal quanto a certas modalidades de aborto (art. 129), ampliou-se sua incriminação, suprimindo-se a impunidade do aborto sentimental (art. 129), providência inexplicável num diploma que cria, como modalidade privilegiada, o aborto por motivo de honra (art. 127), com pena passível de suspensão condicional (art. 70).

No que concerne aos delitos de bagatela, conservou-se figuras como a hospedagem fraudulenta (art. 188), os crimes contra as marcas de indústria e comércio e de concorrência desleal (Título III, capítulos III, IV e V), e outros tipos destituídos de dignidade penal.

Foram abolidos, apenas, os delitos de perigo de contágio venéreo e de moléstia grave, em face do desenvolvimento dos antibióticos bem como da "*ausência de repercussão forense dos fatos porventura havidos*" (Exposição de Motivos, n. 45) e o atentado contra a liberdade de associação sindical (C.P. 40, art. 199).

Assim, a nossa reforma penal, em lugar de descriminalizar realizará autêntica e lamentável criminalização.

Despenalização

8 – Despenalizar é excluir ou reduzir a incidência das penas privativas de liberdade. Por ser mais amplo que a idéia que exprime, o termo, tem de ser compreendido *sensu stricto*.

Já constitui truísmo afirmar a crise da pena de prisão. No século XIX, acreditava-se em sua eficácia ressocializadora; hoje é ela encarada como fator criminógeno. Trata-se do resultado natural da evolução da penologia: da mesma forma que as penas corporais, cruéis e infamantes, cederam passo para as penas privativas de liberdade, estas, agora, devem dar vez a outras sanções, patrimoniais, ou restritivas de liberdade. A prisão há de constituir o recurso extremo, a última solução, enquanto não se elaborar, para substituí-la, um sistema penal coerente, conforme recomendações do IX Congresso Internacional de Direito Penal (*R.D.P.*, n. 15/16, p. 82).

O problema das penas privativas de liberdade agrava-se nos países em desenvolvimento. Preocupados com as suas necessidades básicas, de cuja solução depende o próprio progresso, não podem estes destinar recursos suficientes à construção ou à ampliação de estabelecimentos penais. No Brasil, as nossas prisões são notoriamente insuficientes para abrigar as condenados. Em São Paulo há 70 mil e, no Rio de Janeiro, 50 mil mandados de prisão aguardando cumprimento, por falta de capacidade dos estabelecimentos penais. A construção de novas penitenciárias e a manutenção das existentes representam pesados ônus sociais. Cálculos do início do ano passado revelam que a construção de novos presídios, com capacidade para mil detentos, custava 170 milhões de cruzeiros, ou seja, 170 mil cruzeiros para cada internado. De outra parte, os gastos operacionais eram de 4 mil cruzeiros, por mês, para cada preso.

Para atenuar estas dificuldades é útil restringir a incidência das penas privativas de liberdade, criando-se outras espécies de sanções e aumentando-se os poderes discricionários dos juízes, para que tenham maior amplitude na substituição de penas de prisão por outras mais leves, na concessão do *sursis* e do perdão judicial e no encerramento antecipado de processos, por infrações pequenas, de agentes primários, não perigosos, que hajam reparado o dano decorrente do delito. A despenalização, nestes termos, preconizada em vários conclaves de penalistas brasileiros, como o Seminário de Direito Penal e Criminologia de Goiânia, 1973 (v. Moção de Goiânia, *R.D.P.*, n. 9/10, p. 61), Seminário de Direito e Processo Penal de Belo Horizonte, 1974, V Congresso Nacional de Direito Penal, São Paulo, 1975 (*R.D.P.*, n. 15/16, p. 91), é também reclamada pelo nosso poder judiciário. Em seu relatório diagnóstico, o Supremo Tribunal acentuou "*a inadequação do sistema de penas, com a preponderante ideia de encarceramento, ainda que nenhuma a periculosidade do réu. A multiplicidade de condenações à prisão, não executadas pela impossibilidade material de se efetivarem, dá margem a argüições de ineficiência do sistema carcerário e de desvio de deveres funcionais. A faculdade de se substituírem penas detentivas por sanções pecuniárias adequadas, ou por medidas re-educativas; e a extensão da 'prisão albergue', a par de outras sugestões, contribuíram para a melhoria da Justiça Penal*".

9 – Embora timidamente, o legislador penal de 1969 realizou certa despenalização, além de ter posto fim, praticamente, à dualidade das penas privativas. A reclusão e a detenção, dispõe o novo Código, devem ser executadas de modo a que exerçam sobre o condenado individualizada ação educativa, no sentido de sua recuperação social (art. 37). O sistema do Código de 40, quanto à diversidade na forma

de executar as penas de reclusão e de detenção, além de impraticável, contraria o ideal de ressocialização. Na correta observação de Aníbal Bruno, "*as penas detentivas são proporcionadas ao delito praticado mais pela sua quantidade do que pela sua qualidade*" (op. cit., tomo III, p. 63). Apenas para efeitos processuais, podem ser conservadas as duas categorias de privação de liberdade, facultada, em certas hipóteses, à substituição da reclusão por detenção (art. 73, § 3.º).

As criticadas penas de curta duração, insuficientes para ressocializar, mas suficientes para corromper, foram evitadas no diploma de 1969. Na verdade, permitiu-se a substituição da detenção inferior a seis meses pela pena de multa (art. 46), estendeu-se o *sursis* à pena de reclusão (art. 70) inovação que, segundo Heleno C. Fragoso, bastaria para justificar a vigência do novo Código. Ademais, previu-se o estabelecimento penal aberto e institucionalizou-se a prisão albergue, para os criminosos primários, de nenhuma ou escassa periculosidade. A prisão aberta será destinada aos condenados a até seis anos de reclusão ou oito de detenção, podendo constituir fase da execução de penas mais graves. A prisão albergue será aplicada como providência única, em condenações não superiores a três anos, ou como etapa do cumprimento da pena superior a esse limite (art. 40). Também foram ampliadas as hipóteses de perdão judicial, previsto, por exemplo, para lesões leves, recíprocas ou privilegiadas (art. 131, § 5.º), para o dano com reparação de prejuízo (art. 178), para o furto ou apropriação de coisa fungível comum, não excedente ao quinhão do condômino (arts. 166 e 181, § 2.º), para a receptação da coisa de pequeno valor ou restituída antes do início da ação penal (art. 196, parágrafo único) e para a destruição de petrechos de falsificação de moedas (art. 322, parágrafo único).

Sob outro aspecto, procurou-se limitar as penas de grande duração, igualmente inconvenientes. Consoante assinala Jorge de Figueiredo Dias, cuidadosa investigação criminológica revela "*que um tempo de prisão superior a dez ou quinze anos impossibilita radicalmente, salvo em casos especialíssimos e atípicos, qualquer tentativa lograda de ressocialização: quem passa mais que aquele tempo no ambiente artificial da prisão perde a possibilidade de se orientar na sociedade em que seja reintroduzido, para além do que sofrerá provavelmente distúrbios psíquicos irrecuperáveis; uma pena de prisão superior tornar-se-á, pois, do ponto de vista da recuperação social, algo de muito parecido com a pena de morte*" (op. cit., p. 35). A limitação da duração máxima das penas privativas de liberdade realiza-se no novo Código: a) pela manutenção dos limites máximos da detenção e da reclusão em 10 e 30 anos (art. 37, § 1.º), rejeitado assim o critério do Anteprojeto Hungria de elevá-los para 20 e 40 anos (art. 35, § 1.º); e, b) pela preservação do livramento condicional, possível depois de cumprida certa parte da pena, qualquer que seja a sua natureza ou quantidade (art. 74).

Vê-se, destarte, que em matéria de despenalização, o legislador de 1969 foi sensível às modernas tendências. Pecou, contudo, pelo excesso de timidez, pois poderia ter inovado mais, quer com a previsão de outras espécies de sanção penal, quer com a ampliação dos casos de *sursis*, de substituição da privação de liberdade por multas e de perdão judicial.

Limitação da responsabilidade pela culpa

10 – Culpabilidade é o juízo de censura pessoal, incidente sobre o autor da conduta típica e ilícita. Compõe-na a imputabilidade, a possibilidade do conhecimento do ilícito (potencial consciência da antijuridicidade) e a exigibilidade de comportamento conforme ao direito (cfr. Heleno C. Fragoso, Lições de Direito Penal – Parte Geral, p. 213). A reprovabilidade penal assenta-se, realmente, na capacidade e na possibilidade de agir o autor de acordo com os imperativos jurídico-penais, ou seja, num poder formar sua resolução em consonância com a norma.

Diz-se que, assim concebida, a ideia de culpabilidade está enfraquecida, porque este poder agir de outra forma é uma premissa indemonstrada e indemonstrável (cfr. Claus Roxin, A Culpabilidade Como Critério Limitativo da Pena, in *R.D.P.* n. 11/12, pág. 7). Mas, da mesma maneira que a controvérsia entre determinismo e livre arbítrio permanece insolúvel, cientificamente, não há, também como comprovar inexista, no ser imputável, em condições normais, a faculdade de resistir a impulsos criminosos. Pois bem, é esta faculdade de resistência que, ao mesmo tempo, fundamenta a culpabilidade e limita a responsabilidade penal. Não se ignora que o Direito tem a preponderante função de proteger bens e valores fundamentais da comunidade social e, portanto, de tutelar interesses socialmente relevantes. Mas é preciso reafirmar, com Figueiredo Dias, "*que nem por isso se furta ao* princípio *da culpa plena capacidade para resistir aos ataques que são dirigidos do exterior, isto é, em nome de um Direito Penal* defensivo, *de mera intimidação, que relega a pessoa humana para objeto de fins heterônomos (ficando assim aberto o caminho para um Direito Penal de puro 'terror') ou de um Direito Penal de cariz exclusivamente protetivo que, invocando um salutar humanismo, torna a pessoa em objeto de medidas terapêuticas coercitivas e sob a capa do 'verdadeiro bem do delinqüente' viola sua autonomia ética e possibilita a sua entrega ao Estado todo-poderoso*" (op. cit., p. 15).

Verdadeiramente, a culpabilidade tem uma função política que excede à sua importância conceitual: ela limita o poder punitivo do Estado, pela exigência de que a pena só incida se o autor, além de ter praticado o ilícito típico, seja passível de censura pessoal.

O princípio do *nulla poena sine culpa* constitui-se, pois, numa garantia da liberdade individual. Tal garantia é necessária à realização da própria Justiça, posto que o dogma do *nullum crimen, nulla pena sine proevia lege*, tão caro aos sistemas punitivos liberais, nem sempre assegura os direitos individuais. É que o princípio da anterioridade da lei penal perde muito de sua eficácia em face dos tipos desconhecidos e dos tipos penais abertos. De pouco vale a norma de que não há crime sem lei anterior que o defina, quando a sucessão de leis incriminatórias (supra n. 5), torna impossível, para a maioria dos destinatários, saber da existência de novas modalidades delituosas. Para quem desconhece e não tem possibilidade de se informar acerca da nova lei, é como se esta não existisse. Quanto aos tipos abertos, em que, pelo caráter vago da disposição incriminadora, ou pelo emprego de elementos normativos, deixa-se ao juiz a missão de precisar os contornos e a aplicabilidade do preceito legislado, e por igual pequeno o alcance do princípio da reserva legal. Tipos como as de praticar atos destinados a provocar guerra subversiva ou de fazer propaganda subversiva (Dec. Lei 898/1969, arts. 25 e 45) podem se adaptar às mais variadas situações, de acordo com o paladar do juiz. Também é grande o arbítrio do julgador, quando tem de precisar, por exemplo, o que seja rixa, ato obsceno ou desacato. O fenômeno não escapou à argúcia de Aníbal Bruno, que sabia muito bem como "*pode sofrer a firmeza do Direito nos chamados tipos abertos, em que o enunciado da formulação típica deixa margem a incertezas na sua interpretação. Ou ainda como afeta a segurança da liberdade o emprego de fórmulas de demasiada amplitude que impõe limites mal definidos na enunciação dos fatos. É nesse mesmo sentido, que vem influir a tendência que se tem manifestado recentemente a introduzir na estrutura do tipo maior número de elementos normativos, de elementos cujo sentido não se deduz prontamente, mas tem de ser apreendido através de particular apreciação por parte do juiz e que trazem consigo, sobretudo quando provém da linguagem comum, o germe da imprecisão. Isso não importa na pretensão de limitar o relativo arbítrio do juiz que se manifesta sobretudo na aplicação da pena, mas em defender a firmeza da definição do tipo, que é segurança da liberdade. Nem significa, também, desconhecer que nem sempre é possível ou mesmo conveniente evitar o emprego de elementos normativos no tipo pelo uso de termos jurídicos ou mesmo da língua vulgar*" (op. cit., tomo IV, p. 41).

Sendo difícil impedir, quer o surgimento de novas modalidades delituosas, quer a proliferação dos tipos abertos ou com elementos normativos, é indispensável assegurar, em tais casos, a liberdade, condicionando a punição à possibilidade que tenha tido o autor do ilícito típico de conhecer a antijuridicidade de sua conduta. E isto se obtém, ao erigir-se a culpabilidade, isto é, a censura pessoal, em firme pressuposto da pena. Ademais, estendendo-se a exigência da censurabilidade pessoal a todos os efeitos causados pela conduta do autor, impede-se seja o mesmo punido pelas conseqüências situadas além de sua vontade; desde que estas não lhe possam ser atribuíveis, sequer a título de negligência.

11 – O diploma de 1969 pretendeu dar efetividade ao princípio do *nulla poena sine culpa*. Na Exposição de Motivos, lê-se que "se quis ajustar a nossa legislação penal às exigências fundamentais de um Direito Penal da Culpa, que visa proscrever toda a forma de responsabilidade objetiva (n. 3), bem como, que o princípio *nullum crimen sine culpa* é uma das constantes do Código e sua "*significação exegética não deve ser esquecida*" (n. 11). Só parcialmente, entretanto, o objetivo foi atingido.

Evitou-se a responsabilidade objetiva em relação aos crimes agravados ou qualificados pelo resultado. Pelos efeitos que agravam especialmente as penas, só responderá o agente quando os houver causado, pelo menos culposamente (art. 19) e as sanções irão variar conforme o resultado mais grave seja imputável ao dolo ou à culpa do autor (art. 131, §§ 2.º e 3.º).

Da mesma forma, não mais subsistirá responsabilidade sem culpa, na participação involuntária em crime mais grave. A punibilidade de qualquer dos concorrentes determinar-se-á segundo a sua própria culpabilidade (art. 35, § 1.º). Assim, o mandante de lesões corporais não poderá ser responsabilizado pelo homicídio cometido por obra exclusiva do executor material, como sucede ante o diploma em vigor (C.P. 40, art. 48, parágrafo único). O critério doutrinário, de excluir a responsabilidade do mandante pelo crime mais grave, se não situado este na linha do normal desdobramento da ação, tem evitado, é certo, soluções aberrantes (como a de punir o mandante do furto pelo estupro inesperadamente cometido pelo ladrão, encarregado apenas da subtração patrimonial). Mas tal entendimento, além de conflitar com o texto da lei, não impede uma desproporção entre a culpabilidade e a pena. É que na linha de normal desenvolvimento da ação situam-se todos os sucessos previsíveis da execução do crime (como a morte daquele a quem só se mandou espancar). Mas, esta previsibilidade, capaz de fundamentar uma responsabilidade a título de culpa, constitui justificativa para punição por dolo. Ora, o dolo, mais do que a previsibilidade, requer a vontade ou anuência em concorrer para o crime mais grave.

12 – A responsabilidade sem culpa, contudo, permanece no novo Código, máxime em relação à ignorância da antijuridicidade por erro de direito, bem como na fórmula da inimputabilidade.

A boa fé do autor, por suposição de licitude da conduta, só o escusará se derivada de erro de fato (art. 21), ou seja, da suposição de situação de fato que tornaria a ação legítima. A mesma suposição de licitude, se derivada de ignorância ou errada compreensão da lei, somente atenuará a pena, e isto, desde que seja escusável. Ora, o erro escusável, é o erro invencível, pelo qual não se pode censurar o autor. Permitindo a nova lei a incidência da pena, ainda que atenuada, a quem não é passível de censura e, portanto, não é culpado, abre desnecessária brecha no princípio fundamental de que não há pena sem culpabilidade. A Aníbal Bruno já parecia que "*quem inclui no dolo a consciência do ilícito, ou, como os finalistas, faz dessa consciência de agir de maneira contrária ao dever o núcleo da culpabi-*

lidade, entendida como reprovabilidade perante a ordem de Direito, tem conseqüentemente de admitir o erro quanto à antijuridicidade do fato, desde que essencial e escusável, como penalmente relevante. Se falta ao agente a consciência da ilicitude, ou não existe dolo e, portanto, culpabilidade, ou, como para as finalistas, o dolo persiste, mas exclui-se a culpabilidade, e em todo caso o fato fica alheio à esfera da punição" (op. cit., tomo II, p. 494). E o Seminário de Belo Horizonte, de Direito Penal e Processo Penal, acolhendo sugestão nossa, recomendou a revisão do art. 20, para permitir-se a total isenção da pena quando a suposição de licitude, ainda que derivada de erro de direito, seja plenamente escusável (ob. loc. cit.).

Sem repetir que a emoção e a paixão, não excluem a responsabilidade penal (C.P. 40, art. 24, I), o novo diploma basicamente reproduz a atual disposição acerca da inimputabilidade. Para ter efeitos eximentes, a incapacidade de entender o caráter criminoso do fato, ou determinar-se de acordo com este entendimento, tem de derivar de doença mental ou de desenvolvimento mental incompleto ou retardado (art. 31). Se a incapacidade volitiva ou intelectiva decorrer de transtorno mental transitório ou de grave perturbação da consciência, não haverá, em princípio, isenção de pena. Ora, estes estados, contemplados por outros códigos modernos como causas biológicas de inimputabilidade, são cientificamente aptos a anular o entendimento ou o auto-governo. Não os contemplando, o Código de 1969 cria, para tais situações, uma ficção de imputabilidade, permitindo, pois, a punição de quem, por incapacidade de entender ou de querer, não merece censura pessoal, nem é culpado. Esta violação ao *nulla poena sine culpa*, obrigará a melhor doutrina a forçar a inclusão das graves perturbações de consciência entre as doenças mentais, consoante já alertava Aníbal Bruno, comentando idêntica disposição do Código atual: "*a fórmula demasiadamente restrita adotada pelo Código força a assimilar à categoria da doença mental, do art. 22, ou da perturbação da saúde mental, do seu parágrafo único, certos estados que as legislações modernas traduzem por expressões como 'perturbação da consciência' (Código alemão, redação vigente, art. 51), 'grave perturbação da consciência' (Código suíço, art. 10); 'transtorno mental transitório' (Código espanhol, art. 8º, 1), estados crepusculares não patológicos ou fronteiriços da patologia, como o sono normal, isto é, estados crepusculares que podem ocorrer no começo ou no fim do sono ou no sonambulismo ou na hipnose por sugestão, além de fatos de natureza mórbida, transitórios ou não, que comprometem o exercício normal das funções psíquicas, com profunda alteração da consciência e, por conseguinte dos requisitos que a lei exige para o juízo de imputabilidade*" (op. cit., tomo II, p. 513)

Melhor teria sido acatar a fórmula do Anteprojeto, com inclusão da grave anomalia psíquica entre as causas biológicas da inimputabilidade, ou a adoção do preceito do Código Penal Tipo para a América Latina, sugerido pelo próprio Ministro Nelson Hungria, preceito que alude à grave perturbação de consciência. Tal solução, aliás, foi recomendada pelo III Congresso Nacional de Direito Penal, Recife, 1970. (v. Alcides Munhoz Netto, A Culpabilidade no Novo Código, *Revista da Faculdade de Direito da U.F.Pr.*, ano 13, n. 13, pág. 143).

Considerações finais

13 – Do que foi exposto, verifica-se que a reforma brasileira ficou muito aquém do que se podia esperar, à vista das tendências contemporâneas em matéria punitiva. O diploma de 1969, apesar das emendas que lhe foram introduzidas, não descriminalizou, foi demasiadamente parcimonioso na despenalização e não logrou limitar, pela culpa, a responsabilidade penal.

Ao contrário do Código de 1940, que honrou a nossa cultura, o de 1969 apresenta-se em grande atraso para a sua época e em desacordo com o atual estágio do pensamento jurídico-penal brasileiro, inclusive com a doutrina magistralmente exposta pelo insigne mestre pernambucano, que Minas Gerais está a homenagear. Aníbal Bruno integrou, é certo, a segunda Comissão revisora do diploma ora em quarentena. Mas, as deficiências dessa legislação não lhe podem ser debitadas. Longe disso, por não lhe tolerar os vícios, ele externou o desejo de não vincular seu nome à imperfeita obra, afastando-se, depois, dos trabalhos de revisão (cfr. Heleno C. Fragoso, Subsídios Para a História do Novo Código Penal, *R.D.P.*, n. 3, p. 10/11).

As idéias liberais e as soluções tão precisas, quanto equilibradas, de Aníbal Bruno não foram incorporadas ao novo Código. Contudo, aí estão, atuais e palpitantes, como que a reclamar de todos os penalistas brasileiros, um esforço ingente para a reforma da reforma de nossas instituições penais.

5

ELEMENTO SUBJETIVO DA CONTRAVENÇÃO PENAL[1]

PAULO JOSÉ DA COSTA JR.

(Professor da Faculdade de Direito da Universidade de São Paulo e da Universidade de Roma)

SUMÁRIO: 1. O problema. 2. Teoria da voluntariedade. 3. Teoria do mínimo de culpabilidade. 4. Presunção "*juris tantum*" de culpa. 5. A conduta psicologicamente qualificada. 6. Jurisprudência italiana. 7. Doutrina pátria. 8. Jurisprudência brasileira. 9. Conclusão.

1. Texto transcrito e revisado pelo Prof. Dr. Gustavo Badaró. Publicado originalmente em: LUNA, Everardo da Cunha *et alii*, *Aníbal Bruno, o homem e a obra – Homenagem a Aníbal Bruno*, 2. ed., Belo Horizonte: Editora Lemi/ Faculdade de Direito da UFMG. 1978, 73-82.

1 – O artigo 3.º do Decreto-lei 3.688, de 3 de outubro de 1941, que regulamenta a matéria, assim dispõe: "Para a existência da contravenção, basta a ação ou omissão voluntária. Deve-se, todavia, ter em conta o dolo ou a culpa, se a lei faz depender, de um ou de outra, qualquer efeito jurídico".

O dispositivo inspirou-se no último parágrafo dos artigos 42 e 43 do código italiano, que predispõem:

"Nas contravenções cada um responde pela própria ação ou omissão consciente e voluntária, seja ela dolosa ou culposa."

"A distinção entre crime doloso e crime culposo, estabelecida neste artigo para os delitos, aplica-se igualmente às contravenções, sempre que para elas a lei penal faça depender de tal distinção um efeito jurídico qualquer."

Ao se proceder a exegese da norma, necessário se faz estabelecer se nesse passo o legislador brasileiro deu agasalho à responsabilidade objetiva, descartando de vez o exame da culpabilidade diante da contravenção penal. Ou se, pelo contrário, a contravenção se entrosa na sistemática do direito penal da culpa. Ou finalmente se se trata, na hipótese, de um caso isolado de presunção de culpa, em nosso direito. É o que faremos a seguir, servindo-nos da construção doutrinária que se fez a respeito, principalmente na Itália, onde se discute acirradamente o problema desde a elaboração do código Rocco, em 1930.

2 – Alguns se ativeram a uma exegese gramatical do dispositivo, sustentando a tese da mera voluntariedade. Para eles, "em matéria contravencional, é suficiente a indagação acerca da consciência e voluntariedade da conduta, vale dizer da ação ou da omissão. Desde que consciente e voluntária a conduta humana, pode-se prescindir do exame do dolo ou da culpa", uma vez que "o evento jurídico se identifica com a conduta que por si mesma é danosa ou perigosa".(1)

Para a configuração do ilícito contravencional, portanto, será de todo irrelevante a indagação a respeito do elemento psicológico. Suficiente que a inobservância do preceito seja voluntária.

Semelhante posicionamento, que deita raízes no velho Carmignani (*"factum que ipsum pro dolo vel culpa accipitur"*, Elem. Jur.

Crim., § 1.215), vai perdendo adeptos.[2] Mesmo na Itália, onde a corrente oposta cresce a olhos vistos.

Procura-se justificar a tendência dita do "fato material", que dispensa o exame da culpa ou até mesmo da boa-fé. E o fazem em razão do "alto interesse social de que as normas contravencionais sejam respeitadas; isto é, que a sua observância não venha a depender – com o perigo de ser paralisada ou eliminada – da pesquisa da intenção do agente. Se nas contravenções fosse preciso provar cada vez que o agente se conduziu com o propósito de causar um evento antijurídico, e se se devesse provar sua negligência, imprudência e imperícia, dificilmente seria punido o contraventor, e a ordem pública estaria comprometida".[3]

O único elemento comum a delitos e contravenções seria, pois a voluntariedade. Voluntariedade que não precisa acompanhar todo o processo executivo da infração penal. Basta que exista em seu início, prevalecendo o princípio de que "*semel praesens, semper praenses*". O elemento diversificador, no campo subjetivo, seria a culpa, "*latu sensu*", dispensável na contravenção, fundamental no delito.

3 – Em posição diametralmente oposta, mais liberal, mais moderna, mais consentânea com os princípios do direito penal da culpa, a teoria dita do mínimo de culpabilidade.

Se o legislador tivesse pretendido prescindir da culpabilidade, teria perfeitamente podido abrir mão da mera voluntariedade, uma vez que a voluntariedade do comportamento (ação ou omissão) que não se resolva em uma volição culpável (dolo ou culpa) em relação ao "fato" do qual o comportamento constitui uma parcela, apresenta valor negativo idêntico do de um comportamento involuntário.[4]

Sustentar que, para a configuração da contravenção, basta a existência de uma conduta consciente e voluntária significa chegar a duas conclusões absurdas e inexatas, ou seja: que nas contravenções constituídas de conduta e evento dever-se-ia responder a título de responsabilidade objetiva, enquanto que naquelas integradas somente pela conduta (crimes sem evento, ou de mera conduta) dever-se-ia responder somente a título de dolo.[5]

Realmente: para atribuir espiritualmente um fato ao sujeito-agente, necessário se faz que entre o fato e o autor subsista um liame psicológico (dolo ou culpa). Aceitar, no campo contravencional, a tese de que é suficiente a voluntariedade de comportamento, quando o evento não tenha sido querido, nem previsto, nem previsível, equivale abraçar a responsabilidade objetiva, que mesmo no direito italiano tem caráter de todo excepcional.(6)

Não basta, pois, a simples voluntariedade. Para que os fatos possam ter relevo penal, não será possível prescindir da consciência do ilícito, consciência essa que haverá de apresentar-se sob as vestes do dolo ou da culpa.(7)

A voluntariedade há de estar sempre presente, indefectivelmente, em todos os crimes. Delitos ou contravenções. E espelha bem o que se costuma chamar de "humanização" do fato. Por outro lado, em razão de princípio elementar e fundamental de justiça e de eqüidade, não pode bastar a voluntariedade nua do fato. Reputar inútil a indagação acerca do dolo ou da culpa significa aceitar uma forma ampla de responsabilidade objetiva.(8)

Ottorino Vannini, o maior fautor do presente posicionamento, constrói um silogismo irrespondível:

"A contravenção é um crime, ou não é um crime?

É um crime. Se portanto é um crime, se constitui um fato penalmente ilícito, fora da culpabilidade, fora daquele limite que Carnelutti preferia denominar de desobediência, não será possível concebê-lo. Ilicitude significa fusão do elemento culpabilidade com o elemento material. Se a contravenção é um ilícito penal, a sua essência jurídica não pode prescindir de ambos os elementos."(9)

Fora do dolo e da culpa não existe elemento subjetivo, não existe ilicitude, não existe crime. A mera voluntariedade da ação ou da omissão não coloca a vontade individual em oposição e em contraste com a vontade da norma. Juridicamente, voluntariedade é um nada. Voluntariedade sem culpabilidade equivale a ausência de voluntariedade.(10)

A objeção mais grave que se faz contra a interpretação que abre mão do dolo e da culpa no terreno das contravenções, no entender de Santoro, é que o artigo 42, que regulamenta a matéria, quando faz menção à responsabilidade objetiva, não se refere às contravenções.

Logo, não se trata de responsabilidade objetiva que, sendo matéria excepcional, haverá que ser especificamente prevista.[11]

A tese da exigência de um mínimo de culpabilidade é hoje seguida pela grande maioria da doutrina italiana.[12] Sustenta-se, enfim, que enquanto nos delitos se responde normalmente a título de dolo e só excepcionalmente a título de culpa, isto é, quando a lei consente tal forma psicológica de realização, no que concerne às contravenções, poderão elas realizar-se indiferentemente a título de dolo ou culpa. Em outras palavras: nos delitos requer-se o dolo e só nos casos de previsão expressa bastará a culpa. Nas contravenções, de regra é suficiente a culpa. Nas contravenções a conduta pode ser indiferentemente dolosa ou culposa. Não será mister o dolo, mas indispensável quando menos a culpa.[13]

A teoria da presunção de culpa conta com poucos adeptos na doutrina.[14] Segundo ela, o magistrado, ao aceitar a verificação da contravenção, fica dispensado de fazer uma análise do elemento psicológico, diante da presunção de culpa que aí se estabelece. Presunção *juris tantum*, entretanto. Que deixa de prevalecer, caso o imputado apresente prova contrária a respeito.

Admite-se, pois, a boa fé, mesmo no campo contravencional, embora coma a inversão da prova. A presunção de culpa não é absoluta, mas relativa. O Ministério Público estaria dispensado de produzir a prova da culpabilidade do agente contravencional, em face da presunção existente. Mas o acusado estaria autorizado a produzir a prova de que sua conduta não foi iluminada pelo dolo, ou pela culpa.

5 – Com variações tênues da concepção do mínimo de culpabilidade apresenta-se aquela de Giuseppe Sabatini.[15] Conforme o penalista de há pouco desaparecido, não basta a verificação da voluntariedade para a existência do crime contravencional. Necessária se faz outrossim, a perquirição do elemento psicológico que deverá apresentar-se pelo menos na forma culposa, *stricto sensu*.

Num ponto, porém, o autor diverge dos demais. Não concorda em que, nas contravenções, dolo e culpa sejam nivelados a um plano idêntico. Há contravenções dolosas e há contravenções culposas, embora não previstas especificamente. Assim, o aplicador da lei contravencional haverá que ter em conta culpa e dolo, para poder conseqüentemente excluir a punibilidade da conduta. Trata-se, pois, de uma conduta psicologicamente qualificada.

6 – De início a jurisprudência italiana propendeu nitidamente pela exigência do mínimo de culpabilidade. De maneira praticamente uniforme.

Citem-se, a respeito, algumas das decisões proferidas:

"Para que se possa afirmar a responsabilidade com respeito a um crime contravencional não é suficiente a consciência e vontade da ação, mas ocorre também a culpabilidade, que deverá concretar-se ao menos na culpa; e tal elemento deverá ser comprovado nos casos singulares, ainda que mediante uma presunção *hominis,* segundo princípios comuns da liberdade de prova e do livre convencimento do juiz, não tendo a lei estabelecido para as contravenções nenhuma presunção legal de culpa."[(16)]

"A boa fé nas contravenções pode ser invocada não só para demonstrar ausência de culpa, como de dolo. As contravenções não poderão ser punidas onde falte a culpabilidade, a qual diversamente dos delitos, pode consistir indiferentemente no dolo ou na culpa, não bastando a simples voluntariedade do comportamento."[(17)]

Muitos outros arestos poderiam ser igualmente transcritos, no mesmo diapasão.[(18)]

A seguir, entretanto, a Corte de Cassação adotou uma jurisprudência oscilante, ora adotando uma das correntes, ora outra, embora diametralmente opostas.

Assim, entendeu certa feita que a lei sanciona uma responsabilidade presumida *juris et de jure*, sem vincular-se a qualquer indagação a respeito do dolo ou da culpa.[(19)]

Noutro aresto, concluiu pela necessidade do requisito mínimo de culpa.[(20)]

Finalmente, em outro decisório, proclamou a presunção relativa de culpabilidade, que admite prova em contrário, por parte do acusado.[(21)]

As decisões mais recentes, contudo, são no sentido de que "a boa fé, em matéria de contravenções, pode excluir a responsabilidade, desde que o acusado demonstre ter feito tudo quanto lhe era possível para moldar sua conduta de acordo com as disposições vigentes, sem consegui-lo por razões que não lhe podem ser atribuídas".[21a]

7 – A doutrina brasileira não enfrentou, como a italiana, o problema a fundo. Dividiram-se os autores brasileiros entre a corrente do fato material, que se contenta com a voluntariedade expressa no artigo 3.º da lei das contravenções, e a posição que reivindica demais o elemento psicológico.

De efeito, para alguns, "independe a contravenção dos elementos subjetivos, integrantes dos crimes, o dolo ou a culpa".[22]

Numa exegese meramente gramatical do texto da lei contravencional, que em seu artigo 3.º dispõe que "para a existência de contravenção basta a ação ou omissão voluntária. Deve-se, todavia, ter em conta o dolo ou a culpa, se a lei faz depender, de um ou de outra, qualquer efeito jurídico", há quem sustente: "o elemento moral ou psicológico é expresso, exclusivamente, pela voluntariedade. Não há, pois, como indagar da intenção, que não vale para excluir a contravenção, ainda quando inocente ou orientada por um fim lícito".[23]

Não faltou, entretanto, quem, numa visão atual do direito penal, sustentasse que "não há como esconder a evidência de que a conduta contravencional exige mais do que a simples voluntariedade. A culpabilidade, tal como é hoje concebida, não pode deixar de influenciar o campo do elemento subjetivo das contravenções".[24]

Ou, então, os que afirmam não ser "possível fugir aos imperativos da ciência. Um fato humano não é somente matéria, força física. Não podemos cogitar, apenas, da ação, do corpo, senão, ainda, da influência do espírito sobre essa mesma ação. A psicologia biológica tem os seus cânones, sobre que meditamos, sem encontrar razões que lhe neguem a essência. Corpo e alma, matéria, espírito, intervêm em todos os atos do indivíduo consciente, e o biologista não consegue traçar, com precisão matemática, os lindes que os separam, tão identificados se encontram".[25]

Realizada a premissa, concluem: "Dolo e culpa representam o conteúdo do elemento subjetivo do delito. Pretendem alguns que, também assim se deve considerar na contravenção com a só distinção que, na contravenção, não se indaga desse conteúdo, porém, se presume, o que se afigura um absurdo, uma vez que seria tratar com maior severidade o autor da infração menos grave, presumindo-lhe dolo".[26]

Como, em verdade dispensar o exame da culpabilidade na prática das contravenções, tratando o contraventor com maior severidade que o delinquente, para o qual a lei exige a aferição da culpa?

8 – A jurisprudência pátria "tem exigido a culpabilidade, para a caracterização das contravenções penais, interpretando os juízes que a 'ação ou omissão voluntária', a que se refere o artigo 3.º da Lei das Contravenções, deve ser dolosa ou culposa". É o que confessa Everardo da Cunha Luna, em nota do Direito Penal de Bettiol,[27] após sustentar que o dispositivo em epígrafe acolhe a responsabilidade objetiva, com presunção de dolo ou culpa.[28]

Nesse sentido pronunciou-se unanimemente o Tribunal de Alçada Criminal de São Paulo:

"Mesmo porque se trata de contravenção dolosa, não bastando a voluntariedade do fato."[29]

E o Tribunal de Justiça de Santa Catarina, em decisão unânime:

"A contravenção das vias de fato é dolosa, porque deve revelar a intenção de produzir um mal físico. Se esse ânimo de ofender não se revela, o fato carece de tipificação legal".[30]

9 – Não se venha a alegar que a Exposição de Motivos da Lei das Contravenções Penais argumentou em contrário, no sentido de que: "o elemento moral das contravenções é a simples voluntariedade da ação ou omissão". Isto porque a Exposição de Motivos não tem nem nunca teve, caráter vinculante. Quer no Brasil, quer no exterior.

A voluntariedade haverá de estar presente em todos os tipos de infrações penais. Delitos ou contravenções. No conceito de voluntariedade está implícito o de consciência. Quando se diz ação (ou omissão) voluntária, diz-se também ação (ou omissão) consciente.[31]

Se o denominador comum a ambos, a contravenções e delitos, é a voluntariedade, diversificam-se os dois tipos de infrações porque: enquanto nas contravenções a voluntariedade se presume, nos delitos haverá de ser constatada.[32]

Esta a interpretação a ser dada ao artigo 3.º do Decreto-lei 3.688, de 3 de outubro de 1941. Para a existência da contravenção, basta a ação ou omissão voluntária, que não precisa ser comprovada. Presume-se, *juris tantum*, já que poderá o agente comprovar a ausência da voluntariedade que é posta a seu cargo.

Entretanto, o dolo ou a culpa que venham a integrar a contravenção tipificada haverão de ser comprovados. Isto porque, "no tocante à *culpabilidade* (ou elemento subjetivo do crime), o projeto não conhece outras formas além do dolo e da culpa *stricto sensu*. Sem o pressuposto do dolo e da culpa *stricto sensu*, nenhuma culpa será irrogada. *Nulla poena sine culpa*. Em nenhum caso haverá *presunção* de culpa. Assim, na definição da culpa *stricto sensu*, é inteiramente abolido o dogmatismo da 'inobservância da alguma disposição regulamentar', pois nem sempre é *culposo* o evento subsequente".(33)

Aplicando-se às contravenções as regras gerias do código, consoante disposição expressa do artigo 1.º do Decreto-lei 3.688, a culpa não pode ser presumida. Adotar posicionamento diverso corresponde a tratar com maior benignidade o infrator mais grave, vale dizer o delinquente, para o qual a culpabilidade não se presume jamais. Ao passo que o contraventor seria tratado com maior severidade, apesar da prática de infração bem menos grave.

Consagrado pelo *jus positum* pátrio o princípio *nulla poena sine culpa*, haverá ele de impregnar-se em todos os ramos do direito. Nem seria concebível que, aceito no campo delitivo, não fosse a *fortiori* acolhido no campo contravencional. Se a infração mais grave, prevista no estatuto penal substantivo, não presume a culpa, com maior razão a infração menos grave, elencada na Lei das Contravenções, haverá de reivindicar a verificação da culpabilidade. Não punir o crime, em face da ausência da culpabilidade, punindo a infração anã, que é a contravenção, constitui *contradictio in adjectis*.

De mais a mais, não seria aceitável que a contravenção, que não se diferencia ontologicamente do delito, tivesse componentes diversos. Em ambos se visualiza a mesma individualidade, a mesma essência unitária, derivadas de uma fusão íntima e harmônica de integrantes, como num sistema vascular. Assim, como escreveu Massari, o crime não é este, aquele ou aqueloutro elemento: mas é o conjunto de todos os seus pressupostos, de todos os seus elementos constitutivos, de todas as suas condições. E a integração de cada um e de todos esses coeficientes e fatores é tão plena e profunda que, ausente um só deles, dissolver-se-ia todo o crime.[34]

Por outro lado, nas infrações dolosas, a voluntariedade da conduta presume a voluntariedade do evento. Nas infrações culposas, a voluntariedade do comportamento pressupõe a voluntariedade da causa eficiente do resultado. Logo, a mera voluntariedade, nas contravenções dolosas dotadas de evento, investem o resultado, que é previamente desejado e previsto. Como, então, ao menos nestas, descartar de vez o elemento doloso, para permanecer o aplicador da norma adstrito ao exame isolado da voluntariedade da conduta?

O anteprojeto da lei de contravenções[35] rezou, em seu artigo 5.º, ao disciplinar a matéria em questão:

"Para a existência da contravenção basta a simples vontade de praticar o fato. Salvo disposição em contrário, não é necessária a consciência de que seja ilícita a ação ou omissão."

Como se depreende, o anteprojeto estendeu a voluntariedade da conduta à voluntariedade do fato, que abrange, afora a conduta, o evento. No exame da voluntariedade do fato, está a intenção na obtenção do resultado, está o dolo. Ou então a voluntariedade do meio apto à consecução do evento vetado pela lei penal.

Por outro lado, a dispensa da consciência do ilícito não significa o descarte do elemento subjetivo, mas apenas, em certos tipos contravencionais, a dispensa de uma das integrantes do dolo, "a consciência de que seja ilícita a ação ou omissão".

Na hermenêutica da lei vigente, a conclusão não pode ser outra: não basta o exame da voluntariedade da conduta. Necessária de faz, também, a análise da componente subjetiva da infração, vale dizer, da culpabilidade.

Em dois pontos a contravenção diversifica-se do delito no que tange ao elemento subjetivo. Naquela, a voluntariedade se presume. Neste, a voluntariedade se comprova.

Ainda: no delito, a modalidade culposa depende de previsão normativa expressa, consoante dispõe o parágrafo único do artigo 15 do código penal vigente. Na contravenção penal, a forma culposa independe de previsão legal. Realiza-se contravenção, indiferentemente, culposa ou dolosamente.

Se, porém, a contravenção penal dispensa a previsão normativa expressa para os casos culposos, não dispensa o exame genérico da culpabilidade. Vale dizer: inspirada e norteada no moderno direito penal da culpa, no qual se integra, para não discrepar da harmonia de todo o sistema, a contravenção reivindica igualmente, tanto quanto o delito, o exame da culpabilidade. Não constatada a culpa, estará impune a conduta, ainda que voluntária.

Esta a conclusão a que chegamos, salvo melhor juízo.

NOTAS:

1 – Guglielmo SABATINI, Le contravenzioni, in Trattado Vallardi, 1937, Milão, p. 59.

2 – Sustentam a teoria do fato material na Itália: ALTAVILLA, Manuale di diritto penale, Nápoles, 1934, p. 267; E. BATTAGLINI, Osservazioni sull'elemento psicológico delLe contravvenzioni, in Giust. Pen., 1939, II, 1028 (nota); GABRIELLI, Contravvenzioni, in Nuovo Dig. It., IV ,Turim, 1938, p. 132; o mesmo (conjuntamente com Mazza), Delliti e contravvenzioni, in Novissimo dig. It., V, Turim, 1960, p. 394; Galli, Sull'elemento soggettivo delle contravvenzioni, in Giust. pen., II, p. 340 e segtes.; MAGGIORE, Diritto penale, I, Bolonha, 1958, p. 477; PANNAIN, Della Buona fede e dell'elemento soggettivo nelle contravenzioni, in Annali, 1935, p. 202, bem como in Manuale de diritto penale, I, Turim, 1950, p. 343; Gu. SABATINI, Delle contravvenzioni in particolare, in Trattado di diritto penale a cura di Florian, Milão, 1937, p. 58; Saltelli-Romano DI FALCO, Commento teorico-pratico del nuovo codice penale, I, Turim, 1940, p. 267.

3 – MAGGIORE, op. ult. cit., p. 478.

4 – VANNINI, Manuale di diritto penale, parte generale, Florença, 1954, p. 130.

5 – F. ALIMENA, L'elemento psicologico nelle contravvenzioni, in Scuola Positiva, 1939, II, p. 203.

6 – BETTIOL, Diritto penale, Pádua, 1976, p. 454 e segtes.

7 – DE MARSICO, Diretto penale, Nápoles, 1935, p. 285. FLOMOSI-GUELFI, in Enciclopedia giuridica, 5ª ed. Nápoles, p. 612, sustenta que "no fundo da contravenção pode mesmo ser encontrada a voluntariedade da transgressão (dolo), ou da falta de diligência (culpa)".

8 – ANGELONI, La contravvenzione, Milão, 1954, p. 60.

9 – VANNINI, Sul c.d. Elemento soggetivo nelle contravvenzioni, in riv. it. dir. pen., 1932, p. 838.

10 – Id., op. cit., loc. cit.

11 – SANTORO, Manuale di diritto penale, vol. I, Turim, 1958, p. 421.

12 – Além de Vannini, nos escritores mencionados em notas anteriores e também nos artigos intitulados Dolo e colpa, nelle contravvenzioni, Studi in onore di S. LONGHI, in Riv. Pen., 1935, 128: L'errore sulla illegittimità del fatto e colpevolezza in materia contravvenzionale, in Foro it., 1938, IV, 70. Afora os autores já retro referidos, como Alimena, Angeloni, Bettiol, De Marsico e Santoro, incluam-se ademais os seguintes, sempre em ordem alfabética: BATTAGLINI G., Diritto penale, Pádua, 1949, p. 256;

CAVALLO, L'elemento subjetivo nelle contravvenzioni, in Giust. Pen., 1951, II, p. 1286 e segtes.; FROSALI, Sistema penale italiano, I, Turim, 1958, p. 419 e segts.; PIACENZA, Tentativo di soluzione di um vecchio problema: elemento psicologico e c.d. buona fede nelle contravvenzioni, in Riv. it. dir. pen., 1954, II, p. 784; RANIERI, Diritto penale, p. g., Milão, 1945, p. 259.

13 – ANTOLISEI, Manuale di diritto penale, parte generale, Milão, 1960, p. 293; Bettiol, op. cit. loc. dit.

14 – Antolisei é quem principalmente a sustenta. Seguem-na, também: COCCIARDI, Elemento soggetivo dele contravvenzioni e presunzione relativa di colpa, in Giur. it., 1954, II, p. 363; PETTOELLO-MANTOVANI, II concetto ontologico del reato. Struttura generale. La colpa, Milão, 1954, p. 234; VENDITTI, Presunzione relativa di colpa nelle contravvenzioni, in Giur. it., 1952, II, p. 93.

15 – Guiseppe SABATINI, Le contravvenzioni nel cod. pen. vigente, Milão, 1961, p. 52 e segtes. Como se sabe, Giuseppe Sabatini diverge de seu pai, Guglielmo SABATINI, que feriu com profundidade esse mesmo tema, ainda na sistemática anterior do código zanardelliano. C.F. Guglielmo SABATINI, Le contravvenzioni, in Trattato Vallardi, 1937, p. 59, que se contentava com a voluntariedade da conduta ativa ou omissiva, nas contravenções penais.

16 – Cassação, 5 de março de 1959, in Giust. Pen., 1959, II, 1266, 1038.

17 – Cassação, 11 de junho de 1957, in Giust. Pen., 1957, II, 900, 997.

18 – Cass., 24 de junho 1957, in Giust. Pen., 1958, II, 51,47; Cass., 24 de março 1955, in Riv. pen., 1955, II, 73; Cass., 20 junho 1958, in Giust. Pen., 1959, II, 206, 200. Consulte-se ainda outras decisões menos recentes: Cass., 16 janeiro 1942, in Foro it., 1942, II, 159; Cass., 3 fevereiro 1943, in Foro it., 1944-46, II, 32; Cass., 20 dezembro 1947, in Riv. pen., 1948, 204.

19 – Cass., 17 junho 1959, in Giust. Pen., 1959, II, 477.

20 – Cass., 24 junho 1957, in Giust. Pen., 1958, II, p. 51, 47.

21 – Cass., 11 novembro de 1957, in Giust. Pen., II, 137, 143.

21a – Cassazione Penale – Massimario, p. 67. No mesmo sentido, v. a decisão de 22 de abril de 1974, publicada nesta mesma revista, no ano de 1975, pag. 950, bem como a de 29 de outubro de 1973, igualmente publicada no Massimario, 1974, pag. 1071.

22 – Manoel Carlos da Costa LEITE, Contravenções Penais, S. Paulo, 1962, p. 10.

23 – Bento de FARIA, Das Contravenções Penais, Rio de Janeiro, 1942, p. 32. Nesse mesmo sentido, Galdino SIQUEIRA, em seu Código Penal Comentado.

24 – Manoel Pedro PIMENTEL, Contravenções Penais, S. Paulo, 1975, p. 19 e segtes.

25 – José DUARTE, Comentário à Lei das Contravenções Penais, vol. I, Rio, 1958, p. 97.

26 – José DUARTE, op. cit., p. 121 e segtes. No mesmo sentido, de que o elemento subjetivo nas contravenções penais não se circunscreve à mera voluntariedade, consulte-se a obra recente de Paulo Lúcio NOGUEIRA, Questões Penais Controvertidas, Marília, 1978; especialmente às páginas: 19, 35, 38, 57, 75, 147, 188 e 229. V. Também o artigo Advocacia e Reforma Penal, in Anais da V Conferência Nacional dos Advogados, realizada na Bahia, em 1976.

27 – BETTIOL, Direito Penal, trad. brasileira nossa e de Alberto Silva Franco, São Paulo, 1971.

28 – Everaldo da Cunha LUNA, Estrutura Jurídica do Crime, Recife, 1968, p. 78.

29 – Rev. Trib. 487/313.

30 – Rev. Trib. 489/407.

31 – Nesse mesmo sentido, v. José Duarte, op. cit., p. 112. É essa, aliás, a expressão do cód. italiano vigente: voluntária e consciente.

32 – Cf. também José Duarte, op. cit., 119.

33 – Exposição de Motivos do código penal vigente, de autoria do Min. Francisco Campos.

34 – Massari, Il momento executivo del reato, Pisa, 1923, p. 133 e segte.

35 – Trata-se do anteprojeto elaborado pelo saudoso e grande Mestre José Salgado Martins, revisto pelos profs. José Carlos Moreira Alves, Benjamin Moraes Filho, José Frederico Marques e pelo próprio autor, publicado *no Diário Oficial da União* de 16 de agosto de 1974.

6

SUBSTITUTIVOS DA PENA DE PRISÃO[1]

JAIR LEONARDO LOPES

(Professor da Faculdade de Direito da UFMG)

Na elaboração doutrinária dos conceitos da dogmática jurídico-penal muito já se fez quanto às teorias da norma e do crime, porém, o mesmo não se pode dizer quanto à teoria da pena. Compreende-se que a atenção dos penalistas se dirigisse, inicialmente, no sentido da fixação dos "pressupostos para a imposição da pena". Cumpria mesmo, antes de tudo, saber qual a conduta punível "traçando – no dizer do nosso homenageado – o círculo fechado do ilícito penal, dentro do qual ninguém pode penetrar sem incorrer na pena, e fora do qual ninguém pode sofrer a imposição penal". É o princípio da ante-

1. Texto transcrito e revisado pelo Prof. Dr. Paulo Cesar Busato. Publicado originalmente em: LUNA, Everardo da Cunha *et alii*, *Aníbal Bruno, o homem e a obra – Homenagem a Aníbal Bruno*, 2. ed., Belo Horizonte: Editora Lemi/ Faculdade de Direito da UFMG. 1978, 83-94.

rioridade da lei ao fato, de indisfarçável inspiração liberal, que vem sofrendo as vicissitudes da própria liberdade. Na Alemanha nazista, assim como na Rússia comunista, onde a liberdade fora banida em holocausto às ditaduras, chegou-se a proscrever aquele princípio, dispondo o Código Penal Soviético, em seu art. 6.º: "reputa-se perigosa *toda ação ou omissão dirigida contra a estrutura do Estado soviético ou que ofenda a ordem jurídica criada pelo regime dos trabalhadores e camponeses para a época de transição à organização social comunista*". E o § 2.º do Código Penal alemão passou a ter a seguinte redação: "Será punido quem cometer um crime declarado pela lei punível, *ou que mereça uma sanção segundo a idéia fundamental da lei penal e são sentimento do povo alemão*".

Mas, ainda segundo Aníbal Bruno, deve-se dizer "em louvor da magistratura alemã que os tribunais mostraram sempre repugnância a decidir por analogia em matéria penal" e mesmo na Rússia "onde a admissão da Analogia se interpreta, segundo Anosov, como um momento de transição entre o Direito Penal do passado, com a exigência absoluta da tipicidade, e o Direito Penal do futuro, sem parte especial, a Corte Suprema não se tinha mostrado favorável à extensão da aplicação do processo analógico, tendo uma vez, Vichinsky, então procurador geral, reafirmado o princípio de que a analogia só era possível sobre a base legal muito firme de um texto do Código.

Talvez, por isso mesmo, já em 1958, era restabelecido na Rússia o princípio da anterioridade da lei, cujo Código Penal de 1960, em seu art. 6º, dispõe que "a criminosidade e punibilidade de um fato se determinam *de acordo com a lei que regia no momento da prática desse fato*" (Cfr. "Derecho Penal Sovietico", Zdravomislov, Schneider, Kélina e Rashkóvskaia, Editorial Temis Bogota, 1970, p. 45).

Por outro lado, na Alemanha, foi, também, reabilitada a regra da anterioridade da lei, mesmo antes das leis de reforma de 1969 e 1970, havia ressurgido, como se pode ver na publicação do Centro Francês de Direito Comparado, apresentada por Marc Ancel. E o art. 1.º, do Código Penal Alemão, após as leis de 7.4.70 e 20.5.70, proclama que «um ato só pode ser punido *quando a punibilidade foi legalmente determinada antes de praticado o ato*" (Cfr, tradução de Lauro Almeida, José Bushatsky, editor, São Paulo, 1974).

Aliás, desde 10 de dezembro de 1948, aquele princípio constitui parte do Item 11 da "Declaração Universal dos Direitos do Homem aprovada na III Sessão Ordinária da Assembléia Geral das Nações Unidas, cujo texto completo consagra, ainda, as garantias de ordem processual nos seguintes termos: – "Todo homem acusado de um ato delituoso tem o direito de ser presumido inocente até que a sua culpabilidade tenha sido provada de acordo com a lei, em julgamento público, no qual lhe tenham sido asseguradas todas as garantias necessárias à sua defesa. *Ninguém poderá ser culpado por qualquer ação ou omissão que, no momento, não constituam delito perante o direito nacional ou internacional. Também não será imposta pena mais grave do que aquela que, no momento da prática, era aplicável ao ato delituoso*".

O princípio da anterioridade da lei, que alguns preferem chamar princípio de legalidade ou da reserva legal, assim inserido na "Declaração Universal dos Direitos do Homem", subscrita por quarenta e oito Nações, passou a ser consagrado pela maioria dos povos cultos, dele decorrendo as mais amplas conseqüências para a teoria da norma penal como, por exemplo, a regra de que a lei é a fonte única de incriminação e penalização, sendo, neste campo particular, irrelevante o costume; o postulado da não retroatividade da lei, salvo para beneficiar o réu; a impossibilidade de analogia para criar crimes e penas; e o interesse em saber os limites de validade da lei já que nela, exclusivamente nela, são definidos os crimes e cominadas as penas.

Toda esta construção dogmática é do maior alcance, não apenas teórico, mas do ponto de vista prático, como instrumento de garantia contra o arbítrio da autoridade, que não pode punir sem lei anterior que preveja o fato como infração penal e somente nas condições pela lei estabelecidas.

Por outro lado, não há a menor dúvida de que, antes de se tratar da pena, cumpria, ainda, indagar se a conduta do agente correspondia àquela anteriormente descrita na lei como punível.

E eis aqui a questão da adequação do fato à lei, ponto de conexão entre a teoria da norma e a teoria do crime, através da exigência da *tipicidade*, que, sendo pressuposto indispensável à punibilidade da conduta, constitui-se, também, no mais eficaz instrumento de garantia dos direitos individuais, uma vez que a exata subsunção do fato à lei só se realiza quando a própria lei, além de ser anterior ao fato, descreva em "tipos fechados", minudentes e precisos, as condutas consideradas danosas ou perigosas aos bens ou valores, objeto da proteção jurídico-penal, em um dado momento histórico.

O insigne Prof. SEBASTIÁN SOLER, em magnífico ensaio, intitulado "La Formulación actual del principio: No hay delito sin ley previa", publicado pela editora TEA, em 1956, no volume "Fe en el Derecho" pondera que "a só existência de lei prévia não basta; esta lei deve reunir certos caracteres: deve ser concretamente definidora de uma ação, deve traçar uma figura fechada em si mesma, em cujo âmbito se conheça não somente qual a conduta compreendida mas, também, qual a não compreendida".

De fato, um tipo aberto como, por exemplo, o do art. 23 da atual Lei de Segurança Nacional – "Praticar atos destinados a provocar guerra revolucionária ou subversiva" – é um tipo dentro do qual podem caber as mais variadas ações, já que ele não especifica qualquer uma, de modo a tornar inconfundível e identificável aquela que a ele deva ajustar-se com exclusividade.

E, como ensinou o mesmo eminente professor portenho, "basta sancionar uma só lei penal de tipo aberto ou indefinido, uma só, para que todo o sistema fique corrompido, porque esse delito indefinido será precisamente o que cumpre a função vicariante e ubíqua com a qual se preencherão todos os claros. Lei prévia existirá, porém, só no sentido de que poderá invocar-se *uma* lei. Porém quando uma só infração deixou de ser fechada, é como se houvessem todas deixado de ser, com a só diferença da pena: para tudo o que antes não era delito haverá no futuro um comum denominador penal. As maneiras de chegar a esses resultados consistem precisamente em violar não já o princípio *nullum crimen*, mas o princípio da tipicidade da ação, o que se logra de duas maneiras: deixando intencionalmente aberta uma figura, quer dizer criando um tipo em si mesmo analógico, ou fazendo uma lei que não tome como base um verdadeiro tipo de ação". E, afinal, conclui SOLER que à criação dos tipos penais abertos "deve opor-se o princípio da tipicidade: não há pena senão para um tipo de ação predefinido".

Assim, dá-se "uma formulação atual" ao *nullum crimen sine lege*, a qual, em verdade, melhor corresponde àquela "missão de garantia do Direito Penal", a que se referiu FONTAN BALESTRA, quando escreveu "a tipicidade assume uma função de garantia jurídico--política e social. Cumpre que a lei contenha descrições de ações, tal como se elas se houvessem praticado. O que se busca é que a lei ponha em movimento a máquina judicial na ordem penal por um fato determinado e não por qualquer outro análogo ou parecido".

A exigência da tipicidade, que é a perfeita e completa adequação do fato ao tipo legal, faz com que se torne irrelevante a conduta que não se amolde com precisão aos recortes do tipo.

"Pouco importa" – escreve NELSON HUNGRIA – "que alguém haja cometido um fato anti-social, excitante da reprovação pública, francamente lesivo do *minimum* de moral prática que o direito penal tem por função assegurar, com suas reforçadas sanções, no interesse da ordem, da paz, da disciplina social: se esse fato escapou à previsão do legislador, isto é, se não corresponde, precisamente, "a parte *objecti*" e "a parte *subjecti*" a uma das "figuras delituosas" anteriormente recortadas "*in abstracto*" pela lei, o agente não deve contas à justiça repressiva, por isso mesmo que não ultrapassou a esfera da "licitude jurídico penal" (in "Comentários", vol. I, Tomo I, p. 12, n. 1, ed. *Rev. For.*, 1953).

Mas a teoria do crime, que fixa os pressupostos da imposição da pena, da qual devemos mais adiante cogitar, não se esgota na tipicidade da ação, porque o fato típico deve ser, também, antijurídico, isto é, praticado de modo contrário ao direito e não de conformidade com as excludentes da antijuridicidade, a quais, em nosso Código Penal, são aquelas do art. 19.

Por outro lado, para que o fato seja punível há de ser, além de típico e antijurídico, também culpável. Na exigência da culpabilidade é que se encontra o traço mais humano da teoria do crime. Com efeito, só é culpável quem possa ser censurável e só pode ser censurável quem seja imputável, isto é, aquele que tenha capacidade de entender e de querer. Contudo, não basta que o agente imputável seja causa material do resultado, nem mesmo que ao resultado esteja ligado pelo simples vínculo psicológico de o ter querido. O querer só é censurável quando o agente quis o que não podia e não devia ter querido, porque, nas circunstâncias em que se encontrava era exigível dele um comportamento diferente ou de conformidade com o Direito.

A reprovabilidade resulta exatamente do fato de ter o agente agido de modo contrário quando podia e devia ter agido de conformidade com o Direito.

Daí, a necessidade da sanção à violação da norma, pois o agente podia e devia ter respeitado o preceito nela contido e, como não o respeitara, cumpre manter a estabilidade da ordem jurídica e evitar que o próprio agente venha de novo a perturbá-la com o seu modo de agir.

Tais objetivos vem-se tentando alcançar, principalmente, mediante a pena de prisão, porém, a longa e atribulada experiência de sua utilização vem revelando que ela não tem conseguido realizar os objetivos hoje atribuídos à sanção penal.

Não há dúvida de que a pena privativa da liberdade constitui notável progresso como sucedâneo da pena de morte, então executada com as mais requintadas formas de terror e crueldade, como a fogueira, o suplício da roda, a empalação, o enforcamento, a decepação da cabeça, o esquartejamento do corpo, de que temos marcada experiência histórica na Inconfidência Mineira. A prisão representou uma grande conquista em comparação com as torturas e outras penas corporais consistentes em mutilações e nos mais refinados meios de impor castigos pelos sofrimentos físicos. Com efeito, a pena de morte nas Ordenações do Reino, por exemplo, foi tão prodigamente cominada aos mais variados delitos que, certa vez, indagou-se, jocosamente, de nosso Embaixador na França se, depois daquilo, ainda havia alguém vivo no Brasil...

Em tais circunstâncias, é claro que a prisão, mesmo nos calabouços ou masmorras medievais, apresentava-se como bom substitutivo penal, pois restava sempre a esperança de uma comutação ou de algum dia, antes da morte, reconquistar-se a liberdade.

Mas, como escreveu Manoel Pedro Pimentel, "hoje, decididamente são reconhecidos os males insanáveis agregados à rotina da execução desse tipo de sanção. Conhecemos o suficiente para saber que a prisão, em si mesma, não é apta para reformar o homem, podendo apenas servir como um meio de segregá-lo do convívio social, para o efeito de ser submetido a um tratamento adequado." (*Estudos e Pareceres*, ed. Revista dos Tribunais, S. Paulo, 1973, p. 20).

O reconhecimento da ineficácia da pena privativa da liberdade não pode ser, cômoda e farisaicamente considerado um simples problema acadêmico, porque constitui uma terrível realidade. Ninguém pode negar que o encarceramento, tal como executado entre nós e na maioria dos países, representa a imposição da ociosidade, pela ausência de trabalho, e a conseqüente perda da capacidade de qualquer iniciativa, já que tudo é dado e disposto de forma regulamentar, diluindo-se a personalidade do preso na automatização provocada pela rotina. Desde logo, recebe uma indumentária característica e um número que, para vários fins, lhe substitui o próprio nome. A promiscuidade faz com que se misturem todos, sem qualquer distinção, e os criminosos primários se confundem com os reincidentes, os ocasionais com os habituais ou mesmo com os doentes mentais, como acontece em algumas comarcas cujas cadeias superlotadas não dispõem de meios para separar uns dos outros, sendo certo que os manicômios judiciários não tem capacidade sequer para o atendimento dos pedidos de exames de sanidade mental quanto mais para tratamento dos doentes mediante internação, do que resulta até o cumprimento de medidas de segurança nos mesmos estabelecimentos em que são cumpridas as penas de prisão.

Da promiscuidade advém uma outra grave conseqüência "para os mais jovens" – como observa HENNY GOULART, "a probabilidade de sofrerem violências dos mais experimentados, por não se afinarem com as normas de atuação dos grupos predominantes, além da certeza de impostas associações íntimas com os piores infratores" ("A Suspensão Condicional da Pena no Direito Brasileiro", separata da *Revista da Faculdade de Direito da Universidade de São Paulo*, vol. LXIX, Fasc. 1, p. 150).

Não participo da opinião de que as penas privativas da liberdade ineficazes sejam, apenas, as de curta duração, pois estas, desde que indeterminadas *quanto ao mínimo, imposta por poucos dias, para cumprimento em separado*, isto é, em celas individuais, podem até constituir-se em excelente advertência sobre o valor da liberdade, que melhor se reconhece por sua privação.

É certo que as penas de curta duração, cumpridas em promiscuidade com outros condenados, são inconvenientes sobre todos os aspectos e especialmente pelo contato com indivíduos de má índole. Entretanto, este inconveniente subsiste, com maior poder de contágio, pelo decurso de mais tempo de convivência, durante o cumprimento das penas mais longas. Portanto, não é pela só circunstância da menor duração que a pena privativa da liberdade há de merecer maior desaprovação.

É claro que não se preconiza a abolição total da pena privativa da liberdade. Infelizmente isso não seria possível, pois, há mesmo criminosos de acentuada periculosidade para os quais impõe-se a segregação social, até por tempo indeterminado, como medida de defesa social e para que se consiga o seu tratamento. Com efeito, não se deve esquecer a advertência de CONCEPCION ARENAL "há criminosos incorrigidos mas não incorrigíveis". Nem se pode perde a esperança de que a descoberta de novas técnicas e de novos métodos de trabalho venha a tornar possível a recuperação mesmo dos indivíduos aparentemente irrecuperáveis. A eliminação pela pena de morte ou a imposição da prisão perpétua constituíram as outras alternativas para os criminosos de alta periculosidade, pelas quais nos recusamos optar, uma vez que ambas, além de outros inúmeros inconvenientes, representariam terrível e irretratável voto de desconfiança no condenado, na inteligência humana e no progresso das ciências que, embora lento, vem sendo o consolo e a esperança para os males da humanidade.

Assim como não se admite a eliminação dos cancerosos ou mesmo os transplantes dos órgãos *vitais*, ainda quando os pacientes estejam desenganados de cura medicina *atual*, também não se pode admitir penas que sejam medidas extremas e irreversíveis, uma vez que elas se constituiriam em uma decisão definitiva e irrevogável a respeito da conduta humana, quando sobre a sua compreensão ainda há muito o que esperar.

Além dos casos mencionados, para os quais será preferível a pena de prisão, ainda que por indeterminado, ao invés da pena perpétua, ou da pena de morte, subsistirá a pena privativa de liberdade na *cominação legal*, para efetivar-se nos casos de inobservância das condições porventura estabelecidas nos seus substitutivos ou quando se frustrar a execução da pena pecuniária. E, quando de tal pena tenha se que fazer uso, impor-se-ia a observância das "Regras Mínimas para o Tratamento dos Detentos e Recomendações Relacionadas", aprovadas por resolução adotada em 30 de agosto de 1955, no Primeiro Congresso das Nações Unidas sobre a "Prevenção do Crime e Tratamento do Delinqüente" (Cfr. *Rev. Instituto dos Advogados do Brasil*, vol. 47, p. 29).

Mas é generalizada a convicção de que cumpre restringir a aplicação e execução da pena privativa da liberdade, não só pelas razões referidas, mas até porque nem há condições materiais para se continuar fazendo dela o amplo uso feito até hoje.

Basta considerar alguns dados estatísticos levantados por MANOEL PEDRO PIMENTEL no Estado de São Paulo, onde, em fins de 1969, havia, em números redondos, 12.000 presos para 7.000 vagas e 41.965 mandados de prisão por cumprir. A Penitenciária de Avaré, capaz de recolher 450 presidiários, custou aos cofres públicos cerca de Cr$ 16.000.000,00, sendo que a sua manutenção demanda mensalmente o dispêndio de aproximadamente Cr$ 1.000.000,00. Ora, para recolher os condenados, cujos mandados de prisão se encontram pendentes, e que hoje se aproximam de 50.000, seria necessário construir, só no Estado de São Paulo, mais de 100 penitenciárias iguais à de Avaré, despesa insuportável pelo mais otimista dos orçamentos.

Em nosso Estado, segundo informação do Delegado de Vigilância, há cerca 30.000 mandados a serem cumpridos. Considerando que o Estado dispendeu na Penitenciária de Neves, no mês de outubro, para manutenção de 756 presos a soma de Cr$ 366.381,00, só a despesa *per capita* foi de mais de Cr$ 484,00. Logo, se estivessem presos todos os condenados o Estado dispenderia, em números redondos, Cr$ 15.000.000,00, por mês, o que torna impossível, por falta de espaço e de recursos pecuniários, a prisão de todos.

É possível que não fossem menos alarmantes os dados estatísticos que viessem ser levantados em outros Estados da Federação sobre o mesmo problema. Assim, mesmo para os que entendem que "lugar de criminoso é na cadeia", a pena de prisão acaba por não satisfazer, pela razão muito simples de não haver cadeia para todos os criminosos...

E se assim é, insistir no uso desta pena, para todos os criminosos, passa a atitude farisaica, quando se sabe que não há condições para que seja sequer executada. Em última análise, o que se verifica é um regime de impunidade, que só tem contribuído para o descrédito da própria Justiça.

A verdade é que, em face da reconhecida ineficácia da pena privativa da liberdade e até mesmo da impossibilidade material de execução de todas quantas vão sendo impostas, urge encontrar formas de substituição de tal pena. Assim como à vingança privada e sem limites sucedeu a proporcionalidade da pena de talião, e à pena de morte e aos castigos corporais sucedeu a pena de prisão, cumpre empregar os mais ingentes esforços para encontrar agora substitutivo da própria pena privativa da liberdade.

Neste sentido, vem-se desenvolvendo a moderna teoria da pena, que se vai transformando na preocupação constante de muitos penalistas.

É certo que os substitutivos penais, no presente como no passado, encontrarão, por parte de muitos, a mais tenaz resistência, fruto daquele "fundo de vingança da penologia moderna", a que se referia Noé Azevedo, o qual não admite possa haver outra forma de reação contra o crime senão o castigo, institucionalizado na atual pena de prisão.

Como observa Alípio Silveira haverá, por exemplo, "quem tache de utopia a adoção da *probation* entre nós. Mas, na verdade, utópico será justamente querer construir estabelecimentos penais em número que baste para comportar a imensidade de infratores da lei penal, e igualmente utópico pensar que o regime de reclusão seja o único adequado à imensa maioria dos condenados ("O Sursis em Regime de Prova", p. 41).

Aníbal Bruno, o nosso insigne homenageado, depois de fazer a crítica das penas curtas de prisão, conclui que se "tem procurado substituir as pequenas penas detentivas por outras medidas, como penas pecuniárias, trabalho em domicílio, liberdade vigiada ou suspensão condicional da execução da pena. Esta última é a que melhor se ajusta às circunstâncias, nos delinqüentes primários, condenados a penas curtas, que ficam sob as vistas da Justiça, pela ameaça do cumprimento da punição". Lembra o mestre que vamos encontrar, como demonstração da tendência moderna, as conclusões do Congresso da ONU, reunido em Londres, em 1960, que inclui a recomendação de restringir ao mínimo irredutível o emprego das penas curtas de prisão. E acrescenta: que a mesma posição foi adotada pelo recente Projeto de Código para a Alemanha, elaborado por professores alemães e suíços (Alternatif-Entwurf, 1966), que substitui as penas privativas da liberdade menores de seis meses por pena pecuniária" ("Das Penas", Editora Rio, em convênio com as Faculdades Integradas Estácio de Sá, 1976, p. 62).

Mas a verdade é que, no Código Penal Alemão, foi-se bem além da simples substituição das penas menores pela pena pecuniária (art. 49, § 2.º), porque se chegou à advertência com reserva de pena e à própria dispensa da pena, quando não seja superior a um ano e o próprio agente sofreu gravemente as conseqüências do seu crime (arts. 59 a 60). A propósito, LAURO ALMEIDA, no estudo que antecede a sua tradução do Código Penal Alemão, escreve: "Ressalte-se que, nesta última grande reforma do seu Código Penal, o legislador alemão encaixou em muitos artigos da Parte Especial (p. ex. artigos 83-A, § 1.º, 84, §§ 4.º e 5.º, 87, § 3.º, 90, § 2.º, 129, §§ 5.º e 6.º, 158, § 1.º, 311-B, § 1.º) esta determinação liberatória: «O juízo pode seu critério, atenuar a pena ou, conforme esta disposição, dispensar a pena, quando...» seguindo-se a menção de circunstância especial em que se aplica este benefício. Isto confirma que aquele legislador não cuidou do problema da pena curta de prisão apenas superficialmente, nem apenas com uma forma generalizada, mas sim cuidou do problema com profundidade e tentou resolvê-lo com uma forma generalizada e também em situações especiais» (p. 48/49).

Naquele Código, adotou-se a suspensão da execução da pena e a suspensão do restante da pena, esta equivalente ao nosso livramento condicional, não subordinada, porém, à quantidade da pena imposta, exigindo-se, contudo, o cumprimento de, no mínimo, dois meses de pena, quando o benefício deva ser concedido após dois terços, e, pelo menos um ano, quando a concessão deva ser feita após o cumprimento de metade da pena (art. 57, §§ 1.º e 2.º).

Como se vê, a orientação adotada pelo recente Código Penal da Alemanha, país da mais avançada dogmática jurídico-penal, foi no sentido de evitar a pena de prisão, mediante a instituição da dispensa de pena, que é uma forma de perdão judicial, ou fazendo maior uso da suspensão da execução ou de parte desta ou ainda substituindo a prisão pela pena pecuniária.

Os substitutivos penais tanto podem ser adotados por ocasião da sentença como na fase de sua execução, dependendo, evidentemente, da natureza deles. A professora Henny Goulart, no volume primeiro de sua Penologia, apresenta um quadro dos substitutivos penais "mais destacados pela doutrina", no qual estão assim esquematizados: –

a) Substitutivos penais propriamente ditos, que substituem a pena privativa da liberdade de curta duração, como são exemplos o perdão judicial, a suspensão condicional da pena ou da condenação, o trabalho obrigatório em liberdade e a repreensão judicial aos quais se deve acrescentar o livramento condicional;

b) medidas restritivas da liberdade, como a prisão albergue, o confinamento de fins de semana e a prisão domiciliar;

c) medidas restritivas de direitos, aplicadas para evitar que certos direitos, funções ou profissões sejam exercidos por indivíduos que não apresentam a capacidade necessária, de que são exemplo as inabilitações para cargos públicos e para o exercício de determinadas profissões;

d) medidas pecuniárias, que se apresentam pela imposição da multa, indenização da vítima e pela reparação simbólica;

e) medidas de tratamento, destinando-se aos casos em que o comportamento do agente denota anomalias psíquicas ou suas circunstâncias pessoais precisam ser especialmente consideradas.

Em posição especial coloca o chamado "princípio da oportunidade", consistente no poder, outorgado aos magistrados ou autoridades encarregadas da persecução penal, de absterem-se de iniciar a ação penal quando, atendendo ao caráter insignificante da infração e a culpabilidade mínima do agente, a ordem social não exige a punição, princípio acolhido pelas legislações de vários países, como França, Holanda e Noruega" (p. 147/148).

O Código Penal de 1969, com a redação da Lei 6.016, de 31.12.1973 adotou alguns substitutivos da pena privativa da liberdade, embora timidamente.

No artigo 46, admite-se que a pena de detenção não superior a seis meses seja substituída pela multa, "desde que o condenado s primário, de escassa ou nenhuma periculosidade e tenha realizado, salvo impossibilidade econômica, a reparação do dano antes da sentença, se é de esperar que a multa baste para servir de advertência". Trata-se de um benefício que pode transformar-se em pecado mortal.

Com efeito, ao condenado, que reúna as condições exigidas no art. 46 para aplicação da multa substitutiva, pode-se, também, conceder a suspensão condicional da pena (art. 70), que, embora sujeite o condenado à observância obrigações e proibições constantes da sentença, *assegura-lhe o segredo do registro da condenação; que será secreto*, (arts. 909 e 910 do Anteprojeto de Código de Processo Penal e 709 do C.P.P. vigente).

O registro da condenação à pena de multa não é secreto e, para variados fins, exige-se hoje, folha corrida limpa. Por isso no sistema atual, nem sempre será um favor concedido ao réu aplicar-se-lhe a pena de multa como substitutivo da pena de detenção.

Para muitos, será preferível a pena privativa da liberdade, com a respectiva suspensão condicional. Por isso, é necessário assegurar o sigilo do registro da condenação, nos termos dos arts. 909 e 910 do Anteprojeto do Cod. de Processo Penal, ao caso de aplicação da multa substitutiva e em todos aqueles de imposição isolada da pena de multa, cujo uso deve ser ampliado, não só sob a forma de multa substitutiva, mas, também, sob a forma das cominações alternativas ou mesmo isoladas.

Segundo o novo Código, pode, ainda, o Juiz decretar a extinção da punibilidade pelo perdão judicial (art. 107, V), esclarecendo-se, na Exposição de Motivos, que, em tais casos, "deve o juiz abster-se de condenar", declarando extinta a punibilidade pelo Perdão.

É certo que o Perdão Judicial já está consagrado, no Código atual, na injúria em caso de retorsão (art. 140, § 1.º), na receptação culposa (art. 180, § 3.º), no adultério (art. 240, § 4.º) e na subtração de incapazes (art. 249, § 2.º), mas estas hipóteses foram mantidas pelo novo Código, que acrescentou o perdão judicial para as lesões recíprocas leves (art. 131, § 5.º), para o dano e introdução de animais em propriedade alheia (art. 178), para o falso registro e parto suposto (art. 266, parágrafo único).

Incluiu-se o instituto na casuística da extinção da punibilidade, mas limitados os seus efeitos aos casos expressamente previstos na Parte Especial, não se lhe deu uma aplicação genérica, ainda que condicionada. Por isso, no "V Congresso de Direito Penal e Ciências Afins", aprovou-se, à unanimidade, uma proposição, do eminente Prof. Luiz Vicente Cernicchiaro, no sentido de dar-se uma disciplina ao instituto, que permita sua adoção para os acusados por crime a que seja cominada a pena de detenção até dois anos, os quais sejam primários e de nenhuma periculosidade.

Merece especial destaque, no âmbito do nosso tema, a nova sistemática do *sursis* e do livramento condicional. Se a pena privativa da liberdade não é superior a dois anos, *qualquer que seja sua qualidade*, pode ser a sua execução suspensa condicionalmente, desde que o condenado seja primário, de nenhuma ou escassa periculosidade, e tiver demonstrado o sincero desejo de reparar o dano (art. 70); sendo que, se o condenado for de nenhuma periculosidade, a suspensão poderá ser "simples", e dependerá de "regime de prova", se for de escassa periculosidade (§ 1.º, do art. 70). Se a pena privativa da liberdade for superior a dois anos, o condenado pode obter o livramento condicional observados os demais requisitos do art. 70. Assim, desapareceu aquela faixa negra, entre 2 e 3 anos, dentro da qual, como é sabido, os condenados não podiam obter qualquer dos dois benefícios. Diante dos atuais textos dos arts. 70 e 74, que substituíram os arts. 71 e 75 do Decreto-lei 1004, acabou até perdendo importância a faculdade concedida ao juiz de substituir a pena de *reclusão*, não superior a dois anos, pela *detenção*, pois a substituição ampliava os casos de suspensão que, no texto primitivo do Código (DL 1004, de 21.10.69), só podia ser concedida aos condenados a pena de detenção, salvo quando se tratasse de réu menor de 21 anos e maior de 70.

A prisão albergue foi adotada pelo novo Código consistindo no exercício, fora do estabelecimento penal, e sem vigilância, de atividade profissional e na freqüência a estabelecimento de ensino.

Mas, de fato, o legislador brasileiro foi tímido, pois nem mesmo a prisão domiciliar que, entre nós, por força de lei especial, já se admite, sem qualquer inconveniente, na fase da instrução (Lei n. 5.256, de 6.4.67), teve o legislador coragem de adotar para substituir a pena de prisão a ser cumprida nas cadeias e penitenciárias.

Por outro lado, as interdições de direitos que, isoladamente impostas, poderiam, em determinados casos, substituir penas privativas liberdade, também não foram admitidas.

Pessoalmente, sou avesso às inabilitações e às interdições de direitos, especialmente sob a forma de impedimento para o exercício de uma profissão ou determinadas atividades, quer como penas acessórias, quer como medidas de segurança, sobretudo porque o cumprimento delas é posterior ao cumprimento da pena privativa da liberdade. E, a meu ver, tal fato constitui uma profunda contradição do sistema, pois, permitido o contato do indivíduo com a sociedade, após cumprimento da pena ou sua extinção, erige-se em seu favor uma presunção de aptidão para vida social, pelo que não me parece razoável proibir-lhe o exercício de sua profissão. Tal proibição só pode dificultar o seu processo de readaptação à convivência social.[1]

É certo que a cassação da licença para dirigir não é o mesmo que a interdição do exercício de profissão, embora, quando se trate de um motorista profissional seja equivalente à própria interdição, pois, cassada licença para dirigir, o profissional não mais pode exercer a sua profissão. Por outro lado, hoje, o automóvel é, sobretudo, um instrumento de trabalho para a maioria das pessoas, que dele se valem muito mais em serviço do que em passeios.

Contudo, quando a cassação de licença, para dirigir veículo motorizado for alcançar quem não seja motorista profissional, não acarretará proibição para o exercício de profissão e, por isso, pode, em alguns casos ser justificável, especialmente em relação a motoristas, que fazem da direção de seus veículos um arriscado esporte, pelas ruas e estradas, pondo em perigo a segurança própria e alheia, nos seus carros chamados "envenenados", muito em voga, de descargas abertas e "talas largas", vindo a dar causas a acidentes. Aí, a nossa divergência é quanto ao sistema de duplicidade de providências – pena e medida de segurança – porque o réu, além de ser condenado ao cumprimento da pena, depois dela, cumpre a medida de segurança, e o pior é quando se admite a contemporaneidade do gozo do "sursis", do livramento condicional ou da desinternação condicional com a interdição ou a cassação da licença (art. 95, § 1.º).

Outro excelente substitutivo da pena de prisão, de que não cuidou o Código Penal de 69, poderá ser a "repreensão judicial", consistente em advertir-se o réu de que não deverá voltar a delinquir, abrindo-se-lhe um crédito de confiança, encerrando o processo, tendo-se em vista determinadas circunstâncias pessoais e do fato.

O cumprimento paulatino de pena nos fins de semana, já em uso na Inglaterra, na Alemanha e na Bélgica, pode, também, produzir bons resultados, desde que o confinamento seja em compartimento isolado, sem contato com outros condenados.

Estas as considerações que pretendia apresentar-lhes no encerramento destas "Conferências em Homenagem a ANÍBAL BRUNO", a cujo espírito de excelso não escapara, neste tema, como em todos os outros que abordara na Parte Geral do seu magnífico "Direito Penal", a exata direção da doutrina, exposta por ele, no particular, no tópico seguinte, que há de servir como fecho a esta palestra: "Em relação às penas detentivas prolongadas, as atividades que se ponham em prática na prisão para o levantamento moral do criminoso e a sua readaptação social têm os seus efeitos debilitados pelas condições particulares da vida no encarceramento, pelo regime de permanente sujeição a que é submetido o condenado, pelos vícios que na promiscuidade ou na solidão se desenvolvem, pela influencia recíproca entre os presos, cada qual com a sua carga de experiência no crime e de novas ambições e novos projetos, pela ausência de manifestação da vontade, resultante da sujeição de todos os atos e de todas as horas à rotina penitenciária, o que é profundamente contrário à natureza humana e acaba por deformar inteiramente, pela revolta ou pela apatia, o processo de pensar e de querer, e daí a própria personalidade e tornar o homem mais inapto ainda para a vida social. Assim, nos últimos tempos, é a própria pena detentiva que tem sido objeto de crítica, por condições que lhe são essenciais, como a privação da liberdade, com as conseqüências que dela decorrem. A pretensão emendativa, que tende a absorver a concepção moderna da medida penal cria renovados problemas para a estrutura e a prática desse género de sanções".

NOTA:

1 – Penso ter demonstrado isso, em minha tese de concurso para a cátedra, escrita em 1956, "Da reabilitação no Direito Penal", editora Estabelecimentos Gráficos Santa Maria S.A., Belo Horizonte, 1956.

ORGANIZADORES

Kai Ambos

Professor Catedrático de Direito Penal, Direito Processual Penal, Direito Comparado e Direito Penal Internacional e Diretor do Departamento de Direito Penal estrangeiro e internacional da Georg-August-Universität Göttingen, 37073 Göttingen, Alemanha; Diretor Geral do Centro de Estudos de Direito Penal e Processual Penal Latino-americano da Georg-August-Universität Göttingen, Alemanha; Juiz do Tribunal especial para o Kosovo (Kosovo Specialist Chambers), A Haia, Países Baixos.

Paulo de Sousa Mendes

Professor Associado de Direito Penal e Direito Processual Penal da Faculdade de Direito, Universidade de Lisboa, 1649-014 Lisboa, Portugal; Membro da Direção do Instituto de Direito Penal e Ciências Criminais da FDUL; 2.º Vice-Diretor do Centro de Investigação em Direito Penal e Ciências Criminais da FDUL; Membro do Conselho Científico do Centro de Estudos de Direito Penal e Processual Penal Latino-americano da Georg-August-Universität Göttingen, Alemanha.

AUTORES

Fabio Roberto D'Avila

Professor Titular da Faculdade de Direito da PUCRS e do Programa de Pós-graduação em Ciências Criminais (Mestrado e Doutorado) da PUCRS; Doutor em Ciências Jurídico-Criminais pela Faculdade de Direito da Universidade de Coimbra; Pós-Doutor em Ciências Criminais pela Universidade de Frankfurt am Main; Advogado Criminal.

Gustavo Badaró

Professor Associado do Departamento de Direito Processual da Faculdade de Direito da USP; Livre-docente, Doutor e Mestre em Direito Processual Penal pela USP; Advogado e Consultor Jurídico.

Marco Aurélio Florêncio Filho

Professor Permanente do Programa de Pós-Graduação em Direito Político e Econômico da Faculdade de Direito da Universidade Presbiteriana Mackenzie; Doutor em Direito pela PUC/SP; Mestre em Direito pela Faculdade de Direito do Recife – UFPE.

Pablo Rodrigo Alflen

Professor Permanente do Programa de Pós-graduação em Direito (Mestrado e Doutorado) e do Departamento de Ciências Penais da Faculdade de Direito da Universidade Federal do Rio Grande do Sul – UFRGS; Coordenador do Núcleo de Direito Penal Internacional e Comparado da UFRGS; Doutor e Mestre em Ciências Criminais pela PUCRS; Membro do Conselho Científico do Centro de Estudos de Direito Penal e Processual Penal Latino-americano da Georg-August-Universität Göttingen, Alemanha.

Paulo César Busato

Professor de Direito Penal da Graduação, Mestrado e Doutorado da UFPR; Professor da FAE – Centro Universitário Franciscano; Professor Catedrático convidado da Universidad Politécnica de Nicarágua; Professor convidado da Universidad de Buenos Aires, Argentina; Professor convidado da Universidad Pablo de Olavide, Espanha; Doutor em Problemas Atuais do Direito Penal pela Universidade Pablo de Olavide, de Sevilha, Espanha; Pós-doutor pela Universidad de València, Espanha.